周锡山 著

史记
纵横新说

上海三联书店

目 录

前　言

中国是世界上唯一具有五千多年不断裂文明史的大国，也是世界上唯一拥有完整连续历史记载，并具有极为丰富的历史著作宝库的史学大国。

《史记》是中国史学的第一经典，是中国文化最重要的基本经典之一，是所有现代中国青年提升文化素质必读的名著。其既是史学经典，又是文学经典。阅读和欣赏《史记》，适当精读和背诵一些经典篇章，不仅能让我们了解历史，欣赏美文，还可以提高我们的文化修养、思维水平和写作能力。

《史记》的相关研究著作和评论文章极其丰富，并已取得丰硕的成果。本书在学习、继承前人和当代学者的成果的基础上，从当代青年学习《史记》的需要出发，全方位地简明而清晰地梳理和叙述《史记》的重要内容；并分解成多个观察的角度，纲举目张地分析和评论《史记》的精彩纷呈的伟大成果和成就，也提出一些新的观点。因此本书不仅注重可读性，可作为国学读物，也具有高度的学术性。

本书在重大议题上，纠正权威学者造成的学术界、文艺界和读者普遍性的误读，提出了关于楚汉战争的新观点。

中国五千多年的历史也包含了古代战争史。《史记》记叙了从远古到汉武帝时代的战争史，尤其完整地记叙了四场重要的大战：秦灭六国的统一战争，决定了中国大一统历史的最终走向；楚国义军灭秦战争和楚汉战争，决定了中国以仁义立国的走向；汉匈战争决定了中国和中国文明的持久生存和命运。

对于秦灭六国的统一战争和楚国义军灭秦战争，《史记》记载完整，在其记叙和评价上，学界没有分歧。汉匈战争，由于《史记》作者司马迁的逝世而只能记载到汉武帝时代的中期为止，本书作者依据以《史记》《汉书》等为主的"二十四史"和《资治通鉴》等著作，撰写《汉匈四千年之战》及其升级版《汉匈战争全史》予以完整和详尽的记叙和评论。关于楚汉战争，《史记》的记载完整、评价正确，本书则对 20 世纪以鲁迅和郭沫若为代表的权威学者的观点和当代著名通史、专著和描写楚汉战争的文艺作品，提出反对性的意见。①因这个论题很大，很重要，因此本书特作附论《〈史记〉记载的楚汉战争真相和中西当代的奇葩反响》，弥补《史记》记叙和评论方式的不足，以还原历史真相。

阅读《史记》是一种美的享受，也是一种智慧的享受。《史记》应该是每一位青年的必读书。《史记》是陪伴我度

---

① 笔者已在多篇论文和著作中，表达了对以鲁迅、郭沫若为代表的众多学者、作家对汉高祖刘邦的错误贬低的不认同。著作如《流民皇帝——从刘邦到朱元璋》（上海锦绣文章出版社，2012 年），论文如《刘邦新论》（《社会科学论坛》，2008 年第 6 期）、《论历史题材的文艺作品的价值趋向》（中国文联理论研究室编《文艺繁荣与价值引领：第五届当代文艺论坛文集》，中央文献出版社，2011 年）。

过青年时期的良师益友，我愿与青年朋友一起不断重读《史记》，并交流一些浅得。不当之处，敬请学界和读者批评指正。

周锡山

2022 年 2 月 22 日于上海

引 言

  《史记》横空出世于汉代。汉代是一个辉煌的朝代，汉人、汉字、汉文化，"汉"成为中华民族的基础性标识。汉代是中国古代史传文学的最后一个辉煌期。

  《史记》"究天人之际，通古今之变，成一家之言"：记载了中国自远古的起源至汉武帝时代三千年左右的历史，是中国唯一完整而系统的上古、先秦至西汉前中期的历史著作。

  《史记》于结构形式上锐意创新，颠覆了先秦史书单纯以事件叙述为中心的编年体模式，在编年体的朝代史、国别史之外，补充以人物为核心展开历史事件的人物传记系列，为成熟的纪传体通史开辟了新纪元，让高度典型的文学性和系统严谨的历史科学形成完美有机的统一体。

  《史记》首创的纪传体，奇峰突起，肇始先端，由之奠定了中国两千年延绵接续的国家修史传统，即官修正史体制，成为"二十四史"的首部著作。

  《史记》是自上古至西汉汉武帝时期的宏伟广阔的百科全书，是以核心人物为主体的历史画卷，关注人物命运，从帝王将相、王公贵族直到出身地位低微的社会下层人士，全景式地覆盖了各个阶层、群体，于人物性格形象、情节设置、语言艺术等诸端皆卓越非凡。难能可贵的是，司马迁的笔端灌注着强烈的感情，"意有所郁结"，怨愤歌哭，发愤著书，终成此"史家之绝唱，无韵之离骚"，可谓高耸极顶、空前绝后。

《史记》成为中国文化标志性的典范著作。金圣叹将《庄子》、《离骚》、《史记》、杜甫律诗、《水浒传》和《西厢记》列为"六才子书"，认为它们是文学诸门类的代表作。《史记》是历史著作和史传文学的最高代表，又是文学创作的最高代表作之一。

作为学者和读者陪伴终身、反复阅读和思考的基本书籍必须严格选择。近代学术泰斗章太炎的第一高足黄侃先生在北京大学讲课时列出古近代学者学习国学最基础的八部书是《毛诗》《左传》《周礼》《说文解字》《广韵》《史记》《汉书》《文选》。①其中史学著作占三部，《史记》是其中适用性最广、最重要的一部。

《史记》的书名：《太史公书》和《史记》

《史记》，司马迁所取的原名是《太史公书》，东汉桓帝和灵帝之际，才有《史记》这个专名。②"史记"原来泛指史书，此后就成为"二十四史"第一部《史记》的专名。

司马迁自己计算过《史记》的总篇幅，共 526,500 字（古时没有标点符号，因此是纯字数）。到东汉时，《史记》即已有残缺。《汉书·司马迁传》和《后汉书·班彪传》记载班彪和

---

① 黄侃曾言"八部书外皆狗屁"。周作人：《北大感旧录·黄季刚》，《知堂回想录》第四卷。

② 陈直：《太史公书名考》，《文史哲》1956 年 6 月号。

班固父子的说法:《史记》一百三十篇,"而十篇缺,有录无书"。据学者研究,今之《史记》,缺《武帝本纪》一篇;《礼书》《乐书》和《兵书》,书亡,存序。共残亡 16,197 字,约占《史记》全书总篇幅的 3%。

今本《史记》编入后人补写的《武帝本纪》和《礼书》《乐书》《律书》,共 4 篇,16,878 字。今本《史记》还有西汉褚少孙在《三代世表》《建元以来侯者年表》《陈涉世家》《外戚世家》《梁孝王世家》《三王世家》《田叔列传》《滑稽列传》《日者列传》《龟策列传》10 篇原文之后所补写的内容。另《汉兴以来将相名臣年表》"征和四年"之后的内容和《张丞相列传》的续补内容,研究家认为也是褚少孙所续。褚少孙续补的文字共 25,055 字。[①]

今本《史记》有 10 篇,为读史者旁注或抄补资料混入正文。张大可先生统计:

《秦始皇本纪》,"秦孝公据崤函之固"以下文字,来自贾谊《过秦论》上、中两篇,及秦世系,共 2872 字。

《乐书》序文,"又尝得神马渥洼水中"至"丞相公孙弘曰:'黯诽谤圣制,当族'",158 字。

《历书》,原本只有七十六年岁名,今本岁名下所书年号 196 字,乃后人据《正义》之注误入。

…………[②]

---

① 张大可:《司马迁评传》,南京大学出版社,1994,第 413 页。
② 同上书,第 411—412 页。

《史记》的起点：创世神话"不雅驯"与三皇五帝为初祖

《史记》最后一篇是《太史公自序》①，篇末为"太史公曰：余述历黄帝以来至太初而讫，百三十篇"。

司马迁自述《史记》从黄帝开始，因此以《五帝本纪》为全书第一篇。

中国远古史以传说中的三皇五帝开始。三皇是伏羲、神农、黄帝。三皇早于五帝，但司马迁《史记》没有《三皇本纪》，而以《五帝本纪》作为全书的第一篇，直接从五帝开始记载。《史记》依《世本》《大戴礼》，以黄帝、颛顼、帝喾、唐尧、虞舜为五帝。②《史记》将黄帝列入五帝中，三皇就缺了一位。于是唐人司马贞作《三皇本纪》，补在《史记·五帝本纪》之前，将女娲补入三皇的名单中，即以包牺（伏羲之别名）、女娲、神农为三皇。

《史记》从五帝开始，不记载三皇，因为在司马迁的时代，三皇也只是传说，无可靠记载。唐人司马贞补作《三皇本纪》，首次以史书形式撰写女娲的事迹，并将他写的《三皇本纪》补在《史记·五帝本纪》之前，得到后代一些史家的认可。

三皇以伏羲为首，伏羲是龙文化的起源。他的贡献之一是"观象画卦"，《周易·系辞下传》有言："古者包牺氏之王天下也，仰则观象于天，俯则观法于地。观鸟兽之文，与地之宜。近取诸身，远取诸物。于是始作八卦，以通神

---

① 中国早期的书籍，序言放在最后。

② 裴骃作《史记·五帝本纪》篇首集解。

明之德，以类万物之情。"由此诞生了影响中国文明进程的"八卦"文化，后来演变为"五经"之一的《易经》，成为中华文化的经典之一。

女娲，中国神话传说中人类的始祖，是神话中的创世女神。也即她是中华民族的共同人文始祖，是中华民族伟大的母亲。女娲是伏羲之妹，与伏羲兄妹相婚，她用黄土造人[①]，产生人类。

神农，一说神农即炎帝。他是"农业专家"，传说为古代农业的最早创始人，所以又称"神农氏"。在传统农业大国的中国，他的地位要高于黄帝，因此两人合称为"炎黄"。

《史记》的记载以《五帝本纪》为开端，中经夏、商、周三代；周分为西周和东周，东周又分春秋和战国两个时期；周朝还有众多诸侯国，《史记》都做了规范而完整的记叙。然后是统一中国的秦朝，接着是西汉。作为生长和生活在西汉武帝时代的史学家，司马迁只能以汉朝的汉武帝时代作为《史记》的终点。

《史记》的终点：汉朝、汉人、汉字、汉文化与汉武辉煌

司马迁生活在西汉武帝时期，他记叙中国历史，从远古至西汉，以武帝时期为终点。

从生活的时代来说，司马迁生活在武帝时代，大致与武帝同时期辞世，《史记》只能到武帝时期结束。但是作为

[①] 《太平御览》引《风俗通》："俗说，天地开辟，未有人民，女娲抟黄土做人，剧务，力不暇供，乃引绳于泥中，举以为人。"

史家记叙整部中国史,《史记》也可以写到项羽灭亡、西汉建立时结束;司马迁可以不写西汉当代史。

司马迁以强烈的历史责任感和时代责任感,记叙了汉高祖君臣创立西汉的战争史、西汉统一天下至武帝时期的汉朝史,赞颂西汉前中期的伟大政治、经济、军事和文化成果,并总结西汉取得伟大成功之原因是做到了孔子的德治标准。治理国家必须经过三十年才能实现仁政。(如有王者,必世而后仁——《论语·子路》)善人治理国家经过一百年,也就可以克服残暴免除刑杀了。(善人为邦百年,亦可以胜残去杀矣——《论语·子路》)汉朝建立,到孝文皇帝时已有四十多年,德政达到了极盛的地步。(汉兴,至孝文四十有余载,德至盛也——《史记·孝文本纪》)

笔者拙作《流民皇帝——从刘邦到朱元璋》第二章"汉高祖刘邦——中国第一成功的皇帝"指出:

> 刘邦立国称帝时,山河破碎,经济崩溃,人口稀少,满目疮痍。
>
> 关于人口,《史记·高祖功臣侯者年表》说:"天下初定,故大城名都散亡,户口可得而数者十二三,是以大侯不过万家,小者五六百户。"也即说,大城市里的人口仅剩十分之二三。农村也差不多。现知秦始皇二十六年(前221年)即秦统一全国这一年,官方统计的全国人口约二千万,那么经过秦末三年和楚汉五年共八年的战争,全国人口大约仅存五百万人,至多也不会超过一千万人。据《汉书》卷二八下记载,至汉平帝刘

衍元始二年（公元2年），即西汉灭亡（孺子婴，居摄三年，公元8年）前6年，距西汉统一全国（前202年）204年，全国人口已近六千万（具体数字为59,594,978人）。

自仅剩几百万到近六千万，从人口角度看可以说是重造了一个中国，而且因二百年大治，对于秦朝初年的人口来说，已是它的三倍。与隋唐比，隋文帝杨坚开皇中（589—600）全国人口4450万人，唐天宝十四年（755年）安史之乱前夕，经盛唐近140年的发展（618年建唐）全国人口才5291.9万人，皆比西汉的人口要少。在人口稀少的古代，人口的繁荣是国家兴旺的重要标志之一。

西汉立国初，以经济来说，经过八年战乱，已全面崩溃，大臣只能乘牛车，皇帝御车用的四匹马也配不齐一种毛色。仅半个世纪后的文、景时代，经济繁荣已超过了战国时代。库里装满铜钱，朝廷所藏的钱有好几百亿，烂了钱串子的散钱还无法计算。地方官府里的仓库里装满了粮食，朝廷所藏的粮食，新旧堆积，一直堆到露天地上。朝廷有六个大马苑，养马三十万匹。管里门的小卒都吃好饭肥肉。汉武帝即位时，接受的便是这么丰厚的经济遗产。武帝执政初期大约又经过近十年的经济积累，国力空前强大，终于具备了打垮强敌匈奴的经济基础。

简言之，汉高祖刘邦建立的西汉，加上他后裔刘秀建立的东汉，长达四百多年（公元9—23年是王莽建立的新朝）的封建王朝，繁荣期有三百年，超过唐代。人口发展和财富积累也超过唐代。①

　　秦末大乱和战乱，将中国三千年创造的财富全部败光，人口降至最低数。西汉大治，创造了后世无可比拟的盛世。西汉盛世，成为千古第一榜样。西汉的伟大业绩，体现了中华民族古代的最高辉煌。因此华夏民族因汉朝的建立而自然命名为汉人，文字称为汉字，文化主体为汉文化。吕思勉先生说："汉族之名，起于刘邦称帝之后。昔时民族国家，混而为一，人因以一朝之号，为我全族之名。自兹以还，虽朝号屡改，而族名无改。"②两汉的繁荣期超过迄今为止世界史上所有的其他国家。

阅读和欣赏《史记》的正确态度

　　阅读《史记》，要有正确的态度。正确的态度从哪里来？

　　首先是从儒道两家的经典中来。因为《史记》的文化根基是儒道两家的先进文化，因此我们作为后世的阅读者也必须以此作为自己的根基，否则便会误入歧途。例如，有学者指出某教授讲《史记》，"对正直之士（在今天就是知识分子）的仗义执言、光明磊落、不畏权势，一口一个'傻''笨''憨'相贬，而对于那些指鹿为马、见风使舵、混淆黑白的奸佞小人则以聪明、智慧、灵活相叹，这样的

---

　　①　周锡山：《流民皇帝——从刘邦到朱元璋》，上海锦绣文章出版社，2012。

　　②　吕思勉：《先秦史》，上海古籍出版社，1982，第22页。

叙述和演讲怎能不使人怀疑其学术品格呢？"[①]

这位教授对《史记》的误读和错误发挥还表现在人们所批评的内容：对那些卓文君与司马相如感情动机的解说完全以自我心态去解构和贬低，而且不合常理，这样的创新不但有哗众取宠之嫌，而且让人感到其人文品位很低！

其次是努力提高自己的古文水平，不懂的地方要勤查辞典，不能望文生义，也可参考当今可靠的现代汉语译文。

阅读和研究《史记》的方法

第一，在通读全书的基础上，掌握主要内容。

主要内容：夏商周三代、春秋战国、秦国和秦朝、楚汉战争、西汉时期的重要历史发展线索；重要历史人物和重大历史事件。

正确掌握主要内容，真正读懂原作。例如鲁迅说刘邦是流氓无赖，就是没有读懂《史记》。

第二，仔细、反复阅读，掌握历史的细节；体会《史记》文字的雄深雅健和生动优美。

仔细阅读原文和注解，以此作为正确理解的基础。

历史、社会、生活由细节组成。历史细节的精彩、有趣，增加了读书的趣味和情调。这也使我们增长见识，而避免少见多怪。

二十四史以《史记》最精彩，其次是《汉书》，还有《后汉书》。《三国志》的裴松之的注，有一些精彩的细节。

---

① 张宝明：《知识越多不一定越不反动》，《书屋》，2008，第6期。

以上是"前四史"，此后的二十史，缺乏细节，所以枯燥乏味。

阅读《史记》要仔细，不少名家也因读书不细而没有读懂，错解《史记》。

阅读《史记》要善于掌握历史和文字的细节。司马迁喜欢"奇"，他记录的奇人奇事，世间罕闻。

第三，尊重前人的研究成果，不要随便否定前人的正确观点和评价。

自班固起，前人都一致赞美《史记》是信史。但现当代有些著名学者认为《史记》的记载不真实，例如韩信并没有谋反，韩信的军事智慧和战绩被夸大了（连曾国藩也认为军事天才韩信攻打魏、韩的计谋是不可能实践的，《史记》虚构了他的战绩），否定《史记·淮阴侯列传》的真实性。或者如钱锺书说《史记·廉颇蔺相如列传》用小说的虚构笔法杜撰"渑池之会"的历史场面，还虚构不少人物的对话和细节，等等。

《史记·司马相如列传》"司马相如琴挑卓文君"，是正史唯一记载的中国古人追求自由爱情的经典篇章，却有人发表奇谈怪论，消解其积极、乐观、真诚的精神和美妙的意味。

古代人很少误读《史记》，但也有少数人误解《史记》，形成阅读史的共同错误，例如汉高祖取天下皆功臣谋士之力：

清褚人获"韩彭报施"："汉高祖取天下，皆功臣谋士之力。天下既定，吕后杀韩信彭越英布等，夷其族而绝其祀。传至献帝，曹操执柄，遂杀伏后而灭其族。或谓献帝即高祖也；伏后即吕后也；曹操即韩信也；刘备即彭越也；孙权

即英布也。故三分天下而绝汉。虽穿凿疑似之说，然于报施之理，似亦不爽。"（《坚瓠集》卷之四《通鉴博论》）

《新编五代史平话》叙述梁、唐、晋、汉、周五代史事，该书开端说："刘季杀了项羽，立着国号曰汉。只因疑忌功臣，如韩王信、彭越、陈狶之徒，皆不免族灭诛夷。这三个功臣，抱屈衔冤，诉于天帝。天帝可怜见三功臣无辜被戮，令他每三个托生做三个豪杰出来：韩信去曹家托生，做着个曹操；彭越去孙家托生，做着个孙权；陈狶去那宗室家托生，做着个刘备。这三个分了他的天下：曹操篡夺献帝的，立国号曰魏；刘先主图兴复汉室，立国号曰蜀；孙权自兴兵荆州，立国号曰吴。"①

在现当代，鲁迅说刘邦是"无赖"，郭沫若说刘邦大杀功臣，全靠韩信打天下。

鲁迅在多篇文章讽刺和嘲笑"没出息的"刘邦敬羡秦始皇，汉高祖的父亲并非皇帝，刘邦并非好种等等②，后来索性说：

汉的高祖，据历史家说，是龙种，但其实是无赖

---

① 鲁迅著，周锡山释评：《〈中国小说史略〉汇编释评》，上海书店出版社，2015，第131页。韩王信不是韩信，而是另一人，《新编五代史平话》写错了。

② 鲁迅：《热风·随感录五十九"圣武"》（《鲁迅全集》第一卷，第372页）、《华盖集·忽然想到（五）》（《鲁迅全集》第三卷，第44页）、《花边文学·运命》（《鲁迅全集》第五卷，第466页）等，人民文学出版社，2005。

出身。[1]

郭沫若则批判刘邦大杀功臣：

> 大凡一位开国的雄略之主，在统治一固定了之后，便要屠戮功臣，这差不多是自汉以来每次改朝换代的公例。自成的大顺朝即使成功了（假使没有外患，他必然是成功了的），他的代表农民利益的运动早迟也会变质，而他必然也会做到汉高祖、明太祖的藏弓烹狗的"德政"，可以说是断无例外。[2]

笔者在应征"中国文联第五届当代文艺论坛"的论文《论历史题材的文艺作品的价值趋向》中说：

> 鲁迅、郭沫若等人，虽然是 20 世纪的文化大家，但也常有失误。他们因古文水平的限制和读书粗心，误读《史记》和《汉书》的原著和古注，错误地将刘邦批作"流氓无赖"，乱说刘邦"大杀功臣"。这个错误论点，跟随者众多，包括学术大师季羡林和近年风行的历史学者黎东方等等。他们无视被誉为"信史"的《史记》极度歌颂刘邦的公正记载和评价，误导了……一批作者，

---

① 鲁迅：《且介亭杂文·关于中国的两三件事》，《鲁迅全集》第六卷，人民文学出版社，2005，第 10 页。

② 郭沫若：《甲申三百年祭》，载《历史人物》，人民文学出版社，1979，第 204 页。

反而将虽有军事天才，却因政治上的无赖、无德而成为汉庭公敌的韩信作为品德高尚的英雄吹捧，误导观众和读者。[1]

第四，正确识别和认识《史记》的失误。

天下无十全十美的事物。因此任何伟大的经典著作，都必有失误。《史记》当然不能例外。冯友兰说："凡研究一家哲学，总要能看出这一家哲学的不到之处，才算是真懂得这一家。"[2]凡阅读、学习和研究经典著作，总要能看出其不到之处，才算是真懂得此书。

《史记》的重大失误，在本书最末，即最后一章最后一节专作探讨。

对于《史记》这部著作，张文江归纳了三种读法："一种是文学的读法，看看其中的人物故事，项羽、刘邦楚汉相争，以及鸿门宴之类。文学的读法主要读本纪、世家、列传（尤其是列传），注意的是人物形象的栩栩如生。另外一种是史学的读法，不单单需要了解本纪、世家、列传，还需要了解十表和八书。史学的读法在人物活动之外，还要注意人物的社会关系，以及相关的典章制度。还有一种是哲学的读法。文学的读法理解怎么说，史学的读法理解说什么，哲学的读法理解为什么这么说，或者到底想说什么，

① 周锡山：《论历史题材的文艺作品的价值趋向》，载中国文联理论研究室编《文艺繁荣与价值引领：第五届当代文艺论坛文集》，中央文献出版社，2011，第145页。

② 冯友兰：《三松堂全集》第十卷，河南人民出版社，2000，第456页。

牵涉《史记》本身的象数结构，需要理解十二本纪、三十世家、七十列传和十表八书之间的关系。《史记》是一本有志之书，司马迁本来就是易学的传人，他开创了纪传体来表述他的思想，以后的二十四史基本都承袭这一体例。"①现在一般人读《史记》用的是文学的读法，也有一部分人用的是史学的读法，用哲学的读法的人很少。

《史记》西汉（包括楚汉战争）部分的阅读，最好与《汉书》一起读。《汉书》记载西汉前期的历史，几乎照抄《史记》，仅有个别文字或语句略有不同。《汉书》接写《史记》中断的武帝后期至西汉末年的历史。其中最重要的是"昭宣中兴"，即汉昭帝和汉宣帝时期的精彩历史。

《汉书》也取得了极高的成就，研究者甚至认为它可以和《史记》并列，因此两书合称"《史》《汉》"，作者合称"马班"甚或"班马"。阅读《汉书》，我们对汉朝就能得到完整的了解，并领略其精湛雅美的语言。

但是对比《史记》原著，《汉书》抄录《史记》的篇章，做了一些错误的删节。班固未能体会《史记》被他删去的原文的精彩，钱锺书《管锥编》对此常有精彩的批评。

第五，研究《史记》的方法。

有的读者在阅读《史记》的基础上，还想开展研究。关于《史记》研究，王国维指导学生说：

（王国维的学生姚名达）颇欲研究《史记》，……先生

---

① 张文江：《〈史记·货殖列传〉讲记》，载《古典学术讲要》，上海古籍出版社，2018，第45页。

谓曰:"治《史记》仍可用寻源工夫。或无目的的精读,
俟有心得,然后自拟题目,亦一法也。大抵学问常不悬
目的,而自生目的。有大智者,未必成功;而慢慢努力
者,反有意外之创获。"

当一九二六年九月二十二日,名达复见静安先生
于清华园。翌日,再问研究《史记》之法,仍谓寻源工
夫,必有所获。[①]

王国维先生的以上教导,字字珠玑,是所有好学青年
的指路明灯。无目的的精读,不悬目的,而自生目的;有
大智者,未必成功,而普通的读书人,只要慢慢努力,必
有意外之创获;阅读经典可用寻源工夫。姚名达先生听了
王国维先生的教导,领悟到"先生治史,无往不为穷源旁
搜之工作,故有发明,皆至准确"。

① 姚名达:《哀余断忆》,周锡山编校《王国维集》(第一册),
中国社会科学出版社,2015。

第一章　司马迁与《史记》总述

作为中国第一大史学家，司马迁有着千年悠远的史学家世。他本人的成长道路，对后人有着示范意义。《史记》"究天人之际，通古今之变，成一家之言"的宏大旨向，更是历史著作的典范。

第一节　太史公的身份嬗变与上古史学发展

司马迁的祖先是巫史，代代相传。巫史是巫兼管记载历史的职务。巫在远古具有崇高的地位，到周之后，地位降低，并失去了记载历史的职能。巫退出记载历史的职能后，司马迁的祖先，中间除了少数几代改变身份外，一直担当史官。其父司马谈为西汉史学家，任职"太史令"①。司马迁继承了这个职务，并在《史记·太史公自序》中介绍了自己的历代祖先和任职情况。

司马迁在《报任安书》中说："仆之先人，非有剖符丹书之功，文史星历，近乎卜祝之间，固主上所戏弄，倡优畜之，流俗之所轻也。"

因为殷商、西周的历史记载是巫承担的，所以后世的

---

① 太史令，中国古代掌管天文观测和推算节气历法的长官。设置始自秦汉。

史家，就像早期的巫一样，虽在远古时代地位很高，但在后世（包括西汉）地位很低。司马迁话说得很沉痛，但确是事实。东汉以后，史家的地位提高了，此因皇帝任命他们修撰国史。而司马迁撰写的《史记》却是私人的业余著作。

创世神话：开天辟地和始作八卦

中国古代的开端，传说中最早的是盘古开天辟地，后又有女娲补天、抟土造人。司马迁认为这些神话都不"雅驯"，没有可靠的证明，一律不采用。

《史记》以《五帝本纪》开始，以炎黄为开端。神农以前发生了什么呢？《史记》说"夫神农以前，吾不知已"（《史记·货殖列传》），司马迁承认自己不知道。神农之前发生的事情，由《周易·系辞传》介绍。

《周易·系辞下传》第二章，就是对包牺（伏羲）的介绍："古者包牺氏之王天下也。仰则观象于天，俯则观法于地。观鸟兽之文，与地之宜。近取诸身，远取诸物。于是始作八卦，以通神明之德，以类万物之情。"

这里介绍中国人从开天辟地以来，做的最重要的事情之一是"始作八卦"，此即中华文化的起源。"始作八卦"的基础是对当时人们整体知识的分类，总共分成了六大类："仰则观象于天"——天文学，"俯则观法于地"——地理学，"观鸟兽之文"——动物学，"与地之宜"——植物学和矿物学，"近取诸身"——医学和生理学，"远取诸物"——物理学。这么做的目的是"以通神明之德"，了解、认识自己；"以类万物之情"，对万物有一个掌握。而对六大类知识的贯通在"王","王"就是所谓天地人的贯通。

八卦，依据的是辩证和阴阳原理，具有哲学的基础，反映了古人的哲学观。

先秦典籍对中国最早的时候，都讲得简单，而详细叙述的是基本文化建设。这个文化建设，阴阳辩证，成为中国文化的最早基础。因为是基础，所以贯穿万物，通贯古今。

《周易·系辞下传》第二章接着说："包牺氏没，神农氏作。斫木为耜，揉木为耒。耒耨之利，以教天下，盖取诸益。日中为市，致天下之民，聚天下之货。交易而退，各得其所，盖取诸噬嗑。"炎黄时期，发生和完成两件大事：第一件是神农氏的"以教天下"，制作了耕田的工具，由畜牧社会转变成了农业社会，从黄河流域发展到长江流域，把农业社会推广到所有地区。第二件是最早的市场产生了，伴随着农业生产的出现，市场交换也同时产生了。"日中为市"，有一个时间，再有一个地点；"致天下之民"，有各式各样的人；"聚天下之货"，有各种各样的货；"交易而退"，完成了交易；"各得其所"，达成了最佳的配置。于是人的生活变化了。

中国的传说时代，从开天辟地到三皇五帝；中国的史学记载，《史记》起自五帝，然后是夏商周。《史记》参照的是《易经》的古史系列：伏羲、神农、黄帝，尧舜，夏商周三代，然后是春秋战国，最后是汉代。《史记》的这些记载，主要是根据上古史学著作进行的。

巫和巫史

巫史文化是殷商、西周文化的主流。古代文献的相关记载有：

《说文解字》："巫，祝也。女能事无形，以舞降神者也。"最早的巫都是男性，男巫后有专称"觋"，而男巫时代则称"巫"。

《国语·楚语下》："古者民神不杂。民之精爽不携贰者，而又能齐肃衷正，其智能上下比义，其圣能光远宣朗，其明能光照之，其聪能听彻之，如是则明神降之，在男曰觋，在女曰巫。"

夏代缺乏记载，今知殷商、西周时期，中华民族进入文明时代，社会分工日趋细密。专司人神交通的巫逐渐职业化，在当时社会享有崇高的地位。

《说文解字》："史，记事者也。"巫史，古代从事求神占卜等活动的人叫"巫"，掌管天文、星象、历数、史册的人叫"史"。这些职务最初往往由一人兼任，统称"巫史"。

殷商、西周时期巫史的勃兴，是中国文化史上的独特现象。巫通鬼神，巫史占天卜地、祭祀神、代表天意，所以地位极高，有权训御君王的言行。

余英时在其著作中对此做了精要的论述：

> 中国古代文化的来源是礼乐传统，而礼乐来源于祭祀，祭祀则从巫觋信仰中发展而来。"礼乐是巫的表象，巫则是礼乐的内在动力。""天人合一"和"绝地天通"是互相冲突的，但由于"巫"有特别技能，彼此隔绝的

"天"与"人"之间就有了联系。《国语·楚语下》指出，"巫"是古代社会中具有智（能上下比义）、圣（能光远宣朗）、明（能光照之）、聪（能听彻之）的特征的人，只有他们可以"降神"。"巫"是一批超越寻常，有特别知识、道德和能力，可以沟通神与人、天与地之间的精英，这些天赋异禀的巫，不仅成为中国古代轴心时代文化转型的中坚力量，也逐渐在后世转变为负担着精神世界的知识阶层"士"。（锡山按：所以古代医是巫医，史是巫史，即医生和史家都是由巫担任的。司马迁的祖先就是巫史。）沟通天地人鬼之间的"巫"，需要"受命于天"，得到"天命"，托庇"鬼神"。[1]

巫史垄断神坛、把持政坛，不仅造就了中华文化的繁荣局面，而且对后世的文化发展产生了深远的影响。中华传统学术的一系列特点，都与巫史有关。

李泽厚在《说巫史传统》《"说巫史传统"补》和《说儒法互用》中提出，中国文明有两大征候特别重要，一是以血缘宗法家族为纽带的氏族体制，一是理性化了的巫史传统。两者紧密相连，结成一体，并长久以各种形态延续至今。余英时的著作论述了"理性化了的巫史传统"是如何源起、如何成为中国古代文化的重要特质，以及如何构成我们传统的基本文化范畴的。这些相互关联、发展的重要论述，从源头上探寻了中华文化的奥秘。

---

[1]　余英时：《论天人之际——中国古代思想起源试探》，中华书局，2014。

举凡先公先王的世系、当代君王的言行、军国要务、祸福灾祥均在巫史的记载之列，为后人留下了宝贵的历史资料。

司马迁的祖先就是巫史，《史记·太史公自序》历述了太史公世谱家学之本末，从重黎氏到司马氏的千余年家世。司马迁所作的《史记》就利用了巫史的资料，还坚信占卜的有效和准确性，在《史记》中常有记载和描绘。

上古史学

上古史学著作，今存最早的是《尚书》，其次是《春秋》及其阐释之作《左传》。

《尚书》是中国第一部古典散文集和最早的历史文献汇编，儒家经典之一，又称《书》或《书经》。"尚"即"上"，《尚书》就是上古的书，以记言为主。它是中国上古历史文献和部分追述古代事迹著作的汇编。《尚书》绝大部分应属于当时官府处理国家大事的公务文书，也可以说是一部体例比较完备的公文总集。李学勤指出："《尚书》本为古代《历书》，是我国历代统治者治理国家的'政治课本'和理论依据。"

《左传》等引《尚书》文字，分别称《虞书》《夏书》《商书》《周书》，战国时总称为《书》，汉代改称《尚书》，意即"上古帝王之书"（《论衡·正说篇》）。

汉初，《尚书》存29篇，为秦博士伏生所传，用汉时通行文字隶书抄写，被称为《今文尚书》。一般认为《今文尚书》中《周书》的从《牧誓》到《吕刑》十六篇是西周真实史料，《文侯之命》《费誓》和《秦誓》为春秋史料，所述内容较早的《尧典》《皋陶谟》《禹贡》等反而是战国时编写的古史资料。

西汉时期，相传鲁恭王在拆除孔子故宅一段墙壁时，发现了另一部《尚书》，是用先秦六国时的字体书写的，人们称之为《古文尚书》。《古文尚书》经过孔子后人孔安国的整理，篇目比《今文尚书》多16篇。

通行的《十三经注疏》本《尚书》，就是《今文尚书》和伪《古文尚书》的合编本。

六经皆史

六经，又称"六艺"，是《诗》《书》《易》《礼》《乐》《春秋》的合称。

按时间序列，《易》始伏羲，《书》始尧舜，《诗》始文王（也包括《商颂》），《春秋》始鲁隐公。六经所牵涉的时代，从伏羲开始，中经尧舜和夏商周三代，至东周的春秋止。

"六经皆史"说认为六经皆为中国古代史书。明代王世贞和清代章学诚的有关论述影响最大。

明王世贞《艺苑卮言》中提出"天地间无非史而已。三皇之世，若泯若没；五帝之世，若存若亡。噫！史其可以已耶？六经，史之言理者也"，并具体区分六经各文体，有的是"史之正文"，有的是"史之变文"，有的是"史之用"，有的是"史之实"，有的是"史之华"。

清代章学诚在《文史通义·内篇·易教上》正式提出："六经皆史也。"他认为六经乃夏商周典章政教的历史记录，并非圣人为垂教立言而作。

"六经皆史"说认为六经中有着大量重要的史料，司马迁也已经认识到，所以他在《史记·伯夷列传》一开篇就强调："夫学者载籍极博，犹考信于六艺。"

这反映了司马迁的时代，董仲舒"独尊儒术"的思想已经深入人心，儒家学说已经成为西汉士人知识系统的主干部分，视六经所载为信史的观念，当时已颇流行。

六经中的可信资料，从伏羲到春秋，约有两千五百年的历史。

史传文学

《春秋》是经，即《春秋经》，儒家六经之一，我国第一部编年史兼历史散文集。作为鲁国的编年史，相传由孔子修订而成。现存《春秋》，从鲁隐公记述到鲁哀公，历十二代君主，计二百四十四年（依《公羊传》和《穀梁传》载至哀公十四年止，为二百四十二年，《左传》多二年），它基本上是鲁国史书的原文。

《春秋》经书中用于记事的语言极为简练，然而几乎每个句子都暗含褒贬之意，被后人称为"春秋笔法""微言大义"。由于《春秋》的记事过于简略，文字过于简质，后人不易理解，因而后来出现了很多对《春秋》所记载的历史进行补充、解释、阐发的书，被称为"传"。其中最权威的是成于先秦的"春秋三传"，即左丘明《春秋左氏传》、公羊高《春秋公羊传》、穀梁赤《春秋穀梁传》，简称《左传》《公羊传》《穀梁传》。

《公羊传》和《穀梁传》解释"微言大义",试图阐述清楚孔子的本意。《左传》以史实为主,补充了《春秋》中没有记录的大事,但有些记录和《春秋》有出入。

《春秋》一般合编入《左传》,《春秋》原文作为"经",《左传》新增内容作为"传"。

《左传》全称《春秋左氏传》,儒家十三经之一。司马迁《史记·十二诸侯年表》记载:"鲁君子左丘明惧弟子人人异端,各安其意,失其真,故因孔子史记具论其语,成左氏春秋。"

《左传》既是古代史学名著,是中国古代最早的一部叙事详尽的编年史,也是文学名著。相传是春秋末年鲁国史官左丘明（司马迁和班固都证明是左丘明,这是目前最为可信的史料）根据鲁国国史《春秋》编成,记叙起自鲁隐公元年（前722年）,终于鲁悼公四年（前464年）。

《左传》传文比《春秋》经文多出十七年,实际记事多出二十六年（最后一件事为略提三家灭晋）,以《春秋》记事为纲叙事,其中有说明《春秋》笔法的,有用史实补充《春秋》经文的,也有订正《春秋》记事错误的。全书绝大部分属于春秋时事件,但全书完成时已经进入战国时期。

《左传》发展了《春秋》的编年体的同时,还引录保存了当时流行的一部分应用文,仅据宋人陈骙在《文则》中列举,就有命、誓、盟、祷、谏、让、书、对等八种之多,实际还远不止此,后人认为檄文也源于《左传》。此书对我国的文学和史学都有巨大的贡献。

《国语》是中国最早的一部国别体著作,记录了周朝王室和鲁国、齐国、晋国、郑国、楚国、吴国、越国等诸侯国的历史。全书二十一卷:《周语》三卷,记载了西周穆王、厉王直至东周襄王、景王、敬王时有关"邦国成败"的部分重大政治事件,反映了从西周到东周的社会政治变化的过程;《鲁语》二卷,着重记载鲁国上层社会一些历史人物的言行,反映了春秋时期这个礼仪之邦的社会面貌;《齐语》一卷,主要记载管仲辅佐齐桓公称霸采取的内政外交措施及其主导思想;《晋语》九卷,篇幅超过全书三分之一,比较完整地记载了从武公伐翼、献公之子的君权之争、文公称霸,一直到战国初年赵、魏、韩三家灭智氏的政治历史,从公元前709年到公元前453年,时间长,分量重,所以有人把《国语》称为"晋史";《郑语》一卷,记周太史伯论西周末年天下兴衰继替的大局势;《楚语》二卷,主要记灵王、昭王时的历史事件;《吴语》一卷、《越语》二卷,记春秋末期吴、越争霸的史实。此外,还包括各国贵族间朝聘、宴飨、讽谏、辩说、应对之辞以及部分历史事件与传说。

《国语》的作者,司马迁在《报任安书》中说:"左丘失明,厥有《国语》。"此后东汉史学家班固在《汉书·艺文志》中也记载:"《国语》二十一篇,左丘明著。"但今人认为《国语》并非出自一人、一时、一地,是春秋时期至战国初期各国史官的记述,是根据当时周朝王室和各诸侯国的史料,经过整理加工汇编,大约在战国初年或稍后编纂完成。

《国语》记录了春秋时期的经济、财政、军事、兵法、外交、教育、法律、婚姻等各种内容,有很强的伦理倾向,弘扬德的精神，尊崇礼的规范，认为"礼"是治国之本。非常突出忠君思想，但是反对专制和腐败，重视民意，重视人才，具有浓重的民本思想。其对研究先秦时期的历史非常重要。

从文学成就看，《国语》也有较为明显的艺术特色：长于记言，语言质朴，有虚构故事情节。例如，《晋语》所记骊姬深夜向晋献公哭诉进谗的事，早在秦汉之际就被人怀疑其真实性。《孔丛子·答问》记陈涉读《国语》至此处，问博士道："人之夫妇，夜处幽室之中，莫能知其私焉，虽黔首犹然，况国君乎？予以是知其不信，乃好事者为之辞。"博士说宫廷之中有女史的旁听记录，为《国语》回护。唐柳宗元《与吕道州温论〈非国语〉书》一文批评："尝读《国语》，病其文胜而言庞，好诡以反伦。"并说《国语》"务富文采，不顾事实，而益之以诬怪，张之以阔诞"。《国语》善于虚构，故事生动，如越王勾践忍辱负重，蓄积力量，准备复国的故事等，极为生动传神。

《战国策》是一部国别体史书，又称《国策》。《战国策》是汇编而成的历史著作，按国别记述，计有东周一、西周一、秦五、齐六、楚四、赵四、魏四、韩三、燕三、宋卫合为一、中山一。记事年代大致上接春秋，下迄秦统一，约有二百四十年的历史。分为十二策，三十三卷，共四百九十七篇，主要记述了战国时期的策士游说的政治主张和言行策略。也可以说它是游说之士的实战演习手册，记录了当时几乎所有纵横家谋士的言论和事迹，展示了这些人的精神风貌和思想才干，另外也记录了一些义勇志士的人生风采。《战国策》亦展示了东周战国时代的历史特点和社会风貌，以及各国政治、外交的情状，是研究战国历史的重要典籍。

《战国策》作者并非一人，成书并非一时，作者大多不知是谁。全书没有系统完整的体例，都是相互独立的单篇。西汉刘向编定为三十三篇，书名亦为刘向所拟定。宋时已有缺失，由曾巩作了订补。

《战国策》作为历史著作，有许多记载是不可信的。如《魏策》中著名的"唐雎劫秦王"，写唐雎在秦廷中挺剑胁逼秦王嬴政，就是根本不可能发生的事情。

《战国策》的思想观念比较复杂，就其主流来说，与《左传》等史书也有截然不同之处，体现了纵横家的思想倾向。刘向《序》说："战国之时，君德浅薄，为之谋策者，不得不因势而为资，据时而为画。故其谋，扶急持倾，为一切之权，虽不可以临国教化，兵革救急之势也。"战国时代，是春秋以后更激烈的大兼并时代，不适用实际的仁义礼信之说已被抛弃，国与国之间，以势相争，以智谋相夺。那些活跃在政治舞台上的策士，也只是以自己的才智向合适的买主换取功名利禄，朝秦暮楚，以此为常。但同时也反映出了战国时期思想活跃、文化多元的历史特点，其进步的政治观体现了重视人才的政治思想。

《战国策》取得了很高的艺术成就，其特色可总结为一智谋细，二虚实间，三文辞妙——善于述事明理，大量运用寓言、譬喻，语言生动，富于文采。

1973 年，在长沙马王堆三号汉墓出土了一批帛书，其中一部类似于今本《战国策》，整理后定名为《战国纵横家书》。该书共二十七篇，其中十一篇内容和文字与今本《战国策》和《史记》大体相同。

历史著作分记事、记人和记言三种。《春秋》记事，《国语》和《战国策》记言，《左传》三者俱全。

《左传》《国语》《战国策》是古代史传文学的名著，其中以《左传》的成就最高。

其他重要史著

在司马迁作《史记》之前，记载内容与《史记》重叠，可以与其互相印证和补充的有《竹书纪年》《世本》《逸周书》等书，《竹书纪年》是司马迁未见之书。《史记》之后有《越绝书》和《吴越春秋》。

《竹书纪年》是春秋时期晋国史官和战国时期魏国史官所作的一部编年体史书，亦称《汲冢纪年》，记录了从夏朝到魏襄王（一说应为魏哀王）之间的重要历史事件，对研究先秦史有很高的史料价值。

《竹书纪年》是先秦时期唯一留存的未经秦火的编年简史，其历史价值和社会价值皆在先秦经史之上。早在汉代时就已经散佚。河南省的魏安釐王（一说应为魏襄王）的墓里埋藏了一部，于西晋咸宁五年（279年）被盗墓者不準所发现。

全书凡十二篇，开篇是以君主纪年为纲目，起于黄帝，叙述夏、商、西周和春秋战国的历史，按年编次，上下记载了89位帝王、1847年的历史。周平王东迁后用晋国纪年，战国时期三家分晋后用魏国纪年，至"今王"（魏襄王）二十年（前299年）为止。《竹书纪年》多记晋国与魏国之事，一般将此书看成是魏国的史书。

《竹书纪年》记载和描述了从夏朝到战国时期历代发生的血腥政变和军事冲突。此书对史学界的震撼，不仅在于与《史记》的价值取向相异，更在于它所记录的史料与《史记》所描述的内容不同。由于《史记》采用纪传体来记述事件，此书的出现，可以从另一角度审视《史记》内容。如"昔尧德衰，为舜所囚也""舜囚尧于平阳，取之帝位"等内容，就跟《史记》等正史所载的有德之君舜的形象大为不同；"夏启杀伯益""太甲杀伊尹""文丁杀季历""共伯和干王位"，与《史记》记载也有极大差异；另如"（殷）祖乙胜即位，是为中宗"，与《史记·殷本纪》等以中宗为太戊不同，但与甲骨文"中宗祖乙"的称谓却完全相合，可见《竹书纪年》的史料价值甚高。

《竹书纪年》后又散佚，清朱右曾辑录《竹书纪年》的佚文，加以考证，编成《汲冢纪年存真》。王国维在这个基础上，辑成《古本竹书纪年辑校》，又辑《今本竹书纪年疏证》。范祥雍进一步编成《古本竹书纪年辑校订补》。1981年，方诗铭综合朱右曾、王国维、范祥雍三家著述，重加编次，广为搜集，细致考证，与王修龄等人辑录成《古本竹书纪年辑证》，随书收录王国维的《今本竹书纪年疏证》，是现今较为完备的本子。

《竹书纪年》第一卷追记黄帝、颛顼、帝喾三帝之史事。有明确的在位年数，于是可以得出数据：黄帝元年为公元前 2394 年（丁卯年），颛顼元年为公元前 2294 年（丁未年），帝喾元年为公元前 2216 年（乙丑年），帝挚元年为公元前 2153 年（戊辰年），帝尧元年为公元前 2145 年（丙子年），帝舜元年为公元前 2042 年（己未年），夏禹元年为公元前 1989 年（壬子年）。

第二卷记帝尧、帝舜二帝之史事。自帝尧元年丙子即公元前 2145 年开始了干支纪年的信史时代，把中国有确切年代的历史由前 841 年前推了 1300 多年。

第三、四卷记夏代即前 1989—前 1559 年凡 431 年之史事，与《史记·夏本纪》略有不同。

第五、六卷记商代即前 1558—前 1051 年凡 508 年之史事，与《史记·殷本纪》略有不同，和殷墟甲骨卜辞所记世系基本相同。

第七、八、九卷记西周即前 1050—前 771 年凡 280 年之史事。自汉以来，考证"武王灭殷"的确切年代的有 43 家之多，唯独《竹书纪年》一家所记最为真实可信，其他推算皆误。

第十、十一、十二卷记东周时期晋国、魏国即前 770—前 229 年凡 472 年之史事，终于今王即魏襄王二十年、周隐王十六年。对于这一时期的史事，战国史家皆认为《竹书纪年》所记是真实的，因为《竹书纪年》为他们解答了一些古籍解决不了的难题。

《逸周书》，先秦史籍，原名《周书》，晋代始称此名，作者不详。相传乃孔子删《尚书》百篇所余，故不入六经。此书经后代学者考定为先秦古籍，与《尚书》相类，是一部周时诰誓辞命的记言性史书。《隋书·经籍志》误题为《汲冢周书》（实际并非汲冢所出）。今本全书十卷，正文七十篇，其中十一篇有目无文，四十二篇有晋五经博士孔晁注。各篇篇名均赘"解"字。又序一篇，各本或在卷端，或附卷尾。序与《尚书》序相类，分言各篇之所由作。正文基本上按所记事之时代早晚编次，历记周文王、周武王、周公、成王、康王、穆王、厉王及景王时事。内容庞杂，体例不一，性质各异。如前三篇皆以王者之师的口吻，讲为政牧民之道；第五篇和第十一篇讲救助灾荒的措施与制度；第六至十篇均类兵家之言；而自第十一篇以下，各篇又多以"维（王）某祀（或某月）"的形式开头，记事或言；第三十至五十篇，主要记伐商前后事；第五十一、五十二篇是有关天文历法的文字。其中不少事实，可以和《史记》《礼记》《周礼》等典籍中的记载相互印证。然此书文字多误脱，还间杂有后人羼补、更动之作。清人注本颇多，以朱右曾《周书集训校释》流传最广，另有王念孙《读书杂志·逸周书》、俞樾《群经平议·周书》、刘师培《周书补正》和陈汉章《周书后案》，均可参考。

先秦典籍《左传》《国语》称引《周书》多次。《墨子》《战国策》也称引《周书》多次，与今《逸周书》同。而《左传》引今《逸周书》之文，或曰"周志"，或曰"书"。

《世本》，又称作世或世系。"世"是指世系，"本"则表示起源。《汉书·艺文志》："世本十五篇，古史官记黄帝以来迄春秋时诸侯大夫。"但可考的只有《帝系》、《王侯》（又称王侯世、王侯谱）、《卿大夫（世）》、《纪》、《世家》、《传》、《氏姓》、《居（篇）》、《作（篇）》和《谥法》这十篇。《世本》是一部由先秦时期史官修撰的，主要记载上古帝王、诸侯和卿大夫家族世系传承的史籍。

司马迁作《史记》时曾采用、删定《世本》。韦昭《国语注》、杜预的《春秋左氏经传集解》、司马贞的《史记索隐》、张守节的《史记正义》、林宝《元和姓纂》和郑樵的《通志》都曾引用和参考书中内容。南朝时，《世本》已缺《谥法》一篇，到唐朝又有更多篇目散佚，直至南宋末年全部丢失。后世的学者根据其他书籍所引内容进行辑补，共有八种不同辑本，商务印书馆曾于1957年将辑本集合而印成《世本八种》。

《世本》的作者不见于史，书中所记载的时代，在古人的记载中有三种说法：始于黄帝，不知止于何时；始于黄帝，止于春秋；楚汉之际有好事者，录自古帝王、公侯、卿大夫之世，终于秦末。

司马迁之后，有两种史书，可以与《史记》的有关内容相印证和做补充。

《越绝书》又名《越绝纪》，原书二十五篇，现存十五卷，是记载古代地方史的杂史。书名"越绝"，首篇《外传本事》说"越者，国之氏也""绝者，绝也，谓勾践时也""贤者，所述不可断绝，故不为记明矣"。清代的俞樾对此做了解释，这是说《春秋》绝笔于获麟之绝，其意在记吴、越之事以续补《春秋》，而重点更在于越，故曰"越绝"。

此书原为二十五篇，所谓"旧有内记八，外传十七"，北宋初亡佚了五篇，现今只剩十九篇。其中首尾两篇是序跋，中间十七篇有内经、内传和外传，体例杂乱。《外传本事》解释说："经者论其事，传者道其意，外者非一人所作，颇相覆载。或非其事，引类以托意，说之者。"说明其材料来源是多方面的，而作者著书的意图，每篇都有其特定的目的，所谓"观乎太伯，能知圣贤之分""观乎九术，能知取人之真，转祸之福"等。

此书杂记春秋末年至战国初期吴越两国争霸的史实，上溯夏禹，下迄两汉，旁及诸侯列国，对吴越地区的政治、经济、军事、天文、地理、历法、语言等多有所涉及，被誉为"地方志鼻祖"。其中有些记述，涉及吴、越地区东汉以前的许多史料，不见于现存其他典籍文献，而为此书所独详；有些记述，则可与其他典籍文献互为发明，彼此印证。现代不少学者，从不同角度、在不同程度上利用《越绝书》，来考察中国古代史、中国文学史、汉语语言学史、中华民族史、中国历史地理中的一些具体问题，并取得了不少重要成果。

《越绝书》特别注重伍子胥、子贡、范蠡、文种、计然（计倪）等人的外交军事活动，有的为《史记》所采用，如勾践行计倪、范蠡之术，其道在富米贵谷。这些史料可以和《左传》《国语》及《史记》互相印证，补充其不足。

另有《外传记宝剑》一篇，记述欧冶子为越王铸了五口宝剑，又与干将一起为楚王铸了三口宝剑，都锋利无比。还有篇中所谓"以石为兵""以玉为兵""以铜为兵""以铁为兵"的记载，大体上反映了今天考古学所说的旧石器、新石器、铜器和铁器时代的依次发展。

《吴越春秋》，是一部以记述春秋时期吴、越两国史事为主的史学著作。《隋书·经籍志》和《唐书·经籍志》皆云其为东汉赵晔撰，十二卷。然而今流行本只有六卷十篇。

　　赵晔，字长君，会稽山阴（今浙江绍兴）人，东汉史学家、文学家。赵晔少为县吏，奉命迎接督邮，他感到做厮役非常耻辱，就丢弃车马逃走了。他远赴犍为资中（今四川资中县），找到经师杜抚学习韩诗，得到其真传。赵晔在资中二十年，既不回家，也不去信，家里人都以为他死了，为他举行了葬礼，后来学成之后他才回家。州吏要任命他为从事，被他拒绝了。后被州里举荐为"有道"（汉代举荐贤才的一个名目），终老于家中。

　　赵晔著有《吴越春秋》《韩诗谱》《诗细历神渊》《诗道微》等。后来蔡邕至会稽，读到《诗细历神渊》，大为感叹，以为其长于《论衡》。蔡邕回到京师洛阳，开始传授《诗细历神渊》，当时的学者都诵习此书。赵晔的著述后来都已失传，今仅存《吴越春秋》一种。

　　《吴越春秋》前五篇为吴事，起于吴太伯，终于夫差；后五篇为越事，记越国自越王无余至勾践，注重吴越争霸的史实。

　　该书钞撮古史，编年记事，以补《国语》《左传》《史记》不足之处，如吴兵破楚入郢之役、孙武为吴军之将等记载较详。但其史料价值却不如《越绝书》，一些传闻异说故事性强而真实性差，甚至以后人想象之词加于春秋末年吴、越之事。如记伍子胥的言论，有"胡马望北风而立，越燕向日而熙"这种春秋时不可能有的语言；又有越军伐吴，伍子胥显相以阻越兵，后又托梦给范蠡和文种，示以进军之路。近于小说家言。人物的刻画、故事情节的描写，启示了后世的演义体，对后世的文学有一定影响。唐代俗讲中的《伍子胥变文》、宋元话本中的《吴越春秋连像平话》，以及明清以后的许多剧目，都是以此书为依据改编的。

不过其史料价值和价值取向还是颇受后人重视的。如清朱彝尊《经义考·拟经》认为："若胥之忠，蠡之智，种之谋，包胥之论策，孙武之论兵，越女之论剑，陈音之论弩，勾践臣吴之别辞，伐吴之戒语，五大夫之自效，世亦何可少哉？"

第二节　史家泰斗的人生境遇

史家泰斗司马迁，出身名门，他的一生，与雄才大略的汉武帝波澜壮阔的治国生涯相始终。汉武帝刘彻（前156—前87），于公元前141—前87年在位。

幼年、少年

迁生龙门，耕牧河山之阳，年十岁则诵古文

根据王国维《太史公行年考》的研究，司马迁出生于公元前145年，即西汉景帝中元五年丙申，属猴。这几乎已成为当今学术界的定论。

司马迁降生于夏阳县高门里，今属陕西省韩城市芝州镇东高门村。在东高门村南门洞楼上，还嵌有石刻"太史

故里"四个大字。东、西高门村之间，有清代立的司马迁祖茔双碑，此地原有司马迁祖茔墓冢。

司马迁《太史公自序》自称"迁生龙门"，但《太史公行年考》又说其祖籍闾里在汉夏阳县华池、高门。《汉书·地理志》说，龙门山在冯翊夏阳县北；《后汉书·郡国志》说，夏阳县北有龙门山；《魏书·地形志》说，夏阳县有龙门山；唐《元和郡县志》和宋《太平寰宇记》都说，龙门山在县（韩城）北五十里；《山海经》《括地志》《三秦记》和《名山记》等都记载大禹治水时，此山因"禹凿龙门"而得名。《山海经》说禹门凿成后，有神龙来察看，故称龙门。乾隆《韩城县志·卷一》引《名山记》"河水至此山""两岸皆断山绝壁，相对如门，惟神龙可越，故曰龙门"。司马迁不说自己出生于高门故宅，而说"龙门"，表现了他对故乡山川的热爱和自豪。

《太史公自序》说："迁生龙门，耕牧河山之阳。"河山之阳，即河之北、山之南，此指韩原。韩原在大河（黄河）之西，泛指在北，与龙门山之南的"南"字南北相对，是为了字句典雅而做的变通。王国维说："固指山南河曲数十里间矣。"司马迁的故乡，地势高敞，山势雄浑，风光优美，土地肥沃。在父辈的安排下，司马迁少年时期一面苦读，一面躬耕陇亩，放牧牛羊，备尝艰辛。他目睹了周围农民的艰辛，深深体会到《孟子》"故天将降大任于是人也，必先苦其心志，劳其筋骨"和"生于忧患"的含义。

司马迁自幼年开始接受严格的教育，刻苦读书。《汉书·艺文志》记载"古者八岁（古人指虚龄，下同）入小学"，汉代规定小儿学习，"教之六书，谓象形、象事、象意、象声、转注、假借，造字之本也"。背诵并能书写九千字以上，每一个字要能写出六体：古文、奇字、篆书、隶书、缪篆（篆刻印章）和虫书（草书），通知古今文字。

司马迁经过和完成了如此严苛的精英教育，十岁就可进入诵习古文和阅读古书的阶段，故而自豪地宣称"年十岁则诵古文"[①]。

自十岁到十九岁，共十年，司马迁诵读古书，即《诗经》《尚书》《春秋》《左传》等经书和《论语》《孟子》《老子》《庄子》《管子》《墨子》《孙子》《韩非子》等诸子论著，学成满腹经纶。

青年
二十壮游，读万卷书和行万里路，得江山之助
司马迁年甫二十，即在父亲的安排下，游历天下：

> 二十而南游江、淮，上会稽，探禹穴，窥九疑，浮（行船，航行）于沅、湘；北涉汶、泗，讲业（研讨学问）齐、鲁之都，观孔子之遗风，乡射（古代的射礼）邹、峄；厄困鄱、薛、彭城，过梁、楚以归。于是迁仕为郎中，奉

---

① 古文：指古文经籍，用先秦古文字书写的古书。汉代称当时通行的隶书为今文，凡用隶书抄录的经书就叫今文经；称春秋战国文字（篆文）为古文，凡用篆文抄录的经书就叫古文经。这里的"古文"，《史记索隐》认为是指《五帝德》和《帝系姓》，也有人认为是指《尚书》。

使西征巴、蜀以南，南略（巡行）邛、笮、昆明，还报命（复命）。

司马迁青年壮游，共连续经历了两三年的时间。他深入祖国大地，亲历壮丽山河，亲炙四方民俗和生活，听闻和记录古代流传至今的历史传说和故事，搜集流散于民间的史料，即"网罗天下放失（同'佚'，散失）旧闻"，为后来撰写《史记》打下了坚实的基础。

不仅如此，苏辙《上枢密韩太尉书》中说："以为文者，气之所形，然文不可以学而能，气可以养而致。孟子曰：'我善养吾浩然之气。'今观其文宽厚宏博，充乎天地之间，称其气之小大。太史公行天下，周览四海名山大川，与燕赵间豪俊交游，故其文疏荡，颇有奇气。"

苏辙将孟子的浩然之气，用"充乎天地之间"来形容；又将天地之气分解为四海名山大川和人间豪俊二者，前者得江山之气，亦即刘勰"得江山之助"，后者为得豪俊英杰之气，得精神之熏陶。苏辙又点出"行"和"周览""交游"，强调司马迁不仅有静养功夫，且赖"行"而得江山和豪俊之气而产生"奇气"。

第一次壮游，全部在南方，是一种深谋远虑的安排；接着才到中原各地。司马迁终生难忘早年的这次游历，在《史记》十余篇论赞中回忆和论及自己的游历经过和收获：

《五帝本纪赞》：余尝西至空峒，北过涿鹿，东渐（到达）于海，南浮江、淮矣，至长老皆各往往称黄帝、尧、舜之处，风教固殊焉。

《河渠书赞》：余南登庐山，观禹疏九江①，遂至于会稽太湟，上姑苏，望五湖；东窥洛汭、大邳、迎河，行淮、泗、济、漯、洛渠②；西瞻蜀之岷山及离碓；北自龙门至于朔方。曰：甚哉，水之为利害也！余从负薪塞宣房，悲《瓠子》之诗而作《河渠书》。

《魏世家赞》：吾适故大梁之墟（故城，废址），墟中人曰："秦之破梁，引河沟而灌大梁，三月城坏，王请降，遂灭魏。"

《孔子世家赞》：适鲁，观仲尼庙堂、车服、礼器，诸生以时（按时）习礼其家，余祇（敬）回留之不能去云。

《孟尝君列传赞》：吾尝过薛，其俗（风俗）间里（乡里，民间）率多（大多）暴桀（凶暴）子弟，与邹、鲁殊。问其故，曰："孟尝君招致天下任侠（打抱不平、负气仗义的人）、奸人（乱法犯禁的人）入薛中盖六万余家矣。"世之传孟尝君好客自喜，名不虚矣。

《魏公子列传赞》：吾过大梁之墟，求问其所谓夷门。

---

① 九江：有三说。一认为长江在荆州界内分为九道支流，然后又汇为一条大江，汉儒孔安国等主此说。二认为九江各自别源，是今江西省九江市以南的九条支流，汇合于长江，孔颖达说江南水无大小，俗人皆呼为江，所以这九条支流称为九江。九江之名载于《尚书·禹贡》"九江孔殷"条注文之中，今已不知其所指，故不录。三是以为九江就是彭蠡泽，即今洞庭湖，宋儒胡旦、朱熹等主此说。

② 漯：漯水，就是前文所说禹分河为二渠，"北载之高地"之一的漯水，源自河南武陟县，流经河北、山东入海；洛水就是《尚书·禹贡》所说"导洛自熊耳"中的洛水，是伊、洛之洛，不是陕西境内的渭、洛之洛。

夷门者，城之东门也。天下诸公子亦有喜士者矣，然信陵君之接岩穴隐者（居在深山野谷的隐士，此泛指住在不被人注意的各个角落的隐士），不耻下交，有以（有道理）也。名冠诸侯，不虚耳。高祖每过之而令民奉祠不绝也。

《春申君列传赞》：吾适楚，观春申君故城，宫室盛矣哉！初，春申君之说秦昭王，及出身遣楚太子归，何其智之明也！后制于李园，旄（mào，通"耄"：年老，糊涂）矣。语曰："当断不断，反受其乱（祸患）。"春申君失朱英之谓邪？

《屈原贾生列传赞》：适长沙，观屈原所自沉渊，未尝不垂涕，想见其为人。

《淮阴侯列传赞》：吾如淮阴，淮阴人为余言，韩信虽为布衣时，其志与众异。其母死，贫无以葬，然乃行营（四处寻找、谋求）高敞地，令其旁可置万家。余视其母冢（坟墓），良然。

《樊郦滕灌列传赞》吾适（到，往）丰沛，问其遗老，观故萧、曹、樊哙、滕公之家，及其素（平素，此指平素的为人），异哉所闻！

《龟策列传》：余至江南，观其行事，问其长老，云龟千岁乃游莲叶之上，著百茎共一根。

司马迁又随武帝或奉命出使，游历了许多地方：

元鼎四年（前113年），武帝巡行郡县，司马迁作为郎中，随从到达庸（今陕西凤翔）祭祀五帝，然后去夏阳，到河东（今山西夏县北）；又到汾阴，后经荥阳，回到洛阳。

元鼎五年（前112年），又随武帝巡幸雍，然后西行，登上崆峒山（今甘肃平凉市西）。

元鼎六年（前111年），司马迁又奉汉武帝之命，出使西南："奉使西征巴蜀以南，南略邛、笮、昆明。"（《史记·太史公自序》）。

元封元年（前110年），汉武帝在举行封禅大典之后，率军北巡朔方，经上郡、西河、五原，到达今包头附近，"出长城，北登单于台（今呼和浩特市西）"，"威震匈奴"（《汉书·武帝纪》）。司马迁都跟随同往。

司马迁就这样遍行祖国广阔的大地，饱览祖国山河，不断开阔自己的胸襟。

中年

接任太史公，两代史学家的抱负和名山之业

司马迁之父司马谈（？—前110），西汉夏阳（今陕西韩城南）人，武帝时任太史令。《史记·太史公自序》载，司马谈"学天官于唐都，受《易》于杨何，习道论于黄子"。其所著《论六家之要指》，《太史公自序》中收录了全文。

元封元年（前110年），汉武帝在泰山筑坛祭天，司马迁之父司马谈未能参与，留在周南，心中愤懑，不久病故。临终前告诫司马迁要著志修史。

司马谈去世三年后司马迁任太史令，仔细查阅"石室金匮之书"，开始缀集历史书籍及国家收藏的档案文献，准备论述编次所得文献和材料，于是"天下遗文古事靡不毕集太史公"，为撰写《史记》做了充分的准备。到了第七

年，太史公遭逢李陵之祸。

晚年

李陵之祸，惨遭腐刑和发愤著书

汉武帝时代，是汉匈生死决战的艰难时世。第一阶段，卫青和霍去病自公元前129年至公元前119年，十年中十战十胜。第二阶段，卫青和霍去病已经去世，汉武帝重用李广利，令他率军在西域攻打匈奴，大败。天汉二年（前99年），骑都尉李陵击匈奴，北上至浚稽山被围，苦战力竭而降。太史令司马迁因言陵事，于次年获罪下狱，受宫刑。司马迁于天汉三年（前98年），四十八岁时，遭李陵之祸。他在《太史公自序》中说：

> 于是论次其文（按次序论述）。七年而太史公遭李陵之祸，幽于缧绁（系犯人的绳索，此指牢狱）。乃喟然而叹曰："是余之罪也夫！是余之罪也夫！身毁不用矣。"退而深惟（思，考虑）曰："夫《诗》《书》隐约者，欲遂（通，达）其志之思也。昔西伯拘羑里，演《周易》；孔子厄（穷困，灾难）陈蔡，作《春秋》；屈原放逐，著《离骚》；左丘失明，厥（乃，才）有《国语》；孙子（指孙膑）膑（膝盖骨，特指古代一种剔除膝盖骨的酷刑）脚（小腿），而论兵法；不韦迁蜀，世传《吕览》（即《吕氏春秋》）；韩非囚秦，《说（shuì）难》《孤愤》；《诗》三百篇，大抵贤圣发愤之所为作也。此人皆意有所郁结，不得通其道也，故述往事，思来者。"于是卒述陶唐以来，至于麟止（谓《史

记》述事止于武帝获麟之年，犹《春秋》止于获麟。武帝获麟在元狩元年，即前122年，见《史记·孝武本纪》和《汉书·武帝纪》)，自黄帝始。

司马迁的《报任安书》详叙此事，并再次申述这个想法：

> 古者富贵而名摩灭，不可胜记，唯倜傥非常之人称焉。盖文王（一作西伯）拘而演《周易》；仲尼厄而作《春秋》；屈原放逐，乃赋《离骚》；左丘失明，厥有《国语》；孙子膑脚，《兵法》修列；不韦迁蜀，世传《吕览》；韩非囚秦，《说难》《孤愤》；《诗》三百篇，大氐圣贤发愤之所为作也。此人皆意有所郁结，不得通其道，故述往事，思来者……
>
> 仆窃不逊，近自托于无能之辞，网罗天下放失旧闻，略考其行事，综其终始，稽其成败兴坏之纪，上计轩辕，下至于兹。为十表，本纪十二，书八章，世家三十，列传七十，凡百三十篇。亦欲以究天地之际，通古今之变，成一家之言。

这里将"夫《诗》《书》隐约者，欲遂其志之思也"一句，改为"古者富贵而名摩灭，不可胜记，唯倜傥非常之人称焉"。后面基本相同。

司马迁在囚禁狱中时，喟（kuì，叹息、叹声）然而叹道："这是我的罪过啊！这是我的罪过啊！身体残毁没有用了。"退而深思道："《诗》《书》含义隐微而言辞简约，是作者想要表达他们的心志和情绪。"更且自古以来，无数富贵之徒名声磨灭，只有豪爽洒脱、卓异非凡的人得到后世的赞扬。

于是他身残志坚，想到"周文王（西伯）被拘禁羑里，推演了《周易》（详见《史记·周本纪》）；孔子遭遇陈蔡的困厄，作有《春秋》（详见《史记·孔子世家》）；屈原被放逐，著有《离骚》（详见《史记·屈原贾生列传》）；左丘明双目失明，才编撰了《国语》；孙子的腿受了膑刑，却论述兵法（见《史记·孙子吴起列传》）；吕不韦被贬徙蜀郡，世上才流传《吕览》（吕不韦主持编著此书远在迁蜀以前，事见《史记·吕不韦列传》）；韩非被囚禁在秦国，才写有《说难》《孤愤》（《史记·老子韩非列传》谓在入秦以前）；《诗》三百篇，大都是圣人贤士抒发愤懑而作的。这些人都是心中聚集郁闷忧愁，理想主张不得实现，因而追述往事，考虑未来"。于是终于下定决心记述自黄帝、陶唐以来直到武帝获麟那一年（元鼎五年，公元前112年，汉武帝至雍，捕获一头白麟）的历史。

他向任安表示："草创未就，适会此祸，惜其不成，是以就极刑而无愠色。仆诚已（以）著此书，藏之名山，传之其人，通邑大都，则仆偿前辱之责，虽万被戮，岂有悔哉！然此可为智者道，难为俗人言也。"

司马迁为李陵辩护而遭祸，李陵是怎样的一个人，事件的经过如何？拙著《汉匈四千年之战》第二章《汉匈之战上部》第六节"李广自杀、李陵败降：战争中众多英豪的悲惨命运"有详细记叙。大致情况是：

李陵（？－前74），字少卿，他是李广长子当户的遗腹子，少年时即任侍中建章监。像他的祖父李广一样，他善骑射，武艺高强，而且同样仁爱待人，为人谦让，尊重知识分子。汉武帝认为他有李广的风度，于是派他带领八百骑兵，深入匈奴二千余里，过居延，观察地形，不见敌人的影子，才撤回。接着，拜骑都尉之职，率领五千勇士，在酒泉、张掖一带教习箭术，备战抗敌。

天汉二年（前99年），正好是李陵祖父李广逝世20年后，贰师将军李广利率三万骑兵出酒泉，在天山攻击右贤王。武帝召见李陵，想派他为贰师将军做管理军队装备等的后勤工作，李陵叩头请求说："我所带领屯边的战士，都是荆楚剑客、奇才和勇士，力能扼虎，射箭则百发百中，我愿自成一军，到兰干山（山名，在蒙古国）以南作战，分散单于的兵力，使单于无法全力对付贰师将军的军队。"皇帝说："将军不肯附属于别人啊！我发出去的军队多，没有骑兵和战马可以分配给你。"李陵回答："用不着，我愿以少击多，只带五千步兵冲入单于的大本营。"武帝嘉许李陵的勇气，同意他的请求，于是诏令强弩都尉路博德带兵在半路接应李陵军。可是路博德原是伏波将军，他也羞为李陵的后援，他上奏说："现在正当秋天，匈奴马肥，不可与他们接战，我愿与李陵留待明年春天，一起率领酒泉、张掖的五千士兵，东西并击，必可擒拿单于。"武帝看到奏书，非常恼火，他怀疑李陵不想出兵了，就教博德上书，找理由推脱，武帝发怒，责问他们两人。在这样的情况下，李陵只能立即率领五千步兵出居延，北行三十日，到浚稽山（今蒙古国土拉河国境内阿尔泰山脉中段）安营扎寨，画好行军所过的山川地形，派麾下骑兵陈步乐回朝廷报告。陈步乐受召见时报告说，李陵善于将兵，得到士兵的死力报效，武帝很高兴，于是任陈步乐为郎。

李陵在浚稽山与单于相逢，匈奴军约有三万骑兵围住李陵军。李陵军居于两山之间，首战即以少胜多，杀敌数千人。单于大惊，召集近处的兵力共达八万多骑兵，围攻李陵。李陵且战且退，南行数日，不断杀伤敌军。匈奴恶战不利，正要退兵，恰巧一个叫管敢的军候受到校尉的凌辱，逃往匈奴军内投降，详细告密说："李陵军并无后援，箭将射完，只有李陵将军麾下和成安侯校下各有八百人为先行部队，这两支部队以黄旗和白旗为标志，如果集中精锐的骑兵猛射他们，就可攻破了。"单于大喜，以优势兵力漫山遍野地急攻李陵。汉军不断杀敌，已经退到长城附近，李陵叹道："再有数十支箭，就足以脱险了。如今没有兵器作战，天亮就只有坐以待毙了！"他遣散剩余部队，让他们分散撤退，自己和韩延年带着壮士十余人抵挡敌军。数千匈奴骑兵追击他们，韩延年战死。李陵说："无面目报陛下！"只好投降了。李陵军剩余的脱险到达边塞的士兵也还有四百余人之多。

可是汉武帝听说李陵投降，勃然大怒，群臣都看皇帝的脸色行事，墙倒众人推，大家纷纷落井下石，一致怪罪李陵。武帝要听太史令司马迁的意见，只有司马迁一人仗义执言：

> 陵事亲孝，与士信，常奋不顾身以殉国家之急，其
> 素所蓄积也，有国士之风。今举事一不幸，全躯保妻子

之臣随而媒蘗其短，诚可痛也！且陵提步卒不满五千，深轹（róu，又读 rǒu，践踏）戎马之地，抑数万之师，虏救死扶伤不暇，悉举引弓之民共攻围之。转斗千里，矢尽道穷，士张空拳，冒白刃，北首（向）争死敌，得人之死力，虽古名将不过也。身虽陷败，然其所摧败亦足暴于天下。彼之不死，宜欲得当以报汉也。

　　李陵在战斗中的英勇表现，《史记》未予记载，是班固在《汉书》中做了以上详尽记载。从以上的战绩看，司马迁的赞誉和辩护是符合事实的。后人都同情司马迁，甚至认为司马迁"就是大豪侠，为李陵仗义执言一事，最是豪侠"[①]。

　　司马迁遭受腐刑后，大约于天汉四年（前97年）四十九岁时出狱。出狱后，武帝任命他为中书令。

　　根据王国维考证，司马迁自太初元年（前104年）开始写《史记》[②]，用了十四年的时间，约完成于征和三年（前90年），《史记·太史公自序》也可能作于此年。《太史公自序》中说："凡一百三十篇，五十二万六千五百字，为《太史公书》。"

　　除了《史记》外，《汉书·艺文志》还记载有司马迁的赋八篇，今存《全汉文》辑录的《悲士不遇赋》一篇，另有《报任安书》书信一封。

---

　　① 木心：《文学回忆录》，广西师范大学出版社，2013，第357页。

　　② 王国维：《太史公行年考》，周锡山编校《王国维集》（第四册），中国社会科学出版社，2008，第322页。

结局

神龙见首不见尾，太史公的人生结局之谜

司马迁何时完成《史记》，何时逝世？只能推测大致与汉武帝的卒年相近。他的晚年生活和结局，皆无可靠记载，成为千古之谜。但是史家泰斗挂念的身后之事——伟作《史记》要"藏之名山，传之其人"，做到了。《史记》基本内容流传至今，成为中国文化的经典，阅读、欣赏、研究者众多，颇可告慰太史公的在天之灵。

后裔

司马迁的女儿、女婿和外孙、重外孙

关于司马迁的夫人是谁，他们有几个子女，也无明确记载。有的说他有司马临和司马观二子，后皆改冯姓，不知何据。王国维说："史公子姓无考。"[1]《汉书·司马迁传》："至王莽时，求封迁后，为史通子。"可知司马迁确有子。《汉书·公孙刘田王杨蔡陈郑传》记载司马迁有一女，其婿即杨敞："子忠嗣，以敞居位定策安宗庙……忠弟恽……恽母，司马迁女也。"此女有二子，杨忠和杨恽（？—前54，字子幼，西汉华阴人）。

杨敞，华阴（今属陕西）人。在大将军幕府任军司马，霍光爱厚之，逐渐升迁至大司农。元凤中，稻田使者燕仓获悉上官桀等谋反，他将此事报告杨敞。敞素谨畏事（谨慎怕事），不敢言（上奏昭帝），乃移病卧。燕仓继而报告谏大夫杜

---

① 王国维：《太史公行年考》，周锡山编校《王国维集》（第四册），中国社会科学出版社，2008，第325页。

延年，杜延年奏告昭帝。两人事后都因此封侯，杨敞身为九卿听到谋反的消息却不及时上奏，所以没有封侯。后升为御史大夫，代王欣为丞相，封安平侯。

第二年，昭帝驾崩。昌邑王受公卿大臣征召来京即位，他淫乱无道，大将军霍光与车骑将军张安世密谋，打算废黜吕邑王重立皇帝。商议既定，让大司农田延年报知杨敞。"敞惊惧，不知所言，汗出洽背，徒唯唯而已。"

田延年起身到更衣室更换衣服，此时，杨敞夫人，急忙从东厢房出来对他说："此国大事，今大将军议已定，使九卿来报君侯。君侯不疾应，与大将军同心，犹与无决，先事诛矣。"

田延年从更衣室回来，杨敞、夫人与延年参语许诺，"请奉大将军教令，遂共废昌邑王，立宣帝。宣帝即位月余，敞薨，谥曰敬侯。子忠嗣，以敞居位定策安宗庙，益封（增加食邑）三千五百户"。

杨敞的长子杨忠因父荫得到官爵，继承封户，但也因碌碌无为，史书无可记载。而其弟杨恽，字子幼，以忠任为郎，补常侍骑。"恽始读外祖《太史公记》，颇为《春秋》，以材能称，好交英俊诸儒，名显朝廷，擢为左曹。霍氏谋反，恽先闻知，因侍中金安上以闻，召见言状。霍氏伏诛，恽等五人皆封，恽为平通侯，迁中郎将。"杨恽似其母，有魄力、有智慧，所以关键时刻能立功升职。

《汉书·司马迁传》说："迁既死后，其书稍出。宣帝时，迁外孙平通侯杨恽祖述其书，遂宣布焉。"杨恽认真阅读外祖父留下的《史记》巨著，懂得这部伟作的巨大价值，他及时上书汉宣帝，献出《史记》，公开发行，从此天下人才得以共享这部伟大的史著。

杨恽升任中郎将后，革除郎官弊政，荐举郎官中工作优异德才兼备者加官，有的升迁到郡守、九卿。郎官因此受到教化，无不激励自己勤于职守，令行禁止，宫殿里的郎官们开始同心协力。因此宣帝提拔杨恽为诸吏光禄勋，成为亲信大臣办理政事。

当初，杨恽继承父亲的钱财五百万，他封侯后，就把这笔钱财全部分给同宗族的人。他的继母也有几百万钱财，却无子嗣，死后都留给了杨恽，杨恽又全分给了继母的兄弟。杨恽两次共继承钱财一千多万，全都分给了别人。他就是这样轻财好义。

杨恽在殿中做官，廉洁无私，郎官都称颂他公平。但他常夸耀自己的德行和办事能力，又生性刻薄，喜欢揭发别人的阴私，同事中有违逆自己的，杨恽必定想法加害他，仗恃自己有才能高傲凌人，因此在朝中得罪了许多人。他无视太仆戴长乐（宣帝在民间时的知交，宣帝擢升的亲信大臣），与之失和。有人告发戴长乐言语不当，戴长乐怀疑是杨恽告发他，也反告他。杨恽平时的确也随便发表不当或不应公开发表的言论，甚至拿皇上开玩笑，颇有言论不妥的把柄。他终于被人告发而陷入罪案，宣帝不忍心判他死罪，下诏把杨恽、戴长乐都贬为平民。

"恽既失爵位，家居治产业，起室宅，以财自娱。"其友人安定太守孙会宗写信劝他说：大臣免官退居以后，应该闭门思过，诚惶诚恐，做出让人哀怜的样子，不该经营产业，交结宾客，有受人称赞的名声。于是杨恽写下了著名的《报会宗书》，颇有牢骚，也即不服。

杨恽哥哥杨忠之子安平侯杨谭任职典属国，他安慰杨恽说："西河郡太守建平人杜延年，以前因罪丢官，现在被征召为御史大夫。您罪轻，又立过功，还会被重新起用的。"杨恽说："有功有什么用？皇上不值得我为他尽力。"杨恽平素与盖宽饶、韩延寿交好。杨谭随即说："皇上的确是这样，盖司隶、韩冯翊都是为朝廷效忠尽力的官员，都因为小事被杀了。"这时正碰上日食天变，一个管车马的下等小吏名叫成，上书举告杨恽"骄奢不悔过，日食灾祸就是他招来的"。宣帝把这个奏章交给廷尉审讯查验，审讯中搜到杨恽写给孙会宗的信，宣帝看了深感憎恶。廷尉判杨恽大逆不道罪，处以腰斩。他的妻子儿女流放到酒泉郡。杨谭不劝杨恽悔过，反而与他互相应和，有怨恨言论，免去官职，贬为平民。宣帝召见并任命成做郎官，那些在位为官与杨恽交情深厚的人，如未央宫卫尉韦玄成、京兆尹张敞及孙会宗等人，都被免去了官职。

杨恽言论不慎，不能识透宦海险恶，终遭大祸，做了无谓的牺牲。

从此传可知，司马迁的第四代有其女儿的孙子杨谭；杨恽的儿女受父连累，流放酒泉，但没有留下姓名。司马迁后裔——女儿和外孙杨恽，是难得的两个人才。

有人称司马迁的女儿为司马英，小名妹娟，并估计她是在其父司马迁受宫刑的前15年出生的，不知何据。清何焯《义门读书记》卷四提出，这位司马夫人大约早逝了，因此杨敞又续娶了一位夫人。杨敞在拥立汉宣帝即位一个月后即去世，劝诫杨敞一事发生其去世仅数月前，这位夫人只可能是《汉书》中杨恽的"无子"的后母，不可能是司马夫人。

但王国维认为"（杨）恽为（杨）敞幼子"，则此夫人"必公女也。废立之是非，姑置不论，以一女子而明决如此，洵不愧为公女矣"[1]。

第三节　究天人之际:《史记》的历史哲学

两千年前的西汉，由地主阶级建立的中央集权的封建专制制度，是当时全世界最先进的制度。整个欧洲那时还处在奴隶制社会，甚至原始社会。董仲舒哲学为封建制度服务，是先进文化的代表，董仲舒哲学是西汉时期精神的精华。[2]

司马迁的历史哲学既继承了诸子百家尤其是儒家的精华，更以董仲舒的哲学为指导。

董仲舒哲学是西汉时代精神的精华，是求善的政治哲学，因此独尊儒学。

统一国家，必须有统一的意识形态，古今各国都如此，这是历史的必然。董仲舒强调要统一到儒学上，即六艺和孔子之术，即以此为最高指导。后人概括为"独尊儒术，

---

① 王国维:《太史公行年考》，周锡山编校《王国维集》（第四册），中国社会科学出版社，2008，第326页。

② 周桂钿:《今天来看董仲舒》，《光明日报》2015年5月18日。

罢黜百家"，但罢黜并非消灭，独尊不是独存。以孔子为代表的儒家，以仁义为宗旨，"己所不欲，勿施于人"，胸怀宽广，得到独尊的儒家又能够容忍道家和佛教的存在和发展，并努力吸收其精华，中国文化得以形成了儒道佛三家鼎力和互补的宏伟格局。

司马谈《论六家之要旨》，尊黄老道家。《史记》接受汉武帝独尊儒术，于是《史记》将孔子列入"世家"，与诸侯并列；孔子的弟子有专门的《仲尼弟子列传》，儒家宗师有《孟子荀卿列传》，汉代儒者也专列《儒林列传》，而其他思想家仅有《老子韩非列传》，是道家和法家祖师的合传。

春秋战国时期，百家争鸣，形成各种学术发展、繁荣的大好局面。各种理论主张充分发表，各种理论所指导的发展道路也得到一定的实践。秦吞并六国，结束分裂割据局面，统一了天下，建立起中央集权的郡县制国家。无比强盛的秦王朝，不施仁义，以法治国，迅即灭亡，有力证明了孟子的说法，得民心者得天下。

大一统的历史观

汉朝自觉地以秦为戒，既继承了秦朝的郡县制，又提倡道德教化，纠正了秦朝单纯以法治国的偏颇。董仲舒概括为"德教为主，刑罚为辅"，以此为指导，中国文明形成了儒家为体、道法为用，外儒内法，寓封建于郡县的新的天下秩序，在两千多年中中国一直实行此制度，从而极大地丰富和扩展了华夏文明秩序。此后，中国文明秩序虽然受到了佛教在精神层面的挑战，但儒家思想成功地吸纳了佛教思想，从而形成精神层面的儒释道互补，促使中国文明秩序进行了第二次提升和扩张，使中国文明秩序扩展到整个东亚，不仅形成了多元帝国的格局，而且发展为独特的东亚朝贡秩序。

司马迁《史记》以儒家和董仲舒哲学为指导，儒家和董仲舒政治哲学的核心是大一统论。董仲舒在《贤良对策》的最后说："《春秋》大一统者，天地之常经，古今之通谊也。今师异道，人异论，百家殊方，指意不同，是以上亡以持一统，法制数变，下不知所守。臣愚以为诸不在六艺之科，孔子之术者，皆绝其道，勿使并进。邪辟之说灭息，然后统纪可一，而法度可明，民知所从矣。"由于儒家是提倡大一统的，所以要独尊儒家。

大一统的理念，包括领土完整、政治统一和意识形态的统一。秦汉建立中央集权制度，是当时世界上最先进的制度。《史记》记载和宣扬秦汉大一统的先进史实，歌颂推进大一统的汉武帝、司马相如等，弘扬和宣传了董仲舒的大一统历史观，此后的中国，国家的统一成为全民族的共识。

天人合一、天人感应、天道轮回与天命天意

中国历来尊奉天人合一的思想。王学泰先生归纳其产生的渊源：

中国远古时期即五帝到西周的"天"通指鬼神世界，"天"是主宰整个世界的人格神，他是高踞天上的帝王（殷人称这个人格神为"帝"），也像人一样有其好恶，而且这种好恶会支

配其行为。因此人们就要通过祭祀，使他降福给下土，主持这些事的就是巫。巫是人神之间的中介，最早的巫就是部族的领袖，那时神权、王权是一体的。后来随着社会分工的细密和事神的一套技艺越来越复杂，巫遂由一些专业人士担任，而王仍是众巫之首，因为一般的巫只有沟通神、人的能力，而真正受到上天眷顾者仍然是"王"，王之所以是"王"，并非由于众人拥戴，而是上天授命的结果，正如司马相如的《封禅书》中所说，自上古以来，所有"列辟"（历代诸王）都是"颢穹"（天）"历选"的结果（中国的"选"都是指自上而下的挑选），用现在的话说"天命"是"人王"合法性的来源。"人"亦非单个的人，而是指"人王"。天人之间所面临的问题都是关涉国家大事的。

"天人合一"应是由董仲舒正式提出的，他用天的自然属性比附人的生理功能，其目的是使至高无上的皇帝有所畏。[1]

董仲舒的核心观点是："屈民而伸君，屈君而伸天。"（《春秋繁露·玉杯》）周桂钿认为，"屈民"之民，主要指的是诸侯国君。老百姓没有权力，无法与封建统治势力对抗，只有那些地方诸侯国君有实力与中央政权相对抗。董仲舒曾经亲见景帝时代的吴楚七国之乱，屈民而伸君，可能就是从这一事实中总结出来的教训。屈民而伸君，实际上是

---

① 王学泰:《读余英时：轴心突破之后如何应对世俗社会》,《新京报》2014 年 9 月 27 日。

为了维护统一，反对分裂而提出的口号。①因此前一句强调天下统一，必须加强皇帝的权威和地位，不容割据或动乱；后一句强调君必须顺从民心，民为贵君为轻，否则天会降下灾难，惩罚君王，这继承和发展了孟子的民贵君轻思想。

《孟子》说："民为贵，社稷次之，君为轻，是故得乎丘民而为天子。"强调的是只有能赢得民心，才可统一天下，成为天子。无论是赢得天下还是治理天下，必须重民、贵民、安民、恤民、爱民，民是社稷的根本。

"董仲舒所言'天志'是以安乐民众为内容的。君主顺从'天志'而治，就是要让民众能过上安居乐业的生活。"②董仲舒在维护皇权的同时，又强调"'屈君以伸天'，包含了允许臣民起来进行汤武式的革命，并拥有讨伐无道昏君的权力，也就包含了'民本'思想"。③李存山先生认为，秦以后，当儒家思想与秦汉制度相整合时，董仲舒提出"屈民而伸君，屈君而伸天"，此中虽有"三纲"之说，但也仍继承了先秦儒家的民本思想。董仲舒所谓"道"与"德"，同先秦儒家一样，都贯彻了"以民为本"的思想。从先秦到秦以后，儒家的民本思想一直延续。其间，董仲舒作为汉代的群儒之首，起了重要的传承作用。④

---

① 周桂钿：《董仲舒天人感应论的真理性》，《河北学刊》2001年第 3 期。

② 汪高鑫：《中国史学思想通史（秦汉卷）》，黄山书社，2002，第 170 页。

③ 王永祥：《董仲舒评传》，南京大学出版社，1995，第 351 页。

④ 李存山：《董仲舒在中国思想文化史上的地位与影响》，《河北学刊》2010 年第 4 期。

西汉开始提出天人合一，在先秦时期，则强调"天人之分"。如《郭店楚墓竹简·穷达以时》："有天有人，天人有分。察天人之分，而知所行矣。"认为弄清"天人之分"是士人立身行事的基础。荀子甚至认为："明于天人之分，则可谓至人矣。"

西汉董仲舒、司马相如、司马迁等人则称"天人之际"，并认为"天人之际，合而为一"（《春秋繁露·深察名号》）。余英时在《论天人之际》中借用德国哲学家雅斯贝尔斯"轴心突破"的理论，考察了天、人思想（这也是古人思想意识的核心）从巫文化到诸子文化的演变，论述了两者之"分"，最后归结于"合"。①

司马迁《报任安书》提出"天人之际"，是因为司马迁一生最大的困扰是历史宿命与个人修为的矛盾，是人事与天意（宿命、天命）的挣扎。只能"尽人事"而"听天命"；"谋事在人，成事在天"。

《史记·秦楚之际月表》赞誉汉高祖并无学问根基，却能赤手空拳起家，短短数年，平定天下："岂非天哉，岂非天哉！非大圣孰能当此受命而帝者乎？"

董仲舒创立"天人感应"说，显示了儒家的一个重要政治原则：地震、旱涝、瘟疫，还有日食等，是天对君王的言行不满而降下的灾害。

汉武帝就《举贤良对策》问："善言天者必有征于人，善言古者必有验于今。"

---

① 王学泰：《读余英时：轴心突破之后如何应对世俗社会》，《新京报》2014 年 9 月 27 日。

司马迁信奉这个政治原则，例如《史记·天官书》说："秦始皇之时，十五年彗星四见，久者八十日，长或竟天。其后秦遂以兵灭六王，并中国，外攘四夷，死人如乱麻，因以张楚并起，三十年之间兵相骀藉，不可胜数。"天象预示了人事。

《史记·儒林列传》还肯定汉武帝时经学大师公孙弘认为当时的诏书律令，都能"明天人分际，通古今之义"。

古近代中西都重视"天意"，主张推动历史发展的力量有天意、命运和人的性格。

英国学者蒂利亚德说："对伊丽莎白时代的人来说，推动历史发展的力量有天意、命运和人的性格。"[①]"莎士比亚和其他历史剧的作者均把历史的发展和变迁看成是天意，马洛显然没有接受基督教的这一观点。……在马洛的笔下，朝代的更迭和君主的沉浮取决于人的性格和机遇这两大要素，而不是什么超人的力量。"[②]除了个别人如马洛，莎士比亚和众多历史剧作者都"把历史的发展和变迁看成是天意"。

中国古代将天意归结为天道。老子说"天道无亲，常与善人""天地不仁，以万物为刍狗"。(《老子》第五章)孔子说"获罪于天，无所祷也"(《论语·八佾》)"天何言哉？四时

---

① 蒂利亚德：《伊丽莎白时代的世界图景》，第52页。转引自王佐良、何其莘：《英国文艺复兴时期文学史》，外语教学与研究出版社，1996，第166页。

② 王佐良、何其莘：《英国文艺复兴时期文学史》，外语教学与研究出版社，1996，第191—192页。

行焉，百物生焉。天何言哉！"（《论语·阳货》）

同时，孔子和孔门都是相信命运的，其"死生有命，富贵在天"（《论语·颜渊》）成为千古名言。

钱锺书正确指出，司马迁不信天道，但信天命。司马迁在《史记·伯夷列传》中质问"天道无亲，常与善人"："若伯夷、叔齐，可谓善人者非耶？积仁洁行如此而饿死！且七十子之徒，仲尼独荐颜渊为好学。然回也屡空，糟糠不厌。"而那些丧尽天良、干尽坏事的人，生前作威作福、骄奢淫逸，死时却能寿终正寝。

钱锺书指出：《庄子·骈拇》以"伯夷死名"与"盗跖死利"相提并论，《楚辞·天问》谓"天命反侧，何罚何佑？"，马迁兼之。

接着他说："此篇记夷、齐行事甚少，感慨议论居其泰半，反论赞之宾，为传记之主。马迁牢愁孤愤，如喉鲠之快于一吐，有欲罢而不能者；纪传之体，自彼作古，本无所谓破例也。"《史记·伯夷列传》记载伯夷和叔齐的事迹很少，感慨议论占了全篇的大半，这是司马迁骨鲠在喉，一吐为快，欲罢而不能，这篇记传不像记传文章，但记传的体裁，本是司马迁创立的，所以他这样写，不算"破例"。后来陶渊明也理解司马迁的用意，所以陶潜《饮酒·其二》："积善云有报，夷叔在西山，善恶苟不应，何事立空言？"正此传命意。

钱锺书认为：

司马迁唯不信"天道"（divine justice），故好言"天命"（blind fate）；盖信有天命，即疑无天道，曰天命不可知者，乃谓天道无知尔。天道而有知，则报施不爽，人世之成亏荣悴，应各如其分，咸得所当，无复不平则鸣或饮恨吞声矣。顾事乃大谬不然，理遂大惑不解。[1]

司马迁不信"天道"，因为如果果然有"天道"，"天道"有知，即有知觉的话，就应该清楚明白地给以报应，人世间的成功和损失、兴旺（茂盛）或衰败（憔悴），就应该恰如其分，而无"不平则鸣"或"饮恨吞声"这样的冤屈。但是事实是大谬不然，于是这种不符合道理的情况，就令人"大惑不解"，真正令人想不通了。

人世间种种不平之事，"又比比皆是焉""非理所喻，于心不怿，若勿委诸天命，何以稍解肠结而聊平胸魄（kuǐ，魄磊，积在胸中的不平之气）哉？"这种到处都发生的不公平的事情，不是道理可以解释的，心里对此很不快活，如果不解释成"天命"，如何能"解肠结"（解开心里的郁结、郁闷）而"平胸魄"（散发胸中的不平之气）？

钱锺书列举《史记》多篇传记中的感慨，说：

> 孔子因公伯寮之愬而曰"命何"（《论语·宪问》），孟子因臧氏子之沮而曰"天也"（《孟子·梁惠王》），与《史记·项羽本纪》羽之言"天亡我"，《伍子胥列传》申包胥之言"天定亦能破人"，《外戚世家》之言"无如命

① 钱锺书：《管锥编（第一册）》（第二版），中华书局，1986，第306—307页。

何"，皆没奈何而诿诸莫须有尔。《李将军列传》之言"数奇"（运气不好），《卫将军、骠骑列传》之言"天幸"，自王维《老将行》撮合俪属，已成熟语。《魏世家》："说者皆曰：'魏以不用信陵君，故国削弱至于亡。'余以为不然；天方令秦平海内，其业未成，魏虽得阿衡之佐，何益乎？《田敬仲完世家》："故周太史之卦田敬仲完，占至十世之后。及完奔齐，懿仲卜之，亦云。田乞及常所以比（接连）犯二君，专齐国之政，非必事势之渐然（逐渐如此）也，盖如遵厌（合）兆祥（占卜所得的预兆）云"。二节尤质直道之，不纡婉其词。《论衡》之《逢遇》《累害》《命禄》《幸偶》《命义》诸篇所长言永叹者，勿外乎此。《游侠列传》再以夷跖相较："伯夷丑周，饿死首阳山，而文、武不以其故贬王；跖、蹻暴戾，其徒诵义无穷"，"鄙人之言所谓：'何知仁义，已飨其利为有德。'"是匪仅天道莫凭，人间物论亦复无准矣。然马迁既不信天道，而复持阴德报应之说（见前论《陈相国世家》），既视天梦梦，而又复以为冥冥之中尚有纲维主张在；圆枘方凿，自语相违。盖析理固疑天道之为无，而慰情宁信阴骘之可有，东食西宿，取熊兼鱼，殆人心两歧之常欤。[1]

上面所引《田敬仲完世家》最后太史公的话，其前面说："盖孔子晚而喜《易》。《易》之为术（学问，技能），幽（隐微、不明）明（指《周易》中所说的无形和有形的物象）远（深）矣，非

---

[1]　钱锺书：《管锥编（第一册）》（第二版），中华书局，1986，第306—308页。

通人达才孰能注意焉！"

司马迁不信天道，相信天命，所以非常相信占卜预测。

总之，天命、天意之"天"，是宇宙间各种力量的总和，这种力量，人不仅无法控制，也无力改变，即使努力修德也是枉然。

帝王和人之婚姻天命观

司马迁认为不仅国家大事、大人物的大事业有天命的关照，而且婚姻也有天命的制约。他在《史记·外戚世家》中感慨了事业和婚姻两种天命观：

> 自古受命帝王及继体守文之君，非独内德茂也，盖亦有外戚之助焉。
>
> 夏之兴也以涂山，而桀之放（放逐）也以妹喜。殷之兴也以有娀（sōng），纣之杀也嬖（bì，宠爱）妲（dá）己。周之兴也以姜原（或作"嫄"）及大（同"太"）任，而幽王之禽（同"擒"）也淫于褒姒。

这里列举了夏商周三代开国和末代君主的婚姻：

夏朝，传说禹娶涂山氏之女，生启，启建立夏朝。夏桀暴虐，宠爱妹喜，商汤灭夏，桀被流放于南方。

商朝，传说简狄吞燕卵有孕，生契，为商的始祖。商纣王宠爱妲己，荒淫暴虐，周武王伐纣，商军倒戈，纣自焚于鹿台。

姜原（嫄）是周始祖后稷之母，大任是周文王之母。周幽王宠爱褒姒，荒淫昏乱，申侯联合犬戎攻周，幽王逃至骊山被杀，褒姒被俘。西周亡。

司马迁认为，夏、商、周三代之兴在于后妃，三代之亡也在于后妃；婚姻是人道之大伦，所以必须谨慎；婚姻的后果如何是命里注定的。

把三代兴起的原因归结于女人，是因为母亲的遗传基因、品德、性格、智慧和情商，对子女非常有影响。说三代之亡，与妹喜、妲己和褒姒有关，司马迁的意思是，这些女子的极度美貌和妖媚，使君王痴迷，这就影响了他们的为政；这些君王为了讨好美女，与她们一起沉溺在骄奢淫逸和日夜荒嬉之中，荒淫误国，走向灭亡。这里虽然也有一定程度上对美人的谴责，但更倾向于认为君王如果在命运中没有机会得到这样的尤物，身边没有令他痴迷的美人，他也不会堕落到这样的程度。这段言论告诫当朝天子不要重蹈历史的覆辙。

可是后世产生了"女祸论"，将亡国的罪责都怪在美女身上，认为是她们的美色迷惑了君王，"自此君王不早朝"，耽误了政事，祸国殃民，最终走向灭亡。"女祸论"认为夏、商亡国的原因是桀与纣被女色迷惑，以致"蔽"于情欲，终至惑心乱行，丧志失德；而褒姒，则天命褒姒亡周。"女祸论"是只讲女子的害处，还不承认女子也可兴国的，对女子的贡献视而不见。

故《易》基《乾》《坤》，《诗》始《关雎》，《书》（《书经》，又称《尚书》）美釐降（下嫁），《春秋》讥不亲迎。

《易经》共有六十四卦，乾坤是头两卦。乾为阳，坤为阴，乾坤象征天地，又象征君臣、父母、夫妻等。所以乾坤两卦是《易经》诸卦的基础，而夫妇则是家庭、社会的基础。

《关雎》是《诗经》的第一篇诗。《毛诗序》认为，这首诗是赞美后妃之德的。

《尚书》赞美尧把女儿下嫁给舜，这里说尧听说舜有贤德，就把两个女儿下嫁给他为妻。

《春秋》讥不亲迎：按照古代婚礼规定，不论贵族平民，在迎亲时夫婿都应亲自到女家迎娶新娘，以表郑重。鲁隐公二年（前721年），纪国大夫到鲁国为其国君迎娶鲁隐公之女。《春秋》的记载是"纪裂繻来逆（迎接）女"。《公羊传》认为《春秋》这样记载是"讥始不亲迎也"。

夫妇之际，人道之大伦也。礼之用，唯婚姻为兢兢（小心谨慎的样子）。夫乐调（和谐）而四时和，阴阳之变，万物之统也。可不慎与？

古人认为人道（社会的伦理等级关系）中，婚姻最重要，是最大的人际关系。而音乐与自然、社会现象有密切的关系，所以这里说"乐调而四时和"。因此又将婚姻的美满比喻为"琴瑟和谐"。

人能弘（扩大）道（《论语·卫灵公》语），无如命何。甚哉，妃（通"配"）匹（配偶）之爱，君不能得之于臣，父不能得之于子，况卑下乎！即欢合（夫妇的欢爱）矣，或不能成（成熟，收获，引申为繁育）子姓（子孙）；能成子姓矣，或不能要（求，取）其终（结局，归宿）：岂非命也哉？孔子罕称命，盖难言之也。非通幽明（阴阳）之变，恶能（哪里，怎么）识乎性命（人的性和天命）哉？

司马迁"太史公曰"："秦以前尚略矣，其详靡得而记焉。"（秦以前的情况还很简略，那些详情没能记载下来。）所以《史记》只有西汉至武帝为止的《外戚列传》，此前没有专门的记载。

《外戚列传》记载了高祖、惠帝、文帝、景帝和武帝的后妃。惠帝因其母吕后的硬加干涉，没有后世朝廷承认的皇后；其他的几位皇后都是出身低微，而她们能当上皇后又都有一段不寻常的经历，有的是阴差阳错，有的则事出偶然，有的更是因祸得福。

一个出身低微的女子，甚至没有美色，却因命运的拨弄而变成了皇后这样天下最尊贵的妇人，实在令人不可思议，司马迁则用了一个"命"字来做答案，并且还记载了一些异梦、占卜等，加强其命运色彩。同时，用一个"命"字贯穿全篇，使文章骨节通灵，显出了写作章法的高妙。

褚少孙在篇末补写了一些，并评论说："浴不必江海，要之去垢；马不必骐骥，要之善走；士不必贤世，要之知道；女不必贵种，要之贞好。《传》曰：'女无美恶，入室见妒；士无贤不肖，入朝见嫉。'美女者，恶女之仇。岂不然哉！"

又引用谚曰："美女入室（进屋，嫁进门），恶女之仇。"再次强调，美女受到丑女、恶女、相貌一般的女子和虽也是美女但不及她美的女子、其他未得宠的美女的仇恨，是所有女子的仇人，是妃嫔中的众矢之的。

那么《外戚列传》中这几位出身低微、毫无背景的女子，能够入宫，入宫后在这么险恶的环境中还能青云直上，绝非易事，没有命运的保佑，是不可思议的。因此，钱锺书正确指出《史记》记叙西汉四帝的婚姻有命，并因此推衍历史人物的婚姻有命，更指出即使一般人，也是婚姻有命。

《管锥编》第一册《外戚世家》首先引《史记》说：

> "人能弘道，无如命何。甚哉妃匹之爱，君不能得之于臣，父不能得之于子，况卑下乎？既欢合矣，或不能成子姓；能成子姓矣，或不能要其终。岂非命也哉，孔子罕称命，盖难言之也。非通幽明之变，恶能识乎性命哉？"

> 马迁言男女匹配，忽牵引幽明性命，疑若小题大做，张皇其词，如为辙鲋而激西江之水；故《溽南遗老集》卷一二讥之曰："夫一妇人之遇否，亦不足道矣！"不识此正迁之深于阅历、切于事情也。[1]

钱锺书接着评论太史公将男女婚事牵出去大谈阴阳性命，似乎小题大做，讲得绝端，难怪金朝著名学者、文学

---

[1] 钱锺书：《管锥编（第一册）》（第二版），中华书局，1986，第 295 页。

066

家王若虚在其名著《滹南遗老集》中给以讥评，不识这正是司马迁深于阅历，切合实际，才特作阐发的。接着钱先生做了阐发：

> 盖婚姻之道，多出于傥来偶遇，智力每无所用之。重以父母之命、媒妁之言，几于暗中摸索。《西游记》第二三回猪八戒以手帕遮脸，伸手扪扯，"撞个天婚"，示象最切；若第九回、九三回之抛掷绣球，乃眼见心许，应手中的，而非如盲龟值浮木之孔，瞎儿射飞雀之目，适逢以成巧合也。好逑怨耦，同室方知，只有以宿世姻缘、前生注定为解。故切身遭际，使男女言"命"而或怨之或安之者，匹配尤甚。①

婚姻的偶然性太大了。满意的还是非常厌恶的配对，要等到住在一起、亲密地生活在一起甚至颇长时间，才能知晓——现当代不少男女，相恋多年，直到结婚后才互相真正了解，于是不少夫妇最后离婚，即是此因。而非常满意的，真正是极为难得，人们只能说前世有缘，前生注定，即使两人相隔天涯海角，也会"千里姻缘一线牵"，否则虽在对面，失之交臂，无缘对面不相识，也很可能。

> 虽贵居九重，富有四海，亦或不克强致，事与愿违。
> 如重色思得倾国，而"御宇多年求不得"者有之；复如

---

① 钱锺书：《管锥编（第一册）》（第二版），中华书局，1986，第 295 页。

生儿欲以传国,而"不能成子姓"者有之;尚有如《北史·后妃传》上魏孝文帝"时言于近臣,称'妇人妒防,虽王者亦不能免,况士庶乎!'",又下隋文帝"太息曰:'吾贵为天子,不得自由!'"朱彝尊《曝书亭集》卷二《无题》六首之二云"织女牵牛匹,姮娥后羿妻;神人犹薄命,嫁娶不须啼";天人一概,寄慨深矣。①

即使贵为皇帝,虽然拥有万里江山,但心爱的美人,却强求不得——可遇而不可求;或者虽有称心配偶,但生不出好的子孙;魏孝文帝感慨妇女妒忌,帝王也免不了;隋文帝被皇后牢牢看住,哀叹自己身为皇帝,没有自由。清初著名诗人朱彝尊的诗歌说牛郎织女、嫦娥后羿,相爱而不得团聚,天上神仙与地上凡人,一样无奈,其中的感慨,真是太深了。

马迁因夫妇而泛及天命,殊非迂阔。前贤唯龚自珍为解人;《定盦文集》补编卷一《尊命》谓:"《诗》屡称命,皆言妃匹之际、帷房之故。……汉司马迁引而申之,于其序外戚也,言命者四,言之皆累欷。"然龚氏谓佛法"因缘""宿生"之理,"诗人,司马迁惜乎皆未闻之",则又一言以为不知。"因缘""宿生"不过巧立名目,善为譬释,苟穷根究柢,乃无奈何之饰词、不可晓之遁词,与"命"只是唯阿之间尔。《宋书·顾觊之传》

---

① 钱锺书:《管锥编(第一册)》(第二版),中华书局,1986,第 295—296 页。

载顾愿《定命论》谓"天竺遗文，……无愆鄙说"；徐陵《孝穆集》卷三《在吏部尚书答诸求官人书》言"内典谓之为'业'，外书称之为'命'"；皆已知华梵"命""业"之名异而实同也。①

钱先生认为司马迁将夫妇成双，扩大至"天命"，绝对不是迂腐的阔论。前贤只有龚自珍是真正懂得其深意的人。他的文集中《遵命》一文说《诗经》中多次谈及"命"，都是谈后妃、夫妇。司马迁引申到他的《外戚列传》之中，谈到"命"的有四处，谈到时都感慨系之。钱先生接着说，龚自珍相信和深研佛学，他说的佛法中的"因缘""宿生"一套理论，司马迁可惜闻所未闻（因为佛教是在东汉初年才开始传入中土）。但是"因缘""宿生"不过巧立名目、善于论说而已，是"无奈""不可知"的另一种说法，实际就是"命"的意思。

　　　西土近世，男女侣偶，号得自专，顾实命不犹，古来共叹。荷马史诗数言上帝按人命运，为之择偶；莎士比亚剧中屡道婚姻有命（Marriage or wiving comes or goes by destiny）；密尔敦曾出妻，诗中更痛言之（as some misfortune brings him）。各国俗谚或谓婚姻天定，或谓配偶如扯签拈阄（Marriage is a lottery），多不胜举，

────────────

① 钱锺书：《管锥编（第一册）》（第二版），中华书局，1986，第296页。

殆非偶然矣。①

　　讲完中国的有关资料，讲外国的，钱先生说，近代西方国家，男女相爱，似乎可以自己决定，但实际上，自古以来，都会感叹命运的不佳。《荷马史诗》多次谈及上帝是按照人的命运为之选择配偶的，莎士比亚戏剧多次写到婚姻有命，英国大诗人弥尔顿因离婚而曾在诗中痛言苦恼；而或者说婚姻天定，或者说婚配好比抽签抓阄，各国此类俗语谚语多得难以计算，这是绝非偶然的！

　　博古通今、学贯中西，看透世事、博闻强记的文化昆仑钱锺书先生，旁征博引，论证司马迁"婚姻有命"的论说是普世真理，值得我们深长思之，感慨系之。要珍惜啊，爱情和婚姻，都来之不易！

　　《史记》"究天人之际"的历史哲学，还体现在记载春秋战国诸子百家哲学的历史实践（尤重兵家兵法与军事哲学）；对汉初高祖、吕后、文帝、景帝，重黄老，以黄老治国与道法一体，取得天下大治，和对张良和曹参式的道家精英群体的描写和记叙；自高祖到文帝，崇尚儒家仁义、以德治国与德至盛（《史记·孝文本纪》赞曰："汉兴，至孝文四十有余载，德至盛也。"）的气象和风范，本书在有关章节中结合具体人物和事件，再做梳理和评说，避免抽象、枯燥的叙说。

---

　　① 钱锺书：《管锥编（第一册）》（第二版），中华书局，1986，第 295—296 页。

第四节　通古今之变:《史记》的内容与体例

《史记》是对中国自黄帝至西汉武帝三千年的历史的记载和评论,梳理和书写了中国三千年的政治、军事、经济、社会、民族史。主要内容是:

中国古代各民族——汉族、匈奴,以及西域(大宛、乌孙、月氏等三十六国)、朝鲜和南越等地区诸民族的历史。

五帝,尧舜禹,夏商周三代史,春秋战国史(春秋战国时期的国别史),秦代史,西汉前期史。

春秋战国战争史,秦灭六国战争史,秦末农民战争史,楚汉战争史,西汉内战史(汉高祖消灭异姓王,汉景帝和汉武帝消灭同姓王),汉匈战争史(上古至汉武帝时期)。

三千年中的优秀人物、著名人物的传记汇编(夏商周的全部国君,秦、晋、齐、楚的全部国君)。

尤其写出了从汉高祖到汉武帝时大汉的辉煌和威武——汉高祖的最高军事指挥水平、文景之治、汉武帝的文治武功的辉煌事业。

三千年的政治史

《史记》记载了五帝的战争与融合,尧舜禹的禅让,夏商周三代的发展与更替史,春秋战国史(东周史和春秋战国时期的国别史),秦代史,西汉前期史。完整叙述了三千年中历代帝王和政权更迭的过程及其原因、后果等。例如春秋是个大变革的时代,政治动荡,仅《春秋》一书记载的约三百年历史中,就有"弑君三十六,亡国五十二"的频繁君权更替。《史记》以此为根据，完整而生动地记载了春秋各国的历史。

《史记》记载的夏商和西周前期的历史，在20世纪初期受到疑古派的否定。此时，龙山文化被发现，之后又发现了安阳殷墟的甲骨文。王国维以两重证据法研究历史，即用地下的考古发现引证古代典籍的研究，将商代从只有零星记录的传说时代，论证为一个真实存在的时代，并据此推断《史记》记载的夏朝的真实性。王国维粉碎了疑古派的错误，《史记》的权威性重新得到确认。

三千年的战争史

自黄帝到汉武帝的中国三千年历史，充满了战争。

《左传》共约十八万字，记载春秋时代二百五十余年中的动乱和战争五百五十多次。春秋之后的战国时代，无岁不战。孟子认为"春秋无义战"（《孟子·尽心下》）。

《史记》记叙战争的历史，更为广阔。共记载了黄帝时期部落战争至汉武帝兵征大宛，大小战争共五百余次，涉及八十二个篇目，字数达十余万，约占全书四分之一篇幅。[①]

期间最精彩的有春秋战国战争史、秦灭六国战争史、秦末农民战争史、楚汉战争史、西汉内战史（汉高祖消灭异姓王，汉景帝和汉武帝消灭同姓王）、汉匈战争史（上古至汉武帝时期），充分显示了中国统一的艰难历程。

---

① 邓鸿光：《史家绝唱：〈史记〉与中国文化》，河南大学出版社，1998，第119—112页；张大可：《司马迁评传》，南京大学出版社，1994，第322页。

《史记》中的《律书》即《兵法》，众多史家如梁玉绳《史记志疑》、王元启《史记三书正讹》、赵翼《廿二史札记》皆作如是观。

司马迁给战争的定义和作用是在《史记·律书序》中所说的"兵者，圣人所以讨强暴，平乱世，夷险阻，救危殆""行之有逆顺"。

司马迁重视武备和军队的重要性，《史记·太史公自序》："非兵不强，非德不昌，黄帝、汤、武以兴，桀、纣、二世以崩，可不慎欤？"班固说："凡兵，所以存亡继绝，救乱除害也。"（《汉书·刑法志》）

三千年的英雄史及其兼顾的社会、经济、民族史

《史记》记载三千年中的优秀人物，是著名人物的传记汇编，是三千年的英雄史。其中有夏商周的全部国君，秦、晋、齐、楚等诸侯国的全部国君及重要的将相人物。

《史记》兼顾社会、经济、民族史，将有关的杰出人物作分类记叙和赞誉。如《货殖列传》是简要的经济史，其中有力地描写了陶朱公、卓王孙等杰出的商界人物。还涉及多方面的杰出人物和事件，汇成古代社会的生动画面。

《史记》还记载了中国古代各少数民族——匈奴，以及西域（大宛、乌孙、月氏等三十六国）、朝鲜、南越等地区诸民族的历史，记载了少数民族中的杰出和重要人物，歌颂了统一国家的英雄和杰出人物。

《史记》具有最广泛的史料来源：

今尚存的《诗经》、《尚书》、《春秋》、《左传》、《国语》、

《战国策》、《世本》、诸子百家著作（尤其是《论语》）、《竹书纪年》、《秦纪》、《越绝书》、《吴越春秋》等。

今已失传的历史资料和书籍，如《楚汉春秋》等。今已失传的古代国家收藏的重要文献和资料，即"石室金匮之书"。《史记》将这些内容记载下来，非常珍贵。

司马迁本人游历各地时收集的逸闻逸事、传说故事，目的是"整齐（综合排比）百家杂语"。

司马谈和司马迁父子所记录的汉武时代，材料都出自他们亲身经历或亲见亲闻的曾经发生、真实存在的事实。

《史记》的体例结构

《史记》一百三十篇，分五个部分，称为五体（体裁）：本纪、表、书、世家、列传。

这五个部分共有十二本纪、十表、八书、三十世家、七十列传。本纪是叙述帝王级别的人，世家是记述诸侯级别的人，列传是大臣级别的人或者其他有特色的人，表是世系，书是典章制度。

本纪是按年代次序编写的帝王简史或系统的编年大事记。本纪排在全书的最前，记载和梳理天下时势的变迁，是全书的纲，也在全书中起到史事总纲的作用。

纪传体史书是《史记》所首创，纪传体的"纪"即指本纪。本纪是"王迹之兴"的记载，十二本纪自黄帝至汉武帝，是以历史年代发展顺序，即采用编年的形式记事，依次记叙了他们的言行政绩，同时也记载了各个时代的政治、经济、军事、文化、外交等方面的重大事件。

十二本纪分为三组：

第一组，《五帝本纪》一篇，主要取材于《世本》《大戴礼记·五帝德》和《尚书》等，记载中华民族五千多年悠久历史的开端——远古传说中相继为帝的五个部落首领——黄帝、颛顼、帝喾、尧、舜的事迹，同时也记录了当时部落之间频繁的战争，尤其是黄帝与蚩尤的涿鹿之战、黄帝与炎帝的阪泉之战；部落联盟首领实行禅让的过程；远古初民战猛兽、治洪水、开良田、种嘉谷、观测天文、推算历法、谱制音乐舞蹈等多方面的情况。

黄帝和炎帝两个部落从联合到战争，再到最后融为一体，在黄河流域定居繁衍，构成了华夏族的主干，创造了我国远古时代的灿烂文化。同时也埋下了伏笔，其中黄帝"北逐荤粥（xūn yù，部族名，即匈奴）"的记载，指出炎帝部落的一部分即匈奴，被黄帝驱逐到北方；《史记·匈奴列传》记载："唐（陶唐氏，即尧）虞（虞舜）以上，有山戎、猃狁、荤粥，居于北蛮。"（尧、舜以前就有山戎、猃狁、荤粥居住在北方蛮荒之地）后又有夏桀之子在夏朝灭亡后带领一些人北逃和融入荤粥，匈奴也有了黄帝的子孙。

第二组，《夏本纪》《殷本纪》《周本纪》《秦本纪》四篇，是夏商周三代（周代包括春秋战国）和秦国的历史。

第三组为帝王本纪，又可分为两部分：《秦始皇本纪》《项羽本纪》，既是秦始皇和楚霸王项羽个人的传记，也是秦朝和张楚的历史。《高祖本纪》《吕太后本纪》《孝文本纪》《孝景本纪》《孝武本纪》，既是西汉五君的传记，同时也涵盖了西汉前期历史的大局。

司马迁识见高超的，是将吕太后的历史地位提高到帝王的级别，以本纪的形式记载她的生平事迹和历史贡献。此外，十二本纪中，秦占两篇，既有《秦本纪》，又有《秦始皇本纪》。有些权威的评论家却不理解，批评司马迁"自乱其例"。如刘知幾根据"以天子为本纪，诸侯为世家"的标准，批评《周本纪》记文王以前和《秦本纪》设立不当。司马贞的《史记索隐》也有类似指摘："秦虽嬴政之祖，本西戎附庸之君，岂以诸侯之邦，而与五帝三王同称'本纪'，斯必不可。可降为《秦世家》。"陈其泰认为，刘知幾、司马贞等拘于"本纪"只能用于天子、表示至尊这一"史例"，要求削足适履，让内容去迁就形式。

　　司马迁创立"本纪"，固然有用以代表帝王处于封建政治等级结构的顶端的意图，而更重要的，是"本纪"在全书中起到史事总纲的作用。他在《太史公自序》中论《秦本纪》撰述义旨时说："维秦之先，伯翳佐禹；穆公思义，悼豪之旅；以人为殉，诗歌《黄鸟》；昭襄业帝。作《秦本纪》第五。"这就点明昭襄王时秦之帝业已成，这是作《秦本纪》的原因所在。《秦本纪》又一撰著意图，是以秦逐步奠定统一中国的雄厚基础为主线，这正预示着中国历史由各国并立向实现统一方向发展的客观趋势。总之，在《秦始皇本纪》之前设《秦本纪》，是司马迁基于认识历史进程复杂性和确切把握历史发展走向而独具匠心的安排，是根据表达实质性内容的需要而对体例的有意突破，绝非"自乱体例"。在十二本纪中，秦占了两篇，唯有这样做，才与秦在中国历史上的重要地位相称。分析这些问题，对于我们认识通史著作中如何体现"通古今之变",对于认识《史记》是卓越史识和完善体例的有机统一体,以及了解历史思想与编纂体例的辩证关系,都是极有意义的。①

世家之后是十表,《太史公自序》说:"并时异世,年差不明,作十表。"南宋郑樵《通志》"总叙"说:"《史记》一书,功在十表。"

司马迁以清晰严谨的表格形式,将《史记》所涉及的几乎全部历史时间中出现的重要人物,与所发生的重要事件,都简要系统地反映在了纵横相关的表格文字之中。

《史记》十表,详近略远,分世表、年表和月表三种。

十表大致依照原书排列次序,分为两大部、三大类:第一部分是汉代建立以前漫长的中国史的简述,以《三代世表》《十二诸侯年表》《六国年表》和《秦楚之际月表》四表统括。其中表的类别,由远古用粗略的世代表,进而为比较精细的年岁表,时间最近的是颇为严密的月份表,三类相连,时间跨度愈短,则谱叙愈详。第二部分是汉代立国之后的贵族政治史的总览,包括《汉兴以来诸侯王年表》等六表。所谱皆诸侯王与将相功臣的出处大概,方式均为年表,而各表断限明晰,其中不时还隐含寓意,故颇引人入胜。

司马迁制表的形式来源,东汉桓谭《新论》说:"太史《三代世表》,旁行邪上,并效周谱(《梁书》卷五十列传第四十四'文学下'刘杳传引)。""周谱"当指周代的谱牒,现已无从查看。

---

① 陈其泰:《中国史学优于西方史学 历史编纂是最具特色之所在》,中国社会科学网,2015 年 3 月 31 日。

汉人所谓的谱，是历法与谱牒结合的"历谱"，历法关乎天文，谱牒谱系人事，二者原不相关，《史记》十表则予以综合运用。司马迁《十二诸侯年表》"太史公曰"感叹："历人取其年月，数家隆其神运，谱牒独记世谥，其辞略，欲一观诸要难。"司马迁作为太史令，上及天官，下兼历史，都是他的职掌范围。《史记》十表，当是司马迁综合"历""谱"而创制的一项成果，以表格的形式，按年月国别纵横谱系历史事件。

表格的详略，根据的是史料的详略，并结合内容的需要。例如《六国年表》虽以"六国"题名，实际谱系的是秦、魏、韩、赵、楚、燕、齐这"战国七雄"的历史；七雄之中，又尤详秦国。此因六国史书已几乎被秦烧光，只有《秦记》尚保存完整；更且一部战国史，某种程度上其实可以说是秦的发迹史，详表秦国史事，便于厘清线索，纲举目张。

《史记》共有"书"八篇。"礼乐损益，律历改易，兵权山川鬼神，天人之际，承敝通变，作八书。"书八篇为《礼书》《乐书》《律书》《历书》《天官书》《封禅书》《河渠书》《平准书》，统称"八书"。开创了典志体之先河。而且书中许多篇章记述史事也明显具备事件的起因、发展、高潮、结局等基本要素。

"书"记一事的制度及其变迁，前人多以为出自《尚书》，或以为源于《礼经》，其意则专指有一定系统的叙录。

本纪、表、书，本纪记人，表记时间，书记制度，三者综合，是全书的总纲。

世家和列传也都记人，世家记载"辅拂股肱之臣"，列传为"扶义倜傥，不令己失时，立功名于天下"之人。

世家为《史记》五体之一。《太史公自序》说明他创立世家体例的目的："二十八宿环北辰，三十辐共一毂，运行无穷，辅拂股肱之臣配焉，忠信行道，以奉主上，作三十世家。"

《史记》中共有世家三十篇，以编年和传记相结合的形式记载了自西周至西汉初各主要诸侯国的兴衰历史。因记载"王侯开国，子孙世袭"，即诸侯爵位封邑世代相传，故名《世家》。"公侯传国则曰世家"（《后汉书·班彪传》），"世家以纪侯国"（赵翼《廿二史札记》）。

司马迁《史记》以维护国家统一、中央集权的统一为宗旨，将各诸侯国作为辅佐中央政权的地方政权或政治力量，以"忠信行道"为标准，来记载和评论各诸侯国。

三十世家中，有《吴太伯世家》《齐太公世家》《鲁周公世家》《燕召公世家》《管蔡世家》《陈杞世家》《卫康叔世家》《宋微子世家》《晋世家》《楚世家》《越王勾践世家》《郑世家》《赵世家》《魏世家》《韩世家》《田敬仲完世家》十六篇，记载了吴、齐、鲁、燕、曹、蔡、陈、杞、卫、宋、晋、楚、越、郑、赵、魏、韩等诸家诸侯的历史。

世家的叙事方法，大体与本纪相同，即以编年之体记载列国诸侯之事。刘知幾《史通》："司马迁之记诸国也，其编次之体与本纪不殊。盖欲抑彼诸侯，异乎天子，故假以他称，名为世家。"梁启超说："其世家、列传，既综雅记，亦采琐语，则《左传》《国语》之遗规也。"（《中国历史研究法》）

《世家》除了记载开国传家的诸侯，还有其他五组重要人物：

第一组：有两篇，表彰有重大历史贡献，因而历史地位特殊的人物。

《孔子世家》，儒家宗师孔子的传记。此是《史记》中唯一的文化大家的传记，显示了独尊儒术的思想。

《陈涉世家》，陈涉身死国除而且无后，但曾号为陈王，"秦失其政，而陈涉发迹，诸侯作难，风起云蒸，卒亡秦族。天下之端，自涉发难"，有其"首发难"、开创反秦事业的巨大历史功绩，故而列入世家。

第二组：《外戚世家》一篇，是后妃合传，记载西汉高祖、文帝、景帝、武帝的后妃及其重要亲属，首创了帝王的后妃传记。

第三组：《楚元王世家》《荆燕世家》《齐悼惠王世家》。

第四组：《萧相国世家》《曹相国世家》《留侯世家》《陈丞相世家》《绛侯周勃世家》五篇，记载西汉开国功臣。

第五组：《梁孝王世家》《五宗世家》《三王世家》。

世家一体，《汉书》等取消，并入列传。欧阳修《新五代史》撰有世家十卷，《宋史》有世家六卷，《晋书》之《载记》、《辽史》之《外记》，虽改名目，其体例依然。

梁启超说："太史公首创纪传体，为史界不祧之祖。"（《中国历史研究法》）。

在史书中专开"列传"一体以记古今人事，是司马迁的创举。"传"而又加称"列"，章学诚《文史通义》考释，是由于"排列诸人为首尾,所以标异编年之传也"(《文史通义》内篇四"繁称")。历史从纵向说是事件的时间性推移,而作为事件主体的个人的趋向与作用是历史推移的动力,其中包含了历史人物处事处世的人生哲学和智慧经验。

《史记》的七十列传,在纵向时间上,上起三代,下讫汉世,形成通史的构架;在横向的内在叙事性质方面,分为以人为纲与以事为统两类,织成网络结构。

七十列传之中,汉朝人物的传记超过了三分之一,而与司马迁同时代的著名人物,诸如《魏其武安侯列传》《卫将军骠骑列传》等篇的主人公,还为司马迁所亲见,体现了贯古通今、重视当今的历史观。

七十列传的时代分布和人物性质为:

商周之际的传记一篇:《伯夷列传》。

春秋时期的传记六篇:《管晏列传》《老子韩非列传》《司马穰苴列传》《孙子吴起列传》《伍子胥列传》《仲尼弟子列传》,记载八人,还有孔门弟子多人。

战国时期的传记篇:儒家宗师一篇,《孟子荀卿列传》,记载两人;诗人和赋家一篇,《屈原贾生列传》,记载两人。

秦国传记六篇:《商君列传》《苏秦列传》《张仪列传》《樗里子甘茂列传》《穰侯列传》《白起王翦列传》,记载八人。

列国传记九篇:《孟尝君列传》《平原君虞卿列传》《魏公子列传》《春申君列传》《范雎蔡泽列传》《乐毅列传》《廉颇蔺相如列传》《田单列传》《鲁仲连邹阳列传》,记载十二人。

秦朝时期的传记四篇：《吕不韦列传》《李斯列传》《蒙恬列传》《刺客列传》，记载将相三人和刺客五人。

楚汉相争时期的传记六篇：《张耳陈馀列传》《魏豹彭越列传》《黥布列传》《淮阴侯列传》《韩信卢绾列传》《田儋列传》，记载九人。

西汉开国功臣的传记六篇：《樊郦滕灌列传》《张丞相列传》《郦生陆贾列传》《傅靳蒯成列传》《刘敬叔孙通列传》《季布栾布列传》，记载十三人。

文景时期的传记六篇：《袁盎晁错列传》《张释之冯唐列传》《万石张叔列传》《田叔列传》《扁鹊仓公列传》（扁鹊为春秋时代）《吴王濞列传》。记载十人，其中扁鹊是春秋时期之人。

武帝时期的传记八篇：《魏其武安侯列传》《韩长孺列传》《李将军列传》《卫将军骠骑列传》《平津侯主父列传》《司马相如列传》《淮南衡山列传》《汲郑列传》，记载十人。

特殊人物的传记九篇：《循吏列传》《儒林列传》《酷吏列传》《游侠列传》《佞幸列传》《滑稽列传》《日者列传》《龟策列传》《货殖列传》。

周边民族的传记六篇：《匈奴列传》《南越列传》《东越列传》《朝鲜列传》《西南夷列传》《大宛列传》。

序言一篇：《太史公自序》。一般全书的序都是在完成以后写的，唐以前的序也都是放在最后面，到唐宋之后，序放到了书前。

《太史公自序》是《史记》七十列传也是全书的最后一篇。所谓"自序"，一是自道身世，二是撰述缘由，三是序说《史记》全书的梗概，也是《史记》一书的目录①。

司马迁的列传贯通古今，而其中的"今"，也包括他本人及其家族的历史。班固《汉书》的《司马迁传》大半，就是根据《太史公自序》略加删节而成的。

古书早期的目录样式，置于全书最后，各篇目下有叙录。而篇目罗列之前，还有作者的绪言。现在《史记》书前的目录，是后人为方便阅读而制作的。

网状结构和立体交叉

《史记》的内容丰富而庞大，为此，司马迁设计了立体交叉的网状结构。

《史记》篇目次第，赵翼认为随得随编，"皆无意义"。朱东润说"史迁作传，共分五组"：先秦以上，秦，楚汉之间，高、惠、文、景，今上。②

本纪，有朝代本纪与帝王本纪；世家有列国与将相；列传有民族与名人；将朝代、列国和民族，与帝王、将相、名人，立体交叉地组织在一起。

张文江认为"也可以把本纪、世家、列传（所谓帝王的家谱）看作人，表看作时，书看作空。《史记》描述时、空和人的

---

① 卢文弨《钟山札记》："夫《太史公自序》，即《史记》之目录也。"

② 朱东润：《史记考索》，武汉大学出版社，2009，第15页。

关系，是一部整体性的通史"。①

　　因此《史记》记叙中国自黄帝到汉武帝三千年的历史，这是时间长度；在这个时段中，包含了天、地、人；记载了制度、思想、创作，以网状结构构成一个立体交叉、纵横交织、互相呼应的历史叙述文本。

---

① 张文江:《〈史记·货殖列传〉讲记》。

第二章　成一家之言——《史记》中的历史经验

《史记》的任务是"继《春秋》，述往事，思来者"。"述往事"，以古为鉴，可知兴替；以人为鉴，可明得失。"思来者"，是表达理想，探索国家、社会发展的正确道路。

这是《史记》"成一家之言"的内容。

"成一家之言"的写作方法，顾炎武将其总结为"太史公胸中固有天下大势"和"于序事中寓论断"，在叙述事实中暗寓或推出评论和结论。

司马迁的大一统的历史观，既是"成一家之言"中的内容，也是"究天人之际"的内容，所以本书在第一章第三节"究天人之际：《史记》的历史哲学"中已专做论述。"究天人之际"，牵涉到宇宙本原、天意天命等，也在第一章论述。

本章主要探讨司马迁总结的历史经验，其中饱含着政治哲学。政治哲学的主要议题是治与乱，仁政与暴政，王道与霸道，文明与野蛮，道义与功利，以及人才的培养、选拔、任用与监督诸问题。关注的主要是社会治理问题以及与之有关的民族、军事、经济和人才问题，是求善的政治哲学。

第一节　以良史之忧忧天下

司马迁对中国以往的历史和当今现实以及今后谋求发展的社会理想，都有着清醒的认识。他以良史之忧忧天下，有三个内容：维护天下统一，推行爱民政策，重视文化发展。

对于儒家推崇的大一统的历史观和天下观，司马迁非常拥护，在《史记》中，对推动中国大一统的事件，做了详尽记载，歌颂了为大一统做出贡献的杰出人物。

促进和维护天下统一的大局

《史记》对春秋战国时期的记载，充分展示了华夏统一的漫长而曲折的过程。其描述了春秋战国期间发生的杀戮、吞并和种种谋略，站在公正、客观的立场上，记录了多方众多势力和人士的卓绝努力。

司马迁清醒地认识到，天下统一是大势，促进和维护天下统一是大局。因此，他在《史记》中清晰地表达，秦国统一全国，是顺应历史发展的壮举。秦国并吞六国，六国咒骂秦为虎狼之国，尤其是秦统一全国后，秦始皇的暴政，臭名昭著。可是《史记》赞赏秦始皇"皇帝登基即位，创立昌明法度，臣下端正谨慎"（《秦始皇本纪》）。秦朝建立了一系列统一天下的体制：建立郡县制，规划全国交通，统一文字、度量衡，等等。《史记》还给予秦始皇"成功大"这个总结性的肯定评价。

在秦统一六国的过程中，促使秦国强大的诸君和穰侯、名相等，以及在消灭六国战争中立下盖世功勋的白起，《史记》都郑重给以立传。

秦的负面，《史记》也予以揭示，揭示的目的是希望后世避免，所以在《秦始皇本纪》的最后抄录贾谊的《过秦论》，探寻秦朝统一及灭亡的原因。《过秦论》把秦朝灭亡的原因归结为"仁义不施，攻守之势异也"，这是一个历史性的结论。

《太史公自序》说："始皇既立，并兼六国；销锋（兵器）铸鐻（古代悬挂钟或磬的架子两旁的柱子），维偃（停止，停息）干革（兵器，此指战争），尊号称帝，矜（夸耀）武任力；二世受运，子婴降虏。作《始皇本纪》第六。"前面赞扬秦始皇统一天下的功勋，中间谴责他只凭武力、不尚仁义从而造成二世败亡的结局。

《太史公自序》评论项羽："秦失其道，豪杰并扰；项梁业之，子羽（即项羽）接之；杀庆救赵，诸侯立之；诛婴背（背弃）怀，天下非之。作《项羽本纪》第七。"固然肯定项梁与项羽反秦起义的功绩，同时也谴责项羽杀降犯上，是背信弃义的劣迹。

更其谴责"子羽暴虐"，然后"汉行功德；愤发蜀汉，还定三秦；诛籍业帝，天下惟宁，改制易俗。作《高祖本纪》第八"。

对汉高祖刘邦领导的楚汉战争，《史记》给予不遗余力的详尽记载和极力歌颂，而其重大意义在于，阐明对于天下百姓和各方势力而言，"子羽暴虐"和"汉行功德"的重大差别。

《史记》在反复盛赞汉初功臣的阵容强大，故能战胜项羽的同时，更强调"形势虽强，要之以仁义为本"（《汉兴以来诸侯王年表》），"笃于仁义"（《高祖功臣侯者年表》）。并在这个基础上，盛赞高祖刘邦至文帝"四十余载，德至盛也"。

爱民德治的仁义观

对于秦始皇、楚霸王和汉高祖三巨头，《史记》以天下观和仁义观相结合的帝王观，做了公正的记载、比较和评论。

其中贯穿司马迁史学思想的是心忧天下的历史观。心忧天下，一是主张天下统一，二是希望天下大治——政治清明，制度先进，百姓安居乐业。

出于同样的立场，太史公评论吕后曰："孝惠皇帝、高后之时，黎民得离战国之苦，君臣俱欲休息乎无为，故惠帝垂拱（垂衣拱手，形容太平无事，无为而治），高后女主称制，政不出房户，天下晏然（安定的样子）。刑罚罕用，罪人是希。民务稼穑（种植和收获，泛指农业生产），衣食滋殖（滋长，增加）。"

当时要保持天下大治，必须"无为"。无为，是古代道家学派的一种哲学思想。汉初"黄老之学"直接承继、发展了道家的"无为"思想，表现为汉初统治者崇尚无为而治，为政清简，使百姓得以休养生息，奠定了汉世之盛。吕太后虽然晚年沦为野心家，妄图篡权，司马迁却给她做了以上的盖棺论定。这充分体现了司马迁忧国爱民的仁义观。忧国，他反对吕后篡权，赞成和歌颂西汉重臣和忠臣周勃、陈平、陆贾摧毁吕氏集团；爱民，他充分肯定吕后使百姓安居乐业的治国能力和业绩。他又同时揭露、谴责吕后残害戚夫人和赵如意母子，同情惠帝的善良仁慈，弘扬仁义的思想大旗。

秦始皇、楚霸王和吕太后，都是凶残蛮狠的人，可是秦始皇促成天下统一，楚霸王打垮暴秦的主力，吕太后推进无为而治、发展农业生产、百姓的生活改善，《史记》公正地评价了他们的历史功绩。

司马迁特作《刺客列传》和《游侠列传》。歌颂谋刺暴君的刺客和维护社会正义的游侠，更赞赏治病救人的良医扁鹊等人。

重视文化发展的立国之根本

《史记》为孔子、屈原和贾谊、司马相如立传，反映了司马迁的文化观。孔子还被列入世家，与列国和王侯并列；其他都入列传，和杰出将相并列，可见文人在司马迁的心目中地位的重要。

《史记》记载了诸子百家在春秋战国的战乱时期艰难创立、发展和高度繁荣的历史步伐，正确弘扬儒道两家的光辉思想和法家的合理成分。

司马迁认识到，汉朝建立后，在和平环境中，及时有力地发展文化具有伟大意义。他认为汉朝的伟大文化建设成果，是汉朝成为盛世的不可或缺的坚实基础之一。《史记》记载的西汉前期的文化建设开启了极好的开端，给后世树立了极好的榜样，后世在此基础上继续推进，取得了巨大成果。近有学者指出：

汉代自武帝始，将文化建设视为治国之重，"今礼坏乐崩，朕甚闵焉。故详延天下方闻之士，咸荐诸朝。其令礼官劝学，讲议洽闻，举遗兴礼，以为天下先"。（《汉书·武帝纪》）武帝时，常年备博士五十人。"为博士官置弟子五十人，复其身（免徭役）"，昭帝、宣帝、元帝、成帝延续这项制度，并扩而大之。五代帝王不懈推进文化建设，打下了扎实的文明国家的基础。昭帝增为一百人，宣帝增为二百人，元帝时扩为一千人，到成帝末年，增到三千人。遥想当年的长安城里，汇集着来自全国的三千"五经"研习专家，那时的政府，真的可称作重视文化工作。

汉代重视文化建设，重视"五经"的研究和学习，并不是停留在理论层面，也不搞"形象工程"，而是以"五经"作为基础材料，建筑社会公共文明的大房子。他们以"五经"为抓手，并且深入解剖"五经"，整理出看得见摸得着的东西，作为行为规范，用以指引人们的日常生活。中国的"礼教"就是这么出台的。[1]

中国的"礼教"，曾被扣上"封建礼教"的恶名而遭到全盘否定。实际上这是以儒家思想为指导，以道德为核心的文化和社会公共文明建设的宏大工程。当初建成这个文明体系非常不易，而予以毁坏则祸患无穷。

有学者指出"文化建设要修复人们破碎的道德感"，并

---

① 周桂钿：《今天来看董仲舒》，《光明日报》2015年5月18日。

分析说："一个民族如果没有真善美的道德境界，无论其物质生产如何发达，物质积累如何丰富，它都不能屹立于世界民族之林。""随着经济的繁荣发展，必须有一个文化的繁荣发展与之相匹配。其道理就在于如果只着眼发展经济，文化上的建设跟不上，物质生产与精神生产失去平衡，就会导致物欲的非理性膨胀，从而引发诸多社会问题……而作为一种精神救赎的文化建设则是其解毒剂。有一个时期，人们讲道德滑坡，为什么道德会滑坡呢？就是强有力的文化建设没跟上，对物质欲望的管控节制机制失灵了。文化建设的根本就是核心价值观的建设，也就是德的建设。文化建设作为德的建设，其主要价值就是在经济成长的进程中抑制泛滥的物欲，净化人们的心灵，修复人们破碎的道德感，提升人们的精神境界，使我们的民族能够树立起一种理性精神和崇高品质，找到正确的前进方向和道路。""提升民族境界是一个艰难的道德爬坡的过程……而作为人们现实生活的形象、生动、细腻反映的文艺作品，在这方面显然具有更为独特的长处和优势。好的文艺作品能够启迪思想、温润心灵、陶冶人生，能够扫除颓废萎靡之风……随着这样的文艺作品、文化产品的繁荣发展，民族成员就会得到普遍的精神滋养，民族的道德境界也会随之得以不断提升。"[①]

道德建设，不能空洞说教，必须制定一系列明确的规范和制度，并配以具体精密的细则，自觉和强制相结合地

---

① 马建辉：《文化如何助力中国梦》，《光明日报》2015 年 2 月 28 日。

执行。

本章的以下各节，分别叙述司马迁心忧的天下大治，以及与天下大治有密切关联的民族融合、军事谋略与经济思想、人才选拔、人才自律诸多重大问题。司马迁对这些都有精彩的记载和高明的见解。

不仅如此，司马迁的高明见解，取得的历史性领先成果，至今仍有指导作用和现实意义。

例如，《货殖列传》所反映的经济思想，其中"天下熙熙，皆为利来；天下攘攘，皆为利往"和"夫用贫求富，农不如工，工不如商；刺绣文不如倚市门"这样赤裸裸的观点，揭示了千古真理，而班固却批评其"述货殖则崇势力而羞贫贱"，指责司马迁把经济的地位放得过于高了。司马迁清晰地认识到，普通人都是这样的，对他们不能用"贫贱不能移"的标准来要求。张文江说："班固的批评是由于他的境界不够，也就是在这些方面《汉书》比不上《史记》。"这个观点非常精辟。可是社会和生活又是极其复杂的。《货殖列传》说"刺绣文不如倚市门"，至今有些国家仍然或开放"红灯"区域，或禁娼不绝，过去有"逼良为娼"一说，现在还有这个现象，而且至今还有一些好逸恶劳的女子从事此业，以及她们的"服务"对象趋之若鹜。这种复杂的社会现象和文化观念，司马迁大胆写出，供大家思考，其忧虑性的远见眼光直射今日和明日。

第二节　天下大治与民族融合

中国人的"天下"观念，《礼记·礼运》表达为："以天下为一家，以中国为一人。"天下是一家，中国是一个人，中国人的胸襟极其宽广。

天下大治和夷夏一家

中国古代一贯认为夷夏一家，这是中华民族的核心价值观之一。

这也有文献可证。《尚书》第一篇《尧典》，是一篇关于中华民族凝聚力的纲领性文献。它讲所有的蛮、夷、戎、狄，也就是少数民族，都是中华儿女，本是一家。黄帝部落和炎帝部落曾发生战争，后来和好、统一了，这是由文化来统一的。《尧典》又说"百姓昭明，协和万邦"。万邦包括所有的华夏民族和所有的少数民族。

《左传》和《史记·五帝本纪》记载，舜"慎徽五典，五典克从"。五典就是"父义，母慈，兄友，弟恭，子孝"，舜派一些人去蛮、夷、戎、狄中间宣扬，做父亲要仁义，做母亲要慈爱，做儿子要孝顺，等等，共同遵守这些道理，就可获得"内平外成"的结果。"内平"，是和谐社会；"外成"，是和谐世界。

"内平外成"与"协和万邦"，是古代天下大治的政治观、社会观和民族思想，极其重视民族凝聚力——各民族融合到一起，成为一家。

"五经"中的"春秋"经，"春秋"学中的公羊学派，将华夏民族和少数民族的关系，说成"华夷之辨"。"华"主要就是中原地区，是华夏族；"夷"主要就是周围地区，是少数民族。公羊学派有一个重要观点：不是按照地区、肤色、血统来区分华、夷，而是按文化来区分。文化先进的就是华，文化落后的就是夷。哪一天汉民族落后了就是夷，哪一天少数民族进步了他就是华。这是流动、变化的"华夷之辨"。公羊学派的华夷观，没有种族歧视，不会歧视外来者。

余敦康还把汉朝和同时代的罗马帝国做了一个对比：罗马帝国是靠什么来统治的呢？是靠法，罗马帝国的道德乌七八糟，可是法很发达，有公法、私法，对现在还有影响。可是它没有道德，缺乏一个精神的凝聚力。后来罗马之所以灭亡，就是孟德斯鸠所说的，整个统治阶层毫无道德可言了，没有一个精神凝聚力了，勉强把一个基督教请过来，作为国教，可是很短暂。中国的汉朝，从董仲舒开始"罢黜百家，独尊儒术"，搞经学，搞五经博士，搞教育，有太学，还有下面的地方学校，是用道德、用经学将国家凝聚在一起，建立起一个道德共同体。当然，汉朝也有法，但和罗马法不是一回事。所以两汉灭亡以后，到了南北朝还是能慢慢走向稳定，最终出现了唐、宋的统一。而罗马帝国崩溃后，就再没有统一过，变成了蛮族的时代。法国、德国过去是蛮族。从这个角度也可以看出经学的作用。中国之所以形成一个统一的文化，和汉代是分不开的，也和董仲舒是分不开的。[①]

少数民族历史的完整系统记载

司马迁将儒家"五经"中的民族观，运用到《史记》的写作中，系统记载了当时少数民族的历史:《匈奴列传》《南越列传》《东越列传》《朝鲜列传》《西南夷列传》《大宛列传》。这些古代诸民族史的记载，弥足珍贵。

匈奴在中原的正北和西北，大宛在正西，朝鲜在东北，南越在正南，东越在东南，西南夷当然在西南。《史记》这六篇民族史，包罗了中原周边的诸民族。

司马迁以极其宽广的胸怀和高远的眼光，写出了中国自远古五帝至西汉武帝时期的民族融合史，表达和歌颂了天下大治的大一统的天下观。

在篇幅顺序的安排上，《匈奴列传》夹在《李将军列传》和《卫将军骠骑列传》中间，如此顺序令人费解，不少学者和读者感到奇怪，认为《匈奴列传》应该和后面的两越和朝鲜史排在一起。我认为李广是文景时期成名的旧将，而且屡战不利;卫青和霍去病是当朝崛起的名将，百战百胜，威震塞外，匈奴的历史记载，夹在两者之间，颇有意味。

《匈奴列传》记述匈奴与中国关系的文字共四段:

第一段记述匈奴自炎黄时期、夏商周三代至秦末汉初的历史演变及其同中华民族的历史关系，以及他们的民族风俗、社会组织形态和发展为强大的"百蛮之国"的历程;

---

① 余敦康等:《儒家经学的历史作用——中华民族的核心价值观》,《中华读书报》2009 年 3 月 4 日。

第二段写汉朝初年，匈奴与汉朝的和亲关系的建立和反复无常的表现；第三段是本文的中心，记述汉武帝时代，汉朝与匈奴之间长期的以战争为主的紧张关系；第四段记述太史公对武帝与匈奴之间战争的看法。

与匈奴之间的战争是汉武帝政治生涯中的一件大事，从元光二年（前133年）到征和三年（前90年）的四十四年当中，汉与匈奴始终处于时战时休、战多于休的敌对状态。在作者的客观叙述中，对于匈奴奴隶主的不守信义、不遵礼法、侵扰边境、破坏和平、好杀成性等，都做了含蓄的批评和指责；同时也对汉武帝不停地进行征战，耗费人力物力，特别是对他的不知择贤、任人失当等，做了含蓄的讥讽，显示了作者对汉武帝这位雄才大略的政治家的公允的态度，和对历史的深刻认识。

可是当代不少史家误读《史记》，错误地认定司马迁是反对和谴责汉武帝发动和力推汉匈战争的。可是《太史公自序》说："自三代以来，匈奴常为中国患害；欲知强弱之时，设备征讨，作《匈奴列传》第五十。"

因为此文涉及对当时政治的评述，论述的又是一些敏感的政治问题，所以作者采用了寓论于叙的写法，又在"太史公曰"中连用两句"唯在择任将相哉"，"隐然言外"（何焯《义门读书记·史记》），"微旨实寓讥"（《史记评林》引余有丁语），使本文在《史记》中显示出不同的叙事言志的特色。

《匈奴列传》较详细地记述了匈奴的起源和发展历史、世俗风情和军政制度，很有文献史料的价值，是《史记》的名篇，梁启超还将之列入《史记》的十大名篇之一。

《史记》中有关汉匈战争的传记有《李将军列传》《卫将军骠骑列传》，以及《大宛列传》。

《大宛列传》不是单记大宛，而是记述西域诸国史实的传记。其中详记大宛、乌孙、康居、奄蔡、大小月氏、安息、条枝、大夏八国之事；附记扜罙、于寊、楼兰、姑师、黎轩、身毒、驩潜、大益、苏薤九国之事；偶涉西南夷驍、冄、徙、邛、僰氏、筰、嶲、昆明、滇、越十国之事。《大宛列传》以大宛、乌孙事为主，且以大宛事开篇，以大宛事终篇，故名曰《大宛列传》。全文分三个部分：

第一部分的第一大段记叙张骞第一次出使西域，在被匈奴抓获、扣押十余年后逃出，来到大宛，然后到达月氏。回来时又被匈奴抓获，一年多后逃出，回到长安，前后长达十三年。

张骞出使西域的史实，是《大宛列传》记载的。大宛是张骞发现的，因此本传着重写了张骞两次出使西域的经过。张骞奉命寻找和联合月氏，在通过匈奴统治区后，进入大宛。穿过大宛后，张骞到达月氏。大宛在匈奴西南，汉朝正西面，离汉朝大约一万里。它的北边是康居，西边是大月氏，西南是大夏，东北是乌孙，东边是扜罙、于寊。于寊的西边，河水都西流，注入西海。于寊东边的河水都向东流，注入盐泽。盐泽的水在地下暗中流淌，它的南边就是黄河的源头，黄河水由此流出。那儿盛产玉石，黄河水流入中国。楼兰和姑师的城镇都有城郭，靠近盐泽。盐泽离长安大约五千里。匈奴的右边正处在盐泽以东，直到陇西长城，南边与羌人居住区相接，阻隔了通往汉朝的道路。

大宛的风俗是定居一处，耕种田地，种稻子和麦子，出产葡萄酒。有很多好马，马出汗带血，其祖先是天马之子。那里有城郭房屋，归大宛管辖的大小城镇有七十多座，民众大约有几十万。大宛的兵器是弓和矛，人们善骑马射箭。

第二大段记述了西域诸国的物产风情、地理位置和相互关系。

第三大段记叙张骞第二次出使西域时在乌孙国的活动。张骞回国后不久去世。

第二部分记载汉朝大批使者来往西域各国的情况。

第三部分记载汉武帝太初元年（前104年）起，四年中，贰师将军李广利奉命为征求大宛汗血马，两次征战大宛，第一次惨败，第二次惨胜。后来汉朝派了十多批使者到大宛西边的一些国家，去寻求奇异之物，顺便晓谕和考察讨伐大宛的威武和功德。敦煌和酒泉从此设置了都尉，一直到西边的盐水，路上往往设有亭鄣。而仑头（古国名。在今新疆维吾尔自治区轮台附近。）有屯田士卒几百人，于是汉朝在那儿设置了使者，以保护田地，积聚粮食，供给出使外国的使者们。

《大宛列传》展示了汉王朝同西域各国的曲折微妙关系，说明中国与西域诸国有着悠久的经济和文化交流的历史，存在着政治和人员的往来关系。

司马迁在叙述李广利征伐大宛时，含蓄地表达了对汉武帝连年用兵和好大喜功的讥讽与感叹。但是，《大宛列传》所记载汉武帝坚持派张骞打通西域之路，努力控制河西走廊的史实，有力显示了此举对于汉朝和中亚诸国间的经济文化交流,对维护中国的统一和强大,有着积极的历史作用。张骞首次打通的这条通道,经过汉匈三百年决战,成为东西各国和平发展的大动脉,后世命名为"丝绸之路"。

《南越列传》记述了南越王赵佗建国的史实及其四位继承者同汉王朝的关系,描述了汉武帝出师攻灭南越,将南越置于汉王朝直接统治下的过程。本传详写赵佗建国和武帝兴师,余者略述。

南越,一作"南粤",是越人的一支(早年是长江流域的百越之一,后逐步南下,迁移至此)。南越王赵佗所建的国名也为南越,在今广东与广西一带,南至今越南中部(南部当时为无人区),北至今湖南南部。秦国兼并了六国,攻取并平定了杨越(南越人所居住之地属古九州之一的扬州,故称扬越),设置了桂林、南海和象郡,把因犯罪而被迁徙的百姓安置到这些地方,同越人杂居了十三年。

赵佗是真定(今属河北)人,秦朝时被任命做了南海郡的龙川县令,后为南海尉。秦时在南越设立的桂林、南海、象郡三郡长官不称守,而称尉。

到秦二世时,南海郡尉任嚣得病将死,把龙川令赵佗召来,并对他说:"听说陈胜等发动了叛乱,秦朝推行暴虐无道的政策,天下百姓对此感到怨恨,项羽和刘邦、陈胜、吴广等,都在各自的州郡,同时聚集民众,组建军队,像猛虎般地争夺天下,中原地区扰攘动乱,不知何时方得安宁,豪杰们背叛秦朝,相互对立。南海郡偏僻遥远,我怕强盗的军队侵夺土地,打到这里,我想发动军队切断通往中原的新修大路,自己早作防备,等待诸侯的变化,恰巧我的病重了。"任嚣当即向赵佗颁布任命文书,让他代行南海尉的职务。

任嚣死后,赵佗借此机会,杀了秦朝安置的官吏,而用他的亲信做代理长官。秦朝灭亡后,赵佗就攻击并兼并了桂林和象郡,自己立为南越王。汉高帝十一年（前196年）,派遣陆贾去南越,命令赵佗因袭他南越王的称号,并同他剖符定约,互通使者,让他协调百越,使其和睦相处,不要成为汉朝南边的祸害。南越边界与北方的长沙接壤。

到建元四年（前137年）,赵佗死去。赵佗的孙子赵胡当了南越王。过了十多年,赵胡病重死了,太子婴齐代立为南越王。婴齐到长安做宿卫时,娶了邯郸樛家的女儿做妻子,生了儿子叫赵兴。婴齐死后,太子赵兴代立为南越王。南越丞相吕嘉杀死南越王、王太后和汉朝使者后叛乱,汉武帝派韩千秋去征伐,却全军覆没。元鼎五年（前112年）秋,以卫尉路博德为伏波将军,主爵都尉杨仆为楼船将军,率大军前往镇压,于次年消灭叛军,平定南越。从赵佗最初称王以后,传国五世,共九十三年,南越国就灭亡了。

此传肯定"佗能集杨越以保南藩"（《太史公自序》）的功劳,把南越视为汉王朝的一部分,视其民为汉王朝的同等臣民,把南越统一和南越归汉,视为各民族走向统一的必然趋势。

《东越列传》记述东越的变迁史实。上半段写秦末汉初时,东越由郡县变为闽越国和东海国,勾践的两个驺姓后裔,无诸成为闽越王,摇成为东海王。汉景帝三年（前154年）,东海王助汉诛杀叛乱首领吴王濞,于汉武帝时率民众迁处江淮间。馀善杀闽越王郢而得立东越王。下半段写元鼎六年（前111年）秋，馀善谋反而于次年被杀，东越国重新变为郡县，其民迁处江淮间。

文中揭示了东越与中原的历史渊源和密切关系，表现了中华民族这个大家庭逐渐走向统一的历史趋势，反映了作者维护中央政权的大一统思想。

《西南夷列传》记述了我国西南（包括今云南以及贵州、四川西部）地区在秦汉时代的数量繁多的部落国家的地理位置和风俗民情，以及同汉王朝的关系，记述了汉朝的唐蒙、司马相如、公孙弘和王然于等抚定西南夷的史实，描述了夜郎、滇等先后归附汉王朝，变国为郡，设官置吏的过程，揭示了中国不同地域、不同民族，最终将形成一个和睦的多民族国家的必然趋势，反映了司马迁民族一统的历史观念，表现了他维护中央集权和国家统一的思想。

《朝鲜列传》记叙西汉初至武帝时期朝鲜的历史。朝鲜最早的统一王朝是商纣王叔父箕子于殷末周初所建。《朝鲜列传》记叙卫满，原是燕国人。最初，在燕国全盛的时候，曾经攻取真番、朝鲜，让它们归属燕国，并为它们设置官吏，在边塞修筑防御城堡。后来秦国灭掉燕国，卫满率民进入朝鲜，乘机割据朝鲜，在今平壤一带统治了近百年。《朝鲜列传》主要写卫满及其孙子右渠凭险割据，分裂为私之事，着重记述朝鲜变为汉朝四郡的过程，显示了朝鲜与中国密切的历史关系。

其中乐浪郡是汉武帝于元封三年（前108年）平定卫氏朝鲜后，在今朝鲜半岛设置的四郡之一，乐浪郡郡治位于朝鲜城，朝鲜县是其下辖县之一，即今朝鲜平壤市区。

行文中表现了司马迁尊重史实和民族一统的思想。他没有把边疆的少数民族视为"种别域特"（班固《汉书·叙传》）的野蛮低贱民族，而是一律视为中华儿女。尤其是对匈奴，指出他们是炎帝的后裔，夏朝君主的后裔也是匈奴的祖先。

第三节　军事谋略与经济思想

《史记》记载了三千年的战争史。中国古代战争不断，自远古起即用战争统一部族、统一国家；自远古起就有凶横的民族如匈奴不断发动与汉族的内战；整个春秋战国时期漫长的五百年时间，连绵的战争演出了众多雄壮的活剧，直到西汉统一天下；西汉统一天下之后，诸侯国不断叛乱，直到汉武帝时才彻底平定，但汉匈战争直到司马迁逝世，还远未见尽头。

战争篇目与名将传记

《史记》记载战争内容的篇目达八十二篇，字数达十余万言，约占全书的四分之一篇幅，这些篇目记载擅长兵略战阵的帝王将相六十余人，记述战阵五百多次，其中重大战争从黄帝涿鹿之战到汉武帝兵征大宛共七十余次。《十二诸侯》《六国》《秦楚之间》三表之序、《律书序》，以及各兵家传记篇末之"太史公曰"，则构成了司马迁系统的战争论。[①]顾炎武说:"秦楚之际,兵所出入之涂,曲折变化,唯太史公序之如指掌,以山川郡国不易明,故曰东曰西曰南曰北,一言之下,而形势了然……盖自古史书兵事地形之详,未有过此者。太史公胸中固有一天下大势,非后代书生之所能几也。"(《日知录·卷二十六·史记通鉴知兵事》)

《史记·律书序》给战争的定义是:"兵者,圣人所以讨强暴,平乱世,夷险阻,救危殆。"《史记》提出了正义的战争观,肯定正义力量,反对非正义战争,如《太史公自序》说:"自三代以来,匈奴常为中国患害;欲知强弱之时,设备征讨,作《匈奴列传》第五十。"并撰写李广、卫青、霍去病等名将列传,高度肯定汉武帝发动的反击匈奴的诛暴战争。又在《匈奴列传》中强调,战争的胜负取决于是否正确使用人才,"唯在择任将相哉!唯在择任将相哉!"《史记》中专门记载军事家的篇章有十八篇:

春秋时期:《司马穰苴列传》《孙子吴起列传》《伍子胥列传》三篇,记载了司马穰苴、孙武、孙膑、吴起、伍子胥五人,还兼及庞涓等人。

战国时期:秦国有《穰侯列传》《白起王翦列传》《蒙恬列传》三篇,记载了魏冉、白起、王翦、蒙恬,兼及李信、王离等。燕、齐、赵三国有《乐毅列传》《田单列传》《廉颇蔺相如列传》三篇,记载了乐毅、田单、廉颇三人。另有《赵世家》一篇,记载李牧、赵奢等名将。

楚汉相争时期:《项羽本纪》《曹相国世家》《绛侯周勃

---

① 张大可:《司马迁评传》,南京大学出版社,1994,第322页。

世家》《魏豹彭越列传》《黥布列传》《淮阴侯列传》《韩信卢绾列传》《樊郦滕灌列传》《季布栾布列传》九篇，记载了项羽、韩信、曹参、周勃、彭越、英布、韩王信、卢绾、樊哙、郦商、夏侯婴、灌婴、季布、栾布、周亚夫十五人，兼及章邯等秦军名将。其中西汉开国功臣中的武将占了多数。

汉匈战争时期：《韩长孺列传》《李将军列传》《卫将军骠骑列传》三篇，记载了韩长孺、李广和李敢父子、卫青、霍去病等人。

按常规来说，要成长为出色的军事家，必须熟读兵书，甚至拜师学习。以春秋战国名将为例，吴国伍子胥、孙武，魏国吴起、庞涓，齐国孙膑，燕国乐毅，无不是先拜师修习，成为兵家名士后，再前往心仪的国家"拜将"，希望得到英明君主的赏识——这是春秋战国时期良好的双向选择人才的氛围，所谓"百家争鸣，择优而适"。而这些"名将"大多在退隐或失势后著书立说，要把自己的兵家理论与实践流传后世。

《史记》记载战国真正的四大名将——白起、廉颇、王翦、李牧——则都没有经过系统的兵家学习，是纯粹的"行伍出身"，从小兵开始，在杀戮与拼杀中学会打仗和指挥军队。他们凭借战功名留后世，而其战略的成功是关键。项羽、韩信、霍去病等，从来没有学过或不喜欢学习兵法。

英明战略和治军原则

《史记》非常注重战争中谋略的作用，其中记载的不少富于谋略的军事统帅和大臣，如汉高祖刘邦、张良、汉武帝和范蠡等，都是深谋远虑、擅长谋计用兵的军事家。

奇妙的是，《史记》在军事家的传记中做了无形的描写。《老子》说："大象无形。"《史记》不做具体的记叙和描写。尤其如刘邦谋计用兵，《史记》给以最高评价。司马迁在《史记·刘敬叔孙通列传》的篇末赞语称颂："夫高祖起微细，定海内，谋计用兵，可谓尽之矣。"但没有具体记载和描写。张良虽运筹帷幄，但是辅助，而非指挥全局，指挥战争全局的是刘邦。而对张良运筹帷幄的谋略，也无具体记载。他们的谋略之高明，只是体现在战争的名称和胜仗数量上。

《史记》记载孙子名武，生卒年不详，春秋时齐国乐安（今山东惠民）人，字长卿，田完之后裔，也没有对他具体战争谋略的记载。

孙武著有世界顶级的军事学巨著《孙子兵法》，他自齐国到吴国，以所著兵法十三篇见吴王阖闾。《孙子吴起列传》一开首，吴王阖闾初次与孙武见面就说："子之十三篇，吾尽观之矣，可以小试勒兵乎？"

现存《孙子》十三篇是《始计》《作战》《谋攻》《军形》《兵势》《虚实》《军争》《九变》《行军》《地形》《九地》《火攻》《用间》。这十三篇的内容从题目看，琳琅满目，全面深刻。

可是吴王尽管赞赏《孙子》十三篇，却没有让孙武操练精兵强将，而是"可试以妇人乎？"孙武曰："可。"于是出宫中美女，得百八十人。孙武第一次得到军权是操练吴王后宫的美女（吴宫教战），以验证他的军事才能。他在教习操练中,面对美女们嘻嘻哈哈的游戏心态,强调将士的军纪,号令严明,为达目的竟以"将在军,君命有所不受"的原则,斩吴王两位宠姬示众,吓得全体美人战战兢兢听从孙子的操练号令,使队伍达到"唯王所欲用之,虽赴水火犹可也"的效果。操练到此戛然而止,这些娇弱美女也不可能上阵实战打仗。孙武感叹:"王徒好其言,不能用其实。"司马迁接着就下了一个结论:"于是阖闾知孙武能用兵,卒以为将。西破强楚,入郢,北威齐晋,显名诸侯,孙子与有力焉。"

孙武的传记,出乎人们的意料,到此为止了,传末太史公曰"世俗所称师旅,皆道《孙子》十三篇"（世上称道军旅战法的人,都赞誉《孙子》十三篇）,也仅此一句。孙武戎马生涯三十年,本传一点儿也没有正面记述孙武的兵法在战略战术上的实地应用,没有记载他具体运用兵法的战例,甚至没有他指挥过哪怕一次战争的具体记载。

《孙子兵法·吴问》记载,他曾与阖闾对答,认为图强必须改革,预测晋国六卿兴亡前途,比较六卿实行的田制改革,指出亩大税轻者可成。阖闾赏识此论,称之为"王者之道"。《史记》未记载。

史书记载他率领吴师攻楚,五战五胜。《史记》的记载,仅见《吴太伯世家》:

　　（吴王阖闾）三年（前512）,吴王阖闾与子胥、伯嚭
　将兵伐楚,拔舒,杀吴亡将二公子（盖余、烛佣）。光（公
　子光,即后来的吴王夫差）谋欲入郢,将军孙武曰:"民劳,

未可，待之。"

四年，伐楚，取六与潜（取此二地用的是伍子胥提出的疲劳战术）。

五年，伐越，败之（此为吴、越首次交兵，当越王允常之世。参见《越王勾践世家》及《左传·昭公三十二年》）。

六年，楚使子常囊瓦伐吴。迎而击之，大败楚军于豫章，取楚之居巢而还。

九年，吴王阖闾请伍子胥、孙武曰："始子之言郢未可入，今果何如？"二子对曰："楚将子常贪，而唐、蔡皆怨之。王必欲大伐，必得唐、蔡乃可。"阖闾从之，悉兴师，与唐、蔡西伐楚，至于汉水。楚亦发兵拒吴，夹水陈。吴王阖闾弟夫概欲战，阖闾弗许。夫概曰："王已属臣兵，兵以利为上，尚何待焉？"遂以其部五千人袭冒楚，楚兵大败，走。于是吴王遂纵兵追之。比至郢，五战，楚五败。楚昭王亡出郢，奔郧。郧公弟欲弑昭王，昭王与郧公奔随。而吴兵遂入郢。子胥、伯嚭鞭平王之尸以报父仇。

以上的记载，吴王阖闾三年，是伍子胥与伯嚭带兵，孙武仅发表一句意见。四年、六年、九年伐楚，都没有写谁带兵，也即没有明确和强调是孙武的战绩。

《左传》《越绝书》《吴越春秋》和《孙子兵法》等将以上五次胜仗全列入孙武名下：

阖闾三年（前512年）十二月，阖闾派孙武等征灭钟吾和徐两个小国，又乘胜夺取了楚国的舒地。"孙子为将，拔舒，杀吴亡将二公子盖余、烛佣"。

阖闾四年（前511年），"阖闾闻楚得湛卢之剑（稀世名剑），因斯发怒，遂使孙武、伍子胥、白喜伐楚"，攻占了六和潜二地。

阖闾五年（前510年），吴、越第一次大规模争战，史称"槜李之战"。《孙子兵法·虚实》篇总结此战经验"以吾度之，越人之兵虽多，亦奚益于胜败哉"，即兵贵精不贵多的原则。

阖闾六年（前509年），楚王命公子子常等伐吴，以报前年失陷六、潜二地之仇。孙武等奉命率兵回击，避开楚军主力，迂回作战，在豫章大败楚军，俘获楚公子子繁，又占巢地。

阖闾九年（前506年）十一月十八日，吴国出兵攻楚，吴王接受孙武和伍子胥等人的高见，联合了对楚有世仇的唐和蔡两个小国，一起攻楚，爆发吴、楚二国最大规模的战争，即柏举之战。吴军以三万对二十万，五战五捷，于十一月二十七日，仅十天时间，攻克郢都，楚昭王出逃。

当代研究家赞扬孙武"吴宫教战"，以验证他的军事才能，仍能窥知孙武用兵之有方。尽管本传未能正面记述孙武兵法在战略战术上的实地应用，但传末强调了吴王打败强楚、攻克郢都、威镇齐晋、名显诸侯、"孙子与有力焉"。虽然虚此一笔，孙武的军事才能、其兵法的实用价值，便兀然凸显了。孙武谋高一筹，善战制敌，战功赫赫，名传天下。这种赞誉空洞无力，如果是别人这么记载孙武，肯定不会得到如许赞评。

《史记》所记载的良将，都没有介绍他们学习过何种兵书。刘邦手下的著名将领大多没有读过书，多在实践中成长，他们大多只能勇猛作战，靠勇敢获胜，在战争中学习战争。项羽学习不精，他说要学习能敌万人的本事，于是项梁就教项羽兵法，项羽非常高兴，可是刚刚懂得了一点儿兵法的大意，又不肯学到底了。霍去病还明确反对学习兵法。还有精通兵法反而打败仗的，如只会纸上谈兵的赵括。有不少战争，用不着兵法，只是拼实力，尤其如李广、卫青和霍去病在大漠与匈奴的决战。《史记》没有记载兵书运用的成功战例。

《史记》赞誉名将治军的成功经验，不少与谋略无关，显示的是基本原则。

第一是整顿纪律，令行禁止。

孙武操练吴王后宫的美女，强调军纪，号令严明，为达目的斩吴王两位宠姬示众。司马穰苴带兵的首日即杀人立威，诛杀国王派来监军却迟到的宠臣，整饬军队。彭越出身江洋大盗，后在"泽间少年"众人强请之下方才答应率领军队。但是他面对的是一伙乌合之众，在集合部队时，许多人不能准时，他以"后期者斩"予以约束；但是违纪的人太多，他以"诛最后者一人"作为处罚，杀一儆百，震慑了这伙亡命之徒，逼使他们遵纪听令。(《史记·魏豹彭越列传》)

第二是将军爱护士兵，与士卒同甘苦。

司马穰苴"文能附众，武能威敌"，其基础是和士卒同甘共苦。吴起被任命为主将，跟下等兵穿一样的衣服，吃一样的伙食，睡觉不铺垫褥，行军不骑马，亲自背负军粮，为士兵亲吮毒疮，同甘共苦，士卒为其效死。乐毅率领燕军连胜齐国，占领了齐国大部领土。这种情况下，田单临危受命，带领齐军反击。他和士兵同甘共苦，亲自手持工具修筑工事，并把自己最喜欢的妻妾都编入军队之中，进一步使内部团结一心，共击燕军。

第三是将军要毫无私心，带头勇敢作战。

司马穰苴诛杀因应酬送行者而迟到的监军时，告诫军中众人说："身为将领，从接受命令的那一刻起，就应当忘掉自己的家庭；来到军队宣布规定号令后，就应忘掉私人的交情；擂鼓进军，战况紧急的时刻，就应当忘掉自己的生命。如今敌人侵略已经深入国境，国内骚乱不安，战士们已在前线战场暴露，无所隐蔽，国君睡不安稳，吃不香甜，全国百姓的生命都维系在你的身上，还谈得上什么送行呢！"

第四才是将军要有谋略。《史记》结合具体的战况，记载主将的谋略。他们常用的计策有：

反间计：秦国王龁攻打赵国，秦国用反间计，陷害廉颇，赵国国王中计驱除廉颇，自毁长城，用华而不实的赵括代廉颇将兵以击秦。秦暗中换将，阴使武安君白起为上将军。赵括至，则出兵击秦军。秦军佯败而走，赵军追击，秦军将赵军分而为二，断绝其粮道，最后围歼赵军。

佯败，故意示弱，麻痹敌人：白起攻打赵国，用了佯败之法。汉初，匈奴也用佯败之法迷惑和欺骗刘邦。刘邦陷入了平城之围，差点丢了性命。匈奴还隐蔽精壮和主力，展示老弱病残，故意示弱。田单反击燕军时，故意示弱，为了麻痹敌人，田单又让老弱女子上城守卫，派遣使者约期投降，又让富豪之家送去重金贿赂燕将。燕军将领非常高兴，满口答应。燕军因此更加松懈。

声东击西：以孙膑为例，他指挥齐军与魏军作战，一共只有两次。

第一次是声东击西，围魏救赵。魏国攻打赵国，赵国形势危急，向齐国求救。田忌想要率领救兵直奔赵国，孙膑说："想解开乱丝的人，不能紧握双拳生拉硬扯；想解救斗殴的人，不能卷进去胡乱搏击。要扼住争斗者的要害，争斗者因形势限制，就不得不自行解开。如今魏赵两国相互攻打，魏国的精锐部队必定在国外精疲力竭，老弱残兵在国内疲惫不堪。你不如率领军队火速向大梁挺进，占据它的交通要道，冲击它正当空虚的地方，魏国肯定会放弃赵国而回兵自救。这样，我们一举解了赵国之围，而又可坐收魏国自行挫败的效果。"田忌听从了孙膑的意见。魏军果然离开邯郸回师，在桂陵陷入齐军的包围，双方交战，魏军被打得大败。

第二次消灭庞涓，用的即是故意示弱、麻痹敌人的计谋，他下令减少火灶，造成士兵大批开小差的假象。

后十三岁，魏与赵攻韩，韩告急于齐。齐使田忌将而往，直走大梁。魏将庞涓闻之，去韩而归，齐军既已过而西矣（已经向西越过齐国国境线）。孙膑谓田忌曰："彼三晋（韩、赵、魏三家分晋，史称三晋）之兵，素悍勇而

轻齐，齐号为怯，善战者因其势而利导之。兵法，百里
而趣利者蹶上将，五十里而趣利者军半至。使齐军入魏
地为十万灶，明日为五万灶，又明日为三万灶。"庞涓
行三日，大喜，曰："我固知齐军怯，入吾地三日，士
卒亡（逃跑）者过半矣。"乃弃其步军，与其轻锐倍日并
行（两天的路程一天走到）逐之。（《史记·孙子吴起列传》）

孙膑因其势而利导之，顺应魏兵认为齐兵胆怯的思想，
让齐兵假装胆怯逃亡，诱导魏军深入。庞涓果然上当了，
结果他率领兵力单薄的军队陷入了孙膑设置的包围圈，遭
受灭顶之灾。

军事谋略的要着是善出奇计奇谋，以奇兵获胜。

田单在即墨之战中，不是先出动军队，而是先出动群
牛，出其不意地以火牛在前冲锋陷阵，牛角上都绑有利刃，
触人非死即伤，牛身上又披着大红色画着五彩龙纹的被服，
带着一种神异的色彩，对敌军起了震慑作用，然后出兵，
大获全胜之后，风卷残云，追击敌军。创造了中国历史上
有名的出奇制胜的战例。《田单列传》"太史公曰"：

兵以正合，以奇胜。善之者，出奇无穷。奇正还相
生，如环之无端。夫始如处女，適（通"敌"）人开户；
后如脱兔，適不及距：其田单之谓邪！（太史公说：用兵
作战要一面和敌人正面交锋，一面用奇兵突袭制胜。善于用兵的人，
总是能够奇兵迭出而变化无穷的。正面的交锋和背侧的奇袭都要
发生作用，这两种战术的相互转化，就如同圆环没有起止一般使

人捉摸不定。用兵之初要像处女那样沉静、柔弱，诱使敌人敞开门户，毫不戒备；然后在时机到来之时，就像逃脱的兔子一般快速、敏捷，使敌人来不及防御。田单用兵，正是如此吧！）

更重要的是，《史记》强调思想境界决定谋略高低。《魏豹彭越列传》"太史公曰"：

> 魏豹、彭越虽故贱，然已席卷千里，南面称孤，喋血（形容经过激战而流血很多）乘胜日有闻矣。怀畔逆之意，及败，不死（不自杀）而虏（斩、杀）囚，身被刑戮，何哉？中材已上且羞其行，况王者乎！彼无异敌，智略绝人，独患无身耳。得摄尺寸之柄（比喻极小的权力），其云蒸龙变，欲有所会其度，以故幽囚而不辞云。

有些名将，在具体战术上智慧、谋略高人一筹，可是思想境界低。思想境界决定了他们在全局上、政治和战略上的智慧、谋略不高，所以还是不能保全自己的性命。在政治风云变幻的复杂形势下，他们虽然想施展作为，实现愿望，最终却免不了覆灭。

英布（黥布）被形势所逼，在政治上做出叛乱的下策，也在军事上不选上、中计而选下计。汉高祖问令尹："英布将会选择哪种计策？"令尹回答说："选择下策。"汉高祖问："他为什么放弃上策、中策而选择下策呢？"令尹回答说："英布原本是骊山的刑徒，自己奋力做到了万乘之主，这都是为了自身的富贵，而不顾及当今百姓，不为子孙后代考虑，所以说他选用下策。"

　　韩信、卢绾并不是一向积德累善的世家，而是侥幸于一时随机应变，以欺诈和暴力获得成功，正赶上汉朝刚刚建立，所以才能够分封领土、南面为王。在内由于势力强大而被怀疑，在外又有着外族做援助，因此日益被皇帝疏远，自陷危境，走投无路，最终迫不得已投奔匈奴，非常可悲。陈豨是梁地人，在他年轻的时候，倾慕魏公子信陵君。等到后来他率领军队守卫边疆，招徕宾客，礼贤下士，名声大振，周昌便开始怀疑他。由于害怕灾祸临头，奸邪小人又乘机进说，陈豨最终使自己陷于大逆不道的境地。由此可见，谋虑的成熟与否和成败如何，对一个人的影响太深远了。

　　思想境界的一个重要表现是德治、爱民，如此才能使国家强大，否则必成人民公敌。

　　　武侯浮（泛舟）西河而下，中流（水流的中央），顾而谓吴起曰："美哉乎山河之固，此魏国之宝也！"起对曰："在德不在险。昔三苗氏左洞庭，右彭蠡，德义不修，禹灭之。夏桀之居，左河济，右泰华，伊阙在其南，羊肠在其北，修政不仁，汤放之。殷纣之国，左孟门，右太行，常山在其北，大河经其南，修政不德，武王杀之。由此观之，在德不在险。若君不修德，舟中之人尽为敌国（仇敌）也。"

　　吴起作为名将，不推崇武力，不依赖江山险要，毫不

114

留情地向国君指出，要使国家政权稳固，在于施德于民，而不在于地理形势的险要。不施德政，不讲信义，同舟共济的人，也会变成敌人。

韩信超人的军事谋略

《史记》中对名将的军事谋略记叙最完整的是韩信。《淮阴侯列传》记载韩信首次同刘邦讨论与项羽作战的形势，先分析了项羽的五大弱点：一是项羽不能放手任用有才能的将领，只不过是有些匹夫之勇罢了；二是项羽常施小惠（待人恭敬慈爱，言语温和，有生病的人，心疼地流泪，将自己的饮食分给他），而实不至，立功之人，不予奖赏，不予加封晋爵；三是项羽放弃了关中的有利地形，而建都彭城；四是项羽违背约定，将自己的亲信分封为王，处事不公；五是项羽军队所经过的地方，没有不横遭摧残毁灭的，天下的人大都怨恨他，百姓不愿归附，只不过迫于威势，勉强服从罢了。项羽已经失去了天下的民心，尤其是失去了秦地百姓的民心。而刘邦进入武关，秋毫无犯，废除了秦朝的苛酷法令，与秦地百姓约法三章，秦地百姓没有不想要刘邦在秦地做王的。

韩信总结的项羽五条弱点，看似与军事无关，却决定了战争的成败。

汉王二年（前205年）八月，汉王任命韩信为左丞相，攻打魏王豹。魏王把主力部队驻扎在蒲坂，堵塞了黄河渡口临晋关。韩信就增设疑兵，故意排列开战船，假装要在临晋关渡河，而隐蔽的部队却从夏阳用木制的盆瓮浮水渡河，偷袭安邑。魏王豹惊慌失措，带领军队迎击韩信，韩信就这样俘虏了魏王豹，平定了魏地，改制为河东郡。这是声东击西之法。

韩信攻打赵国，广武君李左车向成安君陈馀建议："我愿意带领奇兵三万人，从隐蔽小路拦截他们的粮草，您就深挖战壕，高筑营垒，坚守军营，不与交战。他们向前不得战斗，向后无法退却，我出奇兵截断他们的后路，使他们在荒野上什么东西也抢掠不到，用不了十天，韩信与张耳两将的人头就可送到将军帐下。"获悉陈馀不采纳李左车的计谋，韩信大喜，才敢领兵进入井陉狭道。离井陉口还有三十里，停下来宿营。半夜传令出发，挑选了两千名轻装骑兵，每人拿一面红旗，从隐蔽小道上山，在山上隐蔽着观察赵国的军队。韩信另派出万人为先头部队，出了井陉口，背靠河水摆开战斗队列。赵军远远望见，大笑不止。天刚蒙蒙亮，赵军打开营垒攻击汉军，激战了很长时间，韩信逃回河边的阵地，然后再和赵军激战。赵军果然倾巢出动，追逐韩信、张耳。韩信等已进入河边阵地，全军殊死奋战，双方胶着。韩信预先派出去的两千轻骑兵，等到赵军倾巢出动追逐战利品的时候，火速冲进赵军空虚的营垒，把赵军的旗帜全部拔掉，竖立起汉军的两千面红旗。这时，赵军已不能取胜，想要退回营垒，见营垒插满了汉军的红旗，大为震惊，以为汉军已经全部俘获了赵军的将领，于是军队大乱，纷纷落荒潜逃。于是汉兵前后夹击，彻底摧垮了赵军，俘虏了大批人马，在泜水岸边生擒了赵王歇。这是虚虚实实之法，结合心理战，击垮二十万赵军。

　　韩信攻打齐国，平定临菑以后，就向东追赶田广，一直追到高密城西。楚国也派龙且率领兵马，号称二十万，前来救援齐国。有人规劝龙且说："汉军远离国土，拼死作战，其锋芒锐不可当。齐楚两军在本乡本土作战，士兵容易逃散。不如深沟高垒，坚守不出。让齐王派他的亲信大臣，去安抚已经沦陷的城邑，这些城邑的官吏和百姓知道他们的君王还在，楚军又来援救，一定会反叛汉军。汉军客居两千里之外，齐国城邑的人都纷纷起来反叛他们，那势必得不到粮食，这就可以迫使他们不战而降。"龙且不听，决定马上开战，与韩信隔着潍水摆开阵势。韩信下令连夜赶做一万多只口袋，装满沙土，堵住潍水上游，带领一半军队渡过河去，攻击龙且，假装战败。龙且果然高兴地说："本来我就知道韩信胆小害怕。"于是就渡过潍水追赶韩信。韩信下令挖开堵塞潍水的沙袋，河水汹涌而来，龙且的军队一多半还没渡过河去。韩信立即回师猛烈反击，杀死了龙且。龙且在潍水东岸尚未渡河的部队，见势四散逃跑，齐王田广也逃跑了。韩信追赶败兵直到城阳，把楚军士兵全部俘虏了。这是佯败，利用河水将敌军冲作两段，各个击破。

汉军统帅刘邦的辉煌战功

　　韩信的军事天才虽然为人称道，但是《史记》中记载的刘邦作为最高统帅使用"明修栈道，暗度陈仓"之计还定三秦更加耀眼。令人遗憾的是，明明《史记·高祖本纪》

中记载了刘邦作为汉军的最高指挥者，亲自指挥军队和将领，取得了辉煌的胜利，可是后人却熟视无睹。

《史记·高祖本纪》是记载刘邦一生的最权威的传记作品，此篇记载了刘邦一生的战绩，大略统计：反秦起义，战绩为六胜四平。西进灭秦战争，战绩为十二胜三平，大败或消灭了秦军名将王离、赵贲、杨熊等率领的秦军精锐主力（此时韩信尚未投汉）。楚汉战争中，刘邦让韩信攻打侧面战场，还将手下四位猛将中最厉害的两位——曹参和灌婴——调派给韩信（自己留下樊哙和夏侯婴），韩信全靠他们上阵攻城略地。刘邦自己则亲自与项羽对垒，承担主战场的重任，战绩为四败五胜，全歼项羽悍将章邯，在消灭项羽军的大部和主力之后，将其团团围困在垓下。

刘邦指派曹参协助韩信作战的历史，《史记·曹相国世家》记载：韩信出击魏国时，时任假（代理）左丞相的曹参，分别与韩信率军向东进军，在东张攻打魏将军孙遫，大败孙遫的军队。乘势进攻安邑，捕获魏将王襄。在曲阳进击魏王，追到武垣，活捉了魏王豹。夺取了平阳，捕得魏王的母、妻、儿女，全部平定魏地，共得五十二座城邑。

曹参后来又跟随韩信在邬县东面进击赵国相国夏说，大败夏说的军队，斩杀夏说。韩信与原常山王张耳率兵至井陉，攻打成安君陈馀，同时命令曹参回军把赵国的别将戚将军围困在邬县城中。戚将军突围逃跑，曹参追击并将其斩杀。

韩信向东攻打齐国时，隶属韩信的左丞相曹参，击溃了齐国历下的军队，于是夺取了其首都临菑。回军平定济北郡，攻打著县、漯阴、平原、鬲县、卢县。不久跟随韩信在上假密（即高密，郡、国名，在今山东高密市）进击并大败龙且的军队，斩了龙且，俘虏其部将周兰。平定齐国，总共得到七十余县。还抓获了原齐王田广的丞相田光、代替丞相留守的许章和原齐国的胶东将军田既。

至于灌婴协助韩信作战的历史，《史记·樊郦滕灌列传》记载汉王三年（前204年），灌婴以御史大夫的身份率领郎中骑兵，隶属于韩信，在历下击败齐国的军队，他所率领的士卒俘虏了车骑将军华毋伤及将吏四十六人，迫使敌兵投降，拿下了齐国首都临菑，活捉齐国守相田光。又追击齐国相国田横到嬴、博，击败齐国骑兵，所率领的士卒斩杀齐国骑将一人，活捉骑将四人。攻克嬴、博，在千乘把齐国将军田吸打得大败，所率士卒将田吸斩首。然后跟随韩信引兵向东，在高密攻打龙且和留公旋的军队，所率领的士卒将龙且斩首，活捉右司马、连尹各一人、楼烦将领十人，自己亲手活捉亚将周兰。

韩信自己并不能上阵作战，全靠曹参和灌婴，没有他们，韩信即使有好的谋略，也无人执行，能打胜仗么？

韩信在侧面战场遇到最大的强敌是齐国，他尽管借势偷袭，也接连遭阻。当时刘邦派去的郦食其已经成功说服齐王联汉攻楚，韩信乘其对汉军不再防备背信弃义地偷袭和占领齐国，而且全靠刘邦派来的曹参和灌婴两位猛将与齐国残存诸将勇战才艰难获胜。

韩信出征侧面战场，他本人当然不负重托，发挥了天才军事家的卓越才华，但是军队是刘邦给的，上阵杀敌的勇将是刘邦给的，权力是刘邦给的，没有这一切，韩信就像在项羽军中一样，等于零。

最后，刘邦全胜楚军，将项羽包围于垓下之时，韩信和彭越不听刘邦的号令，不肯前来会师、合力歼灭项羽。刘邦听从张良的建议，许诺更大的利益，他们才姗姗来迟，攻打项羽。

综上所述，《史记》公正地写出了汉高祖刘邦和萧何、张良、韩信在楚汉战争中的各自贡献。韩信带兵，多多益善，但韩信不得不承认汉高祖善于将将，也即他是在刘邦的指挥和安排下立的战功。宋代吴曾有言："宋景文公①云：'或讥汉高祖，非张良、陈平不能得天下。宋曰不然，良、平，非高祖不能用。夫智高于良、平，乃能听其谋，至项羽不知用范增，则败矣。'予以为景文徒知其一耳。独不见韩信之言乎？方信之被擒也，至论其长，信曰：'陛下不善将兵，而善将将。'嗟乎，不知高祖胸中能著几韩信耶？"（《能改斋漫录》卷九）

西汉统一天下后，诸王叛乱，汉高祖亲自指挥军队，七战七胜（又派部将乘胜出征，四战四胜）。韩信未能出力，最后他自己陷入叛乱，被诛。

综上所述，刘邦一生指挥四十二次战争，三十二胜、八平、二败，战绩辉煌。刘邦在反秦和平叛战争中，未有败绩。与霸王项羽正面作战，战绩为四败五胜，最终消灭

---

① 宋祁（998—1061），北宋著名文学家、史学家、词人。曾与欧阳修等合修《新唐书》（二十四史之一），《新唐书》列传部分为宋祁所作，前后长达十余年。去世后，谥号景文，故后世尊称景文公。

了这个顽敌，极为不易。

《史记·项羽本纪》描写项羽在惊天动地的巨鹿之战中，击败秦军悍将章邯，轰轰烈烈，写得精彩绝伦。可是刘邦指挥战争，却记载得平平淡淡，波澜不惊。后来刘邦消灭了章邯，战斗更为激烈，只是没有具体描写而已。而项刘两军五年决战，刘邦五胜四败，汉军将项羽紧紧包围一年，项羽无力突围，坐以待毙，两人军事才华之高低，本属黑白分明。

《史记》评论刘邦："夫高祖起微细，定海内，谋计用兵，可谓尽之矣。"（《刘敬叔孙通列传》篇末赞语）给汉高祖的军事指挥水平以最高评价：高祖从低微的平民起事，平定了天下，谋划大计，用兵作战，可以说极尽能事了，也即达到最高水平了。

刘邦从未吹捧过自己，臣下赞颂他，他则归功于"汉初三杰"萧何、张良、韩信；而项羽这位悲剧英雄，被歼灭之前，还自吹自擂"力拔山兮气盖世"。连《水浒传》描写鲁智深倒拔杨柳树也是艺术虚构，无人有能够拔出大树的力气，何况"拔山"。项羽临死之前又对部下乱吹："吾起兵至今八岁矣，身七十余战，所当者破，所击者服，未尝败北，遂霸有天下。然今卒困于此，此天之亡我，非战之罪也。"前已言及，项羽之前已败给过刘邦四次。项羽闭眼胡说，部下在垂死之时，六神无主，姑妄听之。但众多研究者竟也接受误导，宣传项羽是超级大英雄，而刘邦是没有本事的无赖骗子。

司马迁的经济思想

《史记》中的《平准书》和《货殖列传》两篇经济史传，表达了司马迁的经济思想。

《平准书》记载和评述汉武帝时期的经济政策和现实效果，表达司马迁反对造成经济衰败的与民争利的经济政策。

《货殖列传》阐发司马迁完整的经济思想，并以夹叙夹议方式记载的三十人的经历作为验证。

"货殖"是指谋求"滋生资货财利"以致富，即利用货物的生产与交换进行商业活动，从中生财求利。货是处于变动中的财物；殖者，生也，即将本求利，以货获利。货殖就是买进卖出货物，赚进利润或者利息（殖）。

商业仅是经济领域的一部分，《货殖列传》全篇覆盖了商业和各种手工业，以及农、牧、渔、矿山、冶炼等行业的经营，记载了古代完整的经济。

此传虽以"货殖"为名，是反映司马迁经济思想和物质观的重要篇章，却不是专门论述商业和经济活动的论文，而是专门记叙从事"货殖"活动的杰出人物的类传，还是一篇人物传记。

《货殖列传》开篇的导言，充分表达了司马迁的经济思想，又在人物传记中体现和反映了他的重要观点。《汉书·货殖传》的大部分内容沿袭了《货殖列传》，但删去了代表司马迁研究经济的思想境界的这篇导言。

《货殖列传》记载了春秋末期至秦汉以来的大货殖家范蠡、子贡、白圭、猗顿、卓氏、程郑、孔氏、师氏、任氏等人。

《太史公自序》曰："布衣匹夫之人，不害于政，不妨百姓，取与以时而息财富，智者有采焉。作《货殖列传》第六十九。"十分明确而简要地道出了写作本篇的动机与主旨：记叙和评论这些应时之需，全赖自己的智慧、能力和艰苦经营而发财致富，同时有益于社会的杰出经济人士。通过介绍他们的言论、事迹、社会经济地位，以及他们所处的时代、重要经济地区的特产商品、有名的商业城市和商业活动、各地的生产情况和社会经济发展的特点，叙述他们的致富之道，表述自己的经济思想，以便"后世得以观择"。史实证明，此篇所总结的发财致富原则至今有着指导意义。

《货殖列传》开篇的导言是研究中国古代经济思想的宏伟篇章。此篇开端即引《老子》的名言，并立即将其推翻，自立新论，起笔不凡。

"老子曰：'至治之极（今本无此句），邻国相望，鸡狗（今本作"犬"）之声相闻，民各甘其食，美其服，安其俗（今本作"居"），乐其业（今本作"俗"），（民）至老死不相往来。'"（《老子》第八十章）

这是《老子》最著名的"小国寡民"论说："在最好的治世，太平盛世到了极盛时期，虽然邻近的国家互相望得见，鸡鸣狗吠之声互相听得到，而各国人民却都认为自家的饮食最甘美，自己的服装最漂亮，习惯于本地的习俗，喜爱自己所事行业，以至于老死也不互相往来。"大家彼此各管各的，互相之间也不交流来往。

司马迁一开始引用了一段老子的话，然后直接提出了批评，破往立己："必用此为务，挽近世涂（堵塞）民耳目，则几无行矣。"

接着，"太史公曰：夫神农以前，吾不知已"。

司马迁不愧为史学巨擘，笔力宏大，起首一句，用的是排除法的逆笔。神农以前，我不知道，但同时包含了神农以后，我全明白了。明白什么？掌握了古代文献的有关资料，于是他引经据典，用《诗经》和《尚书》的记载反驳《老子》：自尧舜、夏朝以来，人们追求最好听、最好看的，总想尝遍各种肉类的美味，让身体安于舒适快乐的环境，心中又夸耀有权势、有才干的光荣。面对整个社会的如此追求，最好的办法是听其自然，其次是随势引导，再次是加以教诲，再其次是制定规章制度加以约束，最坏的做法是与民争利。

接着列举山西、山东（秦、汉称华山或崤山以东为山东，当时也称"关东"）、江南等各地的丰富物产的详细清单，"皆中国人民所喜好，谣俗（因歌谣能反映民间习俗，故以谣俗代指）被服饮食奉生送死之具也"。这些都是中国人民所喜好的，民间风俗习用的穿着、饮食、养生、送死之物。在这份清单中，还特地提到山东还产美女。

司马迁指出，不必由官府发布政令，人们都凭自己的才能，竭尽自己的力量，来满足自己的欲望。"而巧者（机敏的人）有余，拙者（愚笨的人）不足。"

司马迁以齐国为例。姜太公分封到齐国，人口稀少，土地贫瘠，于是太公倡导妇女经济——纺织、刺绣，于是天下的冠带衣履多为齐所制作，齐国富强；后来中衰，管仲实施切合实际的经济调控政策，齐国再次富强。管仲因鲍叔牙的推荐做了齐的相国，"以区区之齐在海滨，通货积财，富国强兵"（《史记·管晏列传》），并详细记述管仲的治国措施。

司马迁引用《管子·牧民》的著名观点，《管晏列传》也有这段引文，可见司马迁重视这个重要观点。

> 故曰："仓廪实而知礼节，衣食足而知荣辱。"礼生于有而废于无。故君子富，好行其德；小人富，以适其力。

《货殖列传》又提出一个著名的观点："天下熙熙，皆为利来；天下攘攘，皆为利往。"司马迁单刀直入，毫不掩饰地指出人心的这个归向，也是弱点。尤其是还说到普通人"羞贫贱"，认为辛苦地绣花织布，还不如"倚市门"当娼妓，即民众的势利导致"笑贫不笑娼"。司马迁认为对于普通人来说，这很正常。这并不是说他很赞成，而是客观揭示真相。

南宋亡国后，郑思肖等人入元不仕，甘当遗民，但是百姓迅即归依。倪瓒的《竹枝词》组诗写道：

> 钱王墓田松柏稀，岳王祠堂在湖西。西泠桥边草春绿，飞来峰头乌夜啼。
> 湖边儿女十五余，乌纱约发浅妆梳。却怪爹娘作蛮语，能唱新声独当垆。
> 湖边女儿红粉妆，不学罗敷春采桑。学成飞燕春

风舞，嫁与燕山游冶郎。

心许嫁郎郎不归，不及江潮不失期。踏尽白莲根无藕，打破蜘蛛网费丝。

阿翁闻说国兴亡，记得钱王与岳王。日暮狂风吹柳折，满湖烟雨绿茫茫。

春愁如雪不能消，又见清明插柳条。伤心玉照堂前月，空照钱唐夜夜潮。

嗈嗈归雁渡春江，明月清波雁影双。化作斜行筝上字，长弹幽恨隔纱窗。

辫发女儿住湖边，能唱胡歌舞踏筵。罗绮薰香回纥语，白氎蒙头如白烟。

钱基博精辟地评论说："遗民之诗，以戏谑出之；盖讽元兵下杭州，而西湖女儿胡歌胡语、胡装胡舞以得盻睐荐陈为幸也。阿翁闻说兴亡，女儿不学采桑，冶容诲淫，唱新声而蒙白氎，不羞自身之服妖，而怪爷娘之语蛮，憨态可掬；与唐人司空图诗之'汉儿尽作胡儿语，却向城头骂汉人'，同一哭不得而笑。谈笑而道，沉哀在心，何异谢翱之慷慨悲歌也！斯诚西子之不洁，而贻湖山以蒙羞者已。《云汉》之诗曰：'周余黎民，靡有孑遗'；非无孑遗也，遗民而犬戎化也，耗矣哀哉！"[1]

这组诗歌的确生动反映了一般百姓以衣食为转移，甘当他族统治者的良民，只要能赚钱活命，不惜向蒙古占领

---

① 钱基博：《中国文学史（中册）》，中华书局，1993，第841—842页。

者献媚献艺。而受过儒道两家文化教育的优秀知识分子，有气节风骨，会在万分的艰难困苦中坚守自己的气节和人生理想。

与此相对照，《后汉书·班彪传》说班彪批评《史记》"序货殖，则轻仁义而羞贫穷"。班固认为《史记》"述货殖则崇势利而羞贱贫，此其所蔽也"（《汉书·司马迁传》），严厉批评《货殖列传》，指责司马迁把经济的地位放得过于高了。班氏父子坚持儒家立场，提的是对于君子即优秀知识分子的要求；面对芸芸众生，班氏父子的论调未免迂腐而不切实际。宋儒提出的"饿死事小，失节事大"，也是针对君子的要求，而非要求民众。作为历史学家，和执政者一样，要看到民众的实际，而不是高悬完美的标准来要求普通人。

越国经济发展与战胜吴国的因果

越王勾践战败，困于会稽之上，乃用范蠡、计然。计然是范蠡的老师，他指出国家强大和发动战争的基础是经济实力，经济实力源于高明的经济政策，并向勾践介绍经济发展的原理。勾践采纳后，"修之十年，国富，厚赂战士，士赴矢石，如渴得饮，遂报强吴，观兵中国（指中原地区），称号'五霸'"。

《越王勾践世家》未提及范蠡的老师计然。裴骃《史记集解》说："计然者，范蠡之师也，名研，故谚曰'研、桑心算'。"又说："计然者，葵丘濮上人，姓辛氏，字文子。其先晋国亡公子也，尝南游于越，范蠡师事之。"计然是三晋人，他的先人是晋国逃亡的公子。

《货殖列传》中写道：范蠡既雪会稽之耻，乃喟然而叹曰："计然之策七，越用其五而得意（满足意愿，实现愿望）。"

越国打败吴国，不是"卧薪尝胆"可以做到的，而是要用卧薪尝胆的精神发展经济实力和军事实力。1998年在美国科罗拉多大学举行的"金庸小说与20世纪中国文学"国际学术研讨会上，李劼提出越国全靠勾践、范蠡用阴谋战胜吴国，并因此而推广到中国历史上，搞阴谋的人往往能获胜掌权。金庸在闭幕式发言时，表示接受："我在这次会上听到华东师大李先生的发言，就很受启发，对修改《越女剑》一篇短篇就很有帮助。李劼先生说，在吴越之争中，吴国是文化很高的文明之国，越国则是文化很低的野蛮之国。越王勾践为了打败吴国，使用了许多野蛮卑鄙的手段，勾践实际上是个卑鄙小人。卑鄙小人取得成功，这在中国历史上好像是条规律。我日后修改《越女剑》将会吸收李劼先生的意见。"

笔者在《胡斐的人生哲学》一书中写道：

> 金庸先生接受了华东师大这位李先生似是而非的误导。李先生的这个观点实则大谬不然。在封建专制制度的培育和保护下，大批卑鄙小人取得成功，战胜光明磊落、心胸坦荡之士，酿成种种悲剧。但决定历史大局之事，不管经历多少曲折，最后获胜的往往是手握仁义的得道之人。吴越之争，勾践本人十年卧薪尝胆，才终获成功。他坦率承认自己的失误导致越国的战败，敢于承担历史责任，又敢于发愤图强，反败为胜。勾践取

得吴越之战的最后胜利关键，还在于他倚重范蠡和文种。……涂又光先生所著《楚国哲学史》[1]是二十世纪中国和世界最杰出的哲学史著作之一，其分析吴越胜负之因果，也极为精辟。由于伍子胥、范蠡和文种都是外流的楚国人才，人才外流，就是文化扩散，因此涂又光先生认为："吴越霸业是楚文化和哲学的延伸。"

范蠡帮助勾践伐吴成功的军事谋略，皆有高明的哲学思想为指导。涂又光先生指出，"范蠡的哲学言喻，具见于《国语·越语下》，颇有空言，实非空言，皆为行事而发。范蠡在越行事的全部内容，是处理越吴关系。其行事的中心是伐吴，其行事的目的是灭吴""伐吴是一个军事问题，又不只是一个军事问题。军事问题讲到根本，就是哲学问题"。

接着具体分析范蠡如何以高明的哲学观点指导勾践。范蠡说："夫国家之事，有持盈，有定倾，有节事。"持盈者应遵循天道、重视天时（教导勾践和越人正确选择伐吴的时机）；定倾者应遵循人道；节事者应遵循地道。所谓"节事"，就是办事。办什么事？一是生产，二是国务。国务为生产服务，以生产为根本。范蠡强调富国强兵，教导勾践和越人，在伐吴时机未到时，努力创造条件，积极进行准备。

涂又光《楚国哲学史》第九章《范蠡·文种》从哲学的角度和高度，全面深入地分析了越吴之战的胜败因果。

---

① 涂又光：《楚国哲学史》，湖北教育出版社，1995；华中科技大学出版社，2016。

勾践灭吴，并非靠卑鄙小人的阴谋诡计去战胜光明磊落的仁义君主，而是依仗杰出人才的出色谋略和长年培育的国力、兵力，击败在骄奢淫逸暴君统治下的吴国。越胜吴后，勾践逼走范蠡，诛杀文种，扼杀人才，越国的霸业便停滞不前，并迅速走向衰落，最终亡于楚国。[①]

商人典范与其致富之道

　　白圭是中国历史上致富的典范之一。在魏文侯时，李克竭力开发土地资源，而白圭乐观时变，喜欢观察市场行情和年景丰歉的变化。当货物过剩低价抛售时，他就收购；当货物不足高价索求时，他就出售。他的致富之道是"人弃我取，人取我与"。

　　他的第二个致富之道是艰辛努力和生活俭朴。他能薄饮食（不讲究吃喝。薄，轻视。），忍嗜欲，节衣服，与用事僮仆同苦乐，趋时（争取、捕捉时机）若猛兽挚（挚：通"鸷"，凶猛）鸟之发（奋发，指动作迅捷）。因此他说："我干经商致富之事，就像伊尹、吕尚筹划谋略，孙子、吴起用兵打仗，商鞅推行变法那样。所以，如果一个人的智慧够不上随机应变，勇气够不上果敢决断，仁德不能够正确取舍，强健不能够有所坚守，即使他想学习我的经商致富之术，我也终究不会教给他的。"因而，天下人谈论经商致富之道都效法白圭。白圭大概是有所尝试，尝试而能有所成就，这不是马虎随便行事就能成的。

　　①　周锡山：《胡斐的人生哲学》，台北生智文化事业有限公司，2001，第250—254页。

另一个典范则是能守住财富的一位女子。巴郡有位寡妇名清，她家的先祖自得到朱砂矿，竟独揽其利数代，家产也多得不计其数。清虽是个寡妇，但能守住先人的家业，用钱财来保护自己不被别人侵犯。秦始皇认为她是个贞妇而以客礼对待她，还为她修筑了女怀清台。司马迁感慨：清是个来自穷乡僻壤的寡妇，却能得到皇帝的以礼相待，名扬天下，这难道不是因为他们富有吗？

秦始皇尊重、礼敬富有才干和魄力的女商人，为她修筑女怀清台，让她名扬天下。秦始皇此举，显示出他取得天下、治理天下的一种宽阔胸怀。与同时期世界其他国家相比，中国妇女的地位是最高的。笔者在《临朝太后——从吕太后到慈禧》①《邹韬奋〈我的母亲〉的社会文化意蕴述论》②等作品中提出了这个观点，《货殖列传》中的这则记载也是一个有力的例证。

《货殖列传》接着记载了春秋各国以及各大都会（如邯郸）的山水、物产基础、所处地理位置和经济发展情况，分析和评论西汉统一天下，对经济发展起了有力的推动作用。司马迁认为这是事物发展的常理。

《货殖列传》记载了众多著名的富人和他们致富的方法：

蜀地卓氏的祖先是赵国人，靠冶铁致富。秦国击败赵

---

① 周锡山：《临朝太后——从吕太后到慈禧》，上海画报出版社，2004；上海锦绣文章出版社，2012。

② 周锡山：《邹韬奋〈我的母亲〉中的社会文化意蕴述论》，韬奋120周年诞辰暨韬奋与抗日战争研讨会论文，复旦大学新闻学院、上海韬奋纪念馆、上海中共党史学会等主办，2015；刊《邹韬奋研究》第四辑，上海三联书店，2016。

国时，迁徙卓氏，卓氏被掳掠，只有他们夫妻二人推着车子，去往迁徙的地方。其他同时被迁徙的人，稍有多余钱财，便争着送给主事的官吏，央求迁徙到近处的葭萌县。只有卓氏说："葭萌地方狭小，土地瘠薄，我听说汶山下面是肥沃的田野，地里长着大芋头，形状像蹲伏的鸱鸟，人到死也不会挨饿。那里的百姓善于交易，容易做买卖。"于是要求迁到远处，结果被迁移到临邛，他非常高兴，就在有铁矿的山里熔铁铸械，用心筹划计算。后来，他的财势压倒滇蜀地区的居民，富有到奴仆多达一千人。他在田园水池尽享射猎游玩之乐，堪比国君。这个卓氏就是卓文君家族，其祖上在被迫从繁华的故乡迁移到穷乡僻壤时，思路与众不同，情愿舍近取远，去向遥远的蜀地，却是适合发展的地方，因此致富。

宣曲任氏的先祖，是督道仓的守吏。秦朝败亡之时，豪杰全都争夺金银珠宝，而任氏独自用地窖储藏米粟。后来，楚汉两军相持于荥阳，农民无法耕种田地，米价每石涨到一万钱，任氏卖谷大发其财，豪杰的金银珠宝全都归于了他。一般富人都争相奢侈，而任氏却折节从俭，致力于农田畜牧。田地、牲畜，一般人都争着低价买进，任氏却专门买进贵且好的。任家数代都很富有，但任氏家约规定，不是自家种田养畜得来的物品不穿不吃，公事没有做完自身不得饮酒吃肉，以此作为乡里表率，所以任氏富有，皇上也尊重他。任氏是舍贵取贱，不囤积金银珠宝，而是购藏粮食，从而在战时发财。与范蠡、白圭一样，在勤奋生产的同时崇尚节俭。

因此司马迁指出"夫纤啬筋力，治生之正道也"，又紧接着说"而富者必用奇胜"，而此类致富的人"皆诚壹之所致"。

司马迁说，以上列举的这些人都是显赫有名、与众不同的人物，他们都不是靠爵位封邑、俸禄收入或者靠舞文弄法、作奸犯科而发财致富的，而是靠推测事理、进退取舍（买进卖出）、随机应变来获利，以经营商工末业致富，靠购置田产从事农业守财，以各种强有力的手段夺取一切，用法律政令等文字方式维持下去，变化多端大略如此，所以是值得记述的。至于那些致力于农业、畜牧、手工、山林、渔猎或经商的人，凭借权势和财力而成为富人，大者压倒一郡，中者压倒一县，小者压倒乡里，那更是多得不可胜数。

以上是司马迁总结出的一条致富规律，接着他又总结两条说：

第一条，"夫用贫求富，农不如工，工不如商，刺绣文不如倚市门（'倚门卖笑'，充当妓女以谋生），此言末业，贫者之资也"。

要从贫穷达到富有，务农不如做工，做工不如经商，刺绣织锦不如倚门卖笑，这里所说的经商末业，是穷人致富凭借的手段。

他在记载春秋战国时期各国经济发展时，谈及"今夫赵女郑姬……目挑心招"，贫民家的姣好女子，靠着色相赚钱。司马迁不是提倡和鼓励这样做，而是当事者做这些行业，当然自知这不是最佳选择，但是没有办法，因为贫者只能靠此来谋生。

第二条，"由是观之，富无经业，则货无常主，能者辐凑，不肖者瓦解"。由此看来，致富并不靠固定的行业，而财货也没有一定的主人，有本领的人能够集聚财货，没有本领的人则会破败家财。

在势利的社会，"千金之家比一都之君，巨万者乃与王者同乐。岂所谓'素封'者邪？非也？"

张守节《史记正义》："言不仕之人，自有园田收养之给，其利比于封君，故曰素封也。"

《货殖列传》的内容，上起春秋，下至汉代，北至燕、代，南至儋耳；天时、地理、人物、风情，各地有各地的环境。而且各人有各人的角色，"举生财之法，图利之人，无贵无贱，无大无小，无远无近，无男无女，都纳之一篇之中，使上下数百年之贩夫竖子，伧父财奴，皆赖以传，几令人莫名其用意所在。……盖财货者，天地之精华，生民之命脉，困迫豪杰，颠倒众生，胥是物也。"（李景星《四史评议·史记评议》卷四）经济规律、致富方法、社会追求，包罗万象，面面俱到。

钱锺书在《管锥编》中将《货殖列传》的内容和观点提炼得很清晰，显示了司马迁务实的经济思想。钱锺书引扬雄《法言·渊骞》："或问货殖。曰'蚊'。"然后解释说："此传所写熙攘往来，趋死如鹜，嗜利殉财诸情状，扬雄以只字该之，以么麽象之，兼要言不烦与罕譬而喻之妙。"[1]这些唯利是图的芸芸众生，像嗜血之蚊一样众多、渺小和可怜。

---

① 　钱锺书，《管锥编（第一册）》（第二版），中华书局，1986，第388页。

① 　钱锺书，《管锥编（第一册）》（第二版），中华书局，1986，

① 　钱锺书，《管锥编（第一册）》（第二版），中华书局，1986，第388页。

这是钱锺书的发挥。钱锺书还列举宋人名家经常引用的《楞严经》卷五月光童子言："如是乃至三千大千世界内所有众生，如一器中储蚊蚋，啾啾乱鸣，于分寸中鼓发狂闹。"还罗列了西文中的相似描写。

司马迁揭开历史真相，不怕人人指责或误会，承担了历史家的职责。与此相关的是社会大众"只重衣衫不重人"式的势利观和种种世态炎凉状况，司马迁在《史记》中有多处感慨，钱锺书《管锥编》中也有多处呼应和赞同。

第四节　人才选拔与人才自律

《史记》是一部三千年的英雄史。

英雄分两类，一类是英明的君王和伯乐，他们选拔人才，而且他们中的不少人本人即是难得的人才；另一类是尚未成功的英雄，有准备地等待选拔的机会而成就功业。

人才选拔出于公心

英明的君王，其英明首先体现在识人用人上。尧舜禹时代，执政的尧舜，正确物色、识别和提拔了下一任君王。周朝君王的祖先太王看中了隔代的孙子昌，所以决定传位给第三子季历，以便以后传位给季历之子昌。这位昌，就是后来的周文王，是他使周族在艰难的环境下生存、发展，为其子周武王推翻商朝、建立周朝打下坚实的基础。

这是人才选拔。太王放弃长子、次子，选第三子为接班人，因为第三子季历十分贤能，其子昌更是十分难得的有圣德的人才。

太王放弃的长子吴太伯与次子仲雍，也是难得的人才，他们自觉让贤，躲往荆蛮，即江南蛮荒之地，像当地蛮人一样身上刺满花纹，剪断头发，以示不再继位，把继承权让给季历。这是人才自律的典范。正因他们也是人才，所以他们有能力在遥远的他方打开另一片天地，建立了吴国。

《史记》将《吴太伯世家》列为世家第一篇。越国是大禹的后裔建立的，时间更早，《越王勾践世家》排到第十一。《史记》重视吴国创始者的气度，由此可见。

十二本纪、三十世家的传主是历代王朝和诸侯国的君王，其中多位是能识人用人的君王，也有多人是杰出人才，所以能开国、兴国或称霸。七十列传中的传主大多是杰出人才，他们得到统治者的赏识和提拔，从而充分发挥才华，创立功业。

君王中，正确识别和选拔、使用人才的典范是汉高祖刘邦。另有许多人才的记载，由于《史记》的记载和愉扬，今已家喻户晓。下面我们举一些鲜为人知的精彩例子。

吴国太子季札的谦让品格和出众智慧

《吴太伯世家》记载季札坚辞掌国，放弃君位，可是他的政治眼光和素质实是一流的。司马迁赞叹："延陵季子之仁心，慕义无穷，见微而知清浊。呜呼，又时其闳览（见多识广）博物（博学多知）君子也！"司马迁赞美季札仁爱心怀，仰慕道义终生不止，能够见微知著、辨别清浊，是见多识广、博学多知的君子。清浊，喻指善恶、治乱、贤愚等对

立的范畴，这里尤指季札能通过观乐来知道国家的治乱
兴衰。

我们来看季札的政治眼光有多敏锐，他奉吴王僚之命，
出使多个国家，一路发表言论，无不正确预见该国的前景：

> 去（离开）鲁，遂使齐。说晏平仲曰："子速纳邑与
> 政（交出封邑与政事职务）。无邑无政，乃免于难。齐国
> 之政将有所归；未得所归，难未息也。"故晏子因陈桓
> 子以纳政与邑，是以免于栾、高之难。（栾、高之难：《左
> 传·昭公八年》记载齐景公十四年，齐国大夫栾施、高强作乱。）

季札预见齐国的政权快要易手了，易手之前，齐国就
会生祸乱，劝说晏平仲说："你快些交出你的封邑和官职。
没有了这两样东西，你才能免于祸患。"因此晏子通过陈桓
子交出了封邑与官职，所以在栾、高二氏作乱的祸难中得
以身免。这位《晏子将使楚》这篇有名篇章记叙的杰出政
治家，还要靠季札的指点才遇难成祥。

去齐，使于郑。见子产，如旧交。谓子产曰："郑之执政
（指郑国大夫伯有）侈（奢华放纵，盛气凌人），难将至矣，政必及子。
子为政，慎以礼。不然，郑国将败。"

因子产是天下闻名的贤臣，所以季札与他一见如故。
《左传·襄公二十九年》记载季札"见子产，如旧相识。与
之缟带，子产献纻衣焉"。

季札预见的此难，次年果然发生。《左传·襄公三十
年》：秋七月，伯有"又将使子晳如楚，归而饮酒。庚子，

子晳以驷氏之甲伐而焚之（烧毁伯有的窟室）。伯有奔雍梁，醒而后知之，遂奔许"癸丑，晨，（伯有）自墓门之渎入，因马师颉介（穿上铠甲）于襄库，以伐旧北门。驷带率国人以伐之。……伯有死于羊肆"。子产是一流的政治家，也靠季札的指点大难不死。

季札劝说子产避开执政者伯有，他绝对不会去劝说伯有改正错误，因为此类败类是不听良言相劝、不可能痛改前非的。

离开郑国后，季札到了卫国。非常欣赏蘧瑗（qú yuàn）、史狗、史鳅（qiū）、公子荆、公叔发、公子朝，说："卫国君子很多，因此国家无患。"从卫国到晋国，季札要住在宿邑，听到鼓钟作乐之声，说："奇怪！我听说有才无德，祸必加身。这孙文子正是为此得罪国君，小心翼翼尚恐不够，还可以玩乐吗？孙文子在这里，就如燕巢于帷幕之上那样危险。而且国君尚在棺中停殡未葬（古人死后装殓入棺，并不立即埋葬。而是停放于堂之西阶，过一段时间，择吉时再行下葬），难道可以作乐吗？"于是离开了。孙文子听说后，一辈子不再听音乐。

《卫康叔世家》载此事详：过宿，孙林父（孙文子）为击磬，曰："不乐，音大悲，使卫乱乃此矣。"孙文子曾攻击卫献公，献公逃到齐国。孙文子立卫殇公。后来孙文子又要求晋国扣押殇公，再立献公。季札认为孙文子的行为是"辩而不德"，而且会得罪国君。

季札到晋国，欣赏赵文子、韩宣子、魏献子，说："晋国政权将要落到这三家吧。"临离开晋国时，对叔向说："你要多加保重啊！晋国国君奢纵而良臣又多，大夫又很富有，政权将落于韩、赵、魏三家。你为人刚直，定要慎思如何免于祸患。"他竟然预见到三家分晋的重大历史走向。

季札奉吴王僚之命，出使各国，等季札回到吴国，吴国竟然发生了政变，阖闾杀了吴王僚。他怎么办呢？

季札回到吴国，一见这个结局，他为政变者分析说："只要对先君的祭祀不废止，人民不至于没有国君，社稷之神得到奉祀，那就是我的国君。……公子光也是吴先君寿梦的后代，他做国君也不会废绝对祖先的祭祀，政权并没有易姓。"宛转表达的言外之意是不反对公子光做国君。接着说："我敢怨责谁呢？我只有哀悼死者，事奉生者，来对待天命安排。祸乱不是自己制造，就应听从新立之君，这是先人的原则啊。"于是季札到吴王僚的墓前，回报了自己完成外交使命的经过，为吴王僚痛哭了一番，之后回到朝廷中自己的位置等待新君之命。

他既对旧君负责，也不无谓地愚忠、去挑战新君，而是识时务者为俊杰，认清形势，因势利导。

季札在出使途中还有一个插曲：他刚出使时，北行造访徐国国君。徐君喜欢季札的宝剑，但嘴里没敢说，季札心知其意，但因还要出使中原各国，没将宝剑献给他。回来又经徐国，徐君已死，季札解下宝剑，挂在徐君坟墓树上后离开。随从人员说："徐君已死，那宝剑还给谁呀！"季子说："不对，当初我内心已答应赠他，怎能因徐君已死而违背自己的心愿呢！"

季札虽然英明贤能，但还是有两大问题：第一，吴国朝野本来是要给他君位的，是他自己坚拒的。从季札的以上言行看，他当吴王，吴国就不会在夫差手中落了个兵败和灭亡的凄惨结局。但是季札放弃到手的王位，此为吴国之不幸。连带的第二个问题，是季札能够精确预见这么多国家的前途，但不能预测本国的发展前景。司马迁没有意识到这两个问题，大史家还是有观察的盲点。

汉武帝文臣的尽职和清廉自守

汉武帝时期，国富兵强，外有强将抵御敌寇，内有文臣辅助朝廷，其中的优秀者尽职而又能清廉自守，他们是西汉盛世的中流砥柱。

汉武帝时的名臣汲黯好学，又好仗义行侠，很注重志气节操。他平日居家，品行美好纯正；入朝，喜欢直言劝谏，屡次触犯龙颜，时常仰慕傅柏和袁盎的为人。他与灌夫、郑当时和宗正刘弃交好。他们也因为多次直谏而不得久居其官位。汉武帝多次恼怒于汲黯的犯颜直谏，但是汲黯却一生得到汉武帝的信用，直到他在淮阳郡任上逝世，一直享受诸侯国相的俸禄待遇。

汲黯多病，有一次已抱病三月之久，皇上多次恩准他休假养病，他的病体却始终不愈。最后一次他病得很厉害，庄助替他请假，皇上问道："汲黯这个人怎么样？"庄助说："让汲黯当官执事，没有过人之处。然而他能辅佐年少的君主，坚守已成的事业，以利诱之他不会来，以威驱之他不会去，即使有人自称像孟贲、夏育一样勇武非常，也不能憾夺他的志节。"皇上说："是的。古代有所谓安邦保国的忠臣，像汲黯就很近似他们了。"

汲黯的好友郑当时，字庄，他也因多次直谏而不得久居其官位。

郑庄做右内史时，告诫属下官吏说："有来访者，不论尊贵或低贱，一律不得让人滞留门口等候。"他敬执主人待客之礼，身居高位却能屈居于客人之下。郑庄廉洁，又不添置私产，仅依靠官俸和赏赐所得供给各位宾客，而所馈赠的礼物，只不过是用竹器盛的些许吃食。每逢上朝，遇有向皇上进言的机会，他必会称道天下年高有德的人。他推举士人和下属的丞、史诸官吏，委实津津乐道，饶有兴味，言语中时常称赞他们比自己贤能。他从不对下属官吏直呼其名，与属下谈话时，谦和得好像生怕伤害了对方。听到别人有高见，便马上报告皇上，唯恐延迟误事。因此，崤山以东广大地区的士人和知名长者都众口一词称赞他的美德。晚年，皇上认为他年事已高，让他去做汝南郡太守。几年后，卒于任上。

《汲郑列传》最后，司马迁总结说："郑庄、汲黯始列为九卿，廉，内行修絜。此两人中废，家贫，宾客益落。及居郡，卒后家无余赀财。庄兄弟子孙以庄故，至二千石六七人焉。"

他们犯颜直谏，不怕得罪汉武帝，汉武帝也非常恼火，他们有错即予以罢官。可是他们最后都得善终，是因汉武帝善待他们。由此可见，汉武帝是热爱和信用这些难得的人才的。

即使是酷吏和佞幸之徒，其清廉和自洁，也是令人瞩目的。

　　早在文景时期，酷吏郅都，就是一个难得的清官。

　　济南郡的瞷姓宗族共有三百多家，强横奸猾，济南太守不能制服他们，于是汉景帝就任命郅都当济南太守。郅都刚来到济南郡所，就把几个瞷氏家族首恶分子的全家都杀了，其余的瞷姓人都吓得大腿发抖。过了一年多，济南郡路不拾遗。周围十多个郡的郡守畏惧郅都就像畏惧上级官府一样。

　　郅都为人勇敢，公正廉洁，他常常对自己说："已经背离父母来当官，我就应当在官位上奉公尽职，保持节操而死，终究不能顾念妻子儿女。"

　　后来郅都调升中尉之官。那时丞相周亚夫官职高而又傲慢，而郅都见到他也只是作揖，并不跪拜。当时汉景帝一心恢复国家的经济实力，实行"减轻徭役，降低赋税"的政策，因而人民安居乐业，极少有百姓触犯法律之事，犯法者多为皇亲国戚、功臣列侯。郅都施行严酷的刑法，不畏避权贵和皇亲，凡犯法违禁者，不论何官何人，一律以法惩之。列侯和皇族之人见到他，都侧目而视，称呼他为"苍鹰"。

　　这样的酷吏，是清官能吏，是不能否定的。

　　汉武帝时期的酷吏赵禹，为人廉洁傲慢，当官以来，家中没有食客。三公九卿前来拜访，赵禹却始终不回访答谢，务求断绝与朋友和宾客的来往，独自一心一意地处理自己的公务。他一切以法令条文为准，也不去复查，以求追查从属官员的隐秘罪过。

张汤虽是汉武帝时代最著名的酷吏，但自身修养很好，所以即使他执法严酷，也得到了好名声。张汤最后遭人陷害，只能自杀。自杀前，张汤就写信向皇上谢罪说："张汤没有尺寸之功，起初只是文书小吏，陛下宠幸我，让我位列三公之位，我无法推卸罪责，然而阴谋陷害张汤的罪人是三位长史。"

张汤死时，家产总值不超过五百金，都是所得的俸禄和皇上的赏赐，没有其他的产业。张汤的兄弟和儿子们想厚葬张汤，但张汤的母亲说："张汤是天子的大臣，遭受恶言诬告而死，何必厚葬呢？"于是就用牛车拉着棺材，没有外椁。天子听到这情况后，说："没有这样的母亲，生不出这样的儿子。"就穷究此案，把三个长史全都杀了。丞相庄青翟也自杀。皇上怜惜张汤，之后提拔了他的儿子张安世。

汉武帝时期的另一个酷吏义纵，在少年时代，曾与张次公结为强盗团伙，一块抢劫。他有个姐姐叫义姁，凭医术受到王太后的宠幸。王太后问义姁说："你有儿子和兄弟当官吗？"义姁说："有个弟弟，品行不好，不能当官。"这位姐姐直言弟弟品行不好，不能当官，正是一位正直贤德的好人。

太后将此告诉了皇上，皇上听后任义姁的弟弟义纵为中郎，补上党郡中某县的县令。义纵执法严酷，很少有宽和包容的情形，因此自他到任后县里没有拖延未办的事。后来迁为长陵和长安的县令，他仍旧依法办理政事，不回避贵族和皇亲。因为逮捕审讯太后的外孙脩成君的儿子仲，皇上认为他有能力，任命他为河内都尉。到任后，义纵就把当地豪强穰氏之流灭了族，使河内出现了路不拾遗的局面。他并未因为太后提携自己而徇私枉法，秉公处置了太后的亲戚。

义纵从河内调任南阳太守后，马上着手查办宁成家族的劣迹，不仅"破碎其家"，而且追根究底，将宁成治罪。以致孔姓和暴姓之流的豪门都逃亡而去，南阳的官吏百姓都怕得谨慎行动，不敢有错。这时汉朝军队屡次从定襄出兵打匈奴，定襄的官吏和百姓人心散乱、世风败坏，朝廷于是改派义纵做定襄太守。义纵到任后，以杀立威，以"为死罪解脱"的罪名，斩杀四百余人。这之后，全郡人都被吓得胆战心惊，不寒而栗，定襄郡很快得到治理。

义纵廉洁，他治理政事仿效郅都，后来被无辜处死。像义纵这样的酷吏，虽有时也会有失误，但基本上是忠于职守的好官。

平津侯、丞相公孙弘是齐地菑川国薛县人，字季。他年轻时当过薛县的监狱官员，因为犯了罪，被免官。公孙弘家里穷，只得到海边去放猪，直到四十多岁时，才学习了《春秋》及各家解释《春秋》的著作。他奉养后母孝顺而谨慎。

武帝元光五年（前130年），皇帝下诏书，征召文学博士，已经七十岁的公孙弘的对策文章得了第一名。公孙弘其人雄伟奇异，见闻广博，经常说人主的毛病在于心胸不广大，人臣的毛病在于不节俭。后母死后，他守丧三年。每次上朝同大家议论政事，他总是先陈述种种事情，让皇上自己去选择决定，不肯当面驳斥和在朝廷上争论。于是皇上观察他，发现他品行忠厚，善于言谈，熟悉文书法令和官场事务，而且还能用儒学观点加以文饰。皇上非常喜欢他，在两年之内，他便官至左内史。

公孙弘向皇帝奏明事情，有时意见不被采纳，他也不在朝廷上加以辩白。他曾经和主爵尉汲黯请求皇上分别召见，汲黯先向皇上提出问题，公孙弘则随后把问题阐述得清清楚楚，皇上常常很高兴。他所说的事情几乎都能被采纳，从此，公孙弘一天比一天受到皇帝的亲近，地位也显贵起来。他还曾经与公卿们事先约定好了要同皇帝谈论的问题，但到了皇上面前却违背约定，转而顺从皇上的意旨。汲黯在朝廷上责备公孙弘说："齐地之人多半都欺诈而无真情，他开始时同我们一起提出这个建议，现在全都违背了，不忠诚。"皇上问公孙弘，公孙弘谢罪说："了解我的人认为我忠诚，不了解我的人认为我不忠诚。"皇上赞同公孙弘的说法。皇上身边的受宠之臣每每诋毁公孙弘，但皇上却越发厚待他。

汲黯说："公孙弘处于三公的地位，俸禄很多，但却盖布被，这是欺诈。"皇上问公孙弘，公孙弘谢罪说："有这样的事。九卿中与我好的人没有能超过汲黯的了，但他今天在朝廷上诘难我，确实说中了我的毛病。我有三公的高贵地位却盖布被，确实是巧行欺诈，妄图钓取美名。况且我听说管仲当齐国的相，有三处住宅，其奢侈可与齐王相比，虽齐桓公依靠管仲称霸，但这也是对国君的越礼行为。而晏婴为齐景公的相，吃饭时不吃两样以上的肉菜，他的妾不穿丝织衣服，齐国也治理得很好，这是晏婴向下面的百姓看齐。如今我当了御史大夫，却盖布被，这是从九卿以下直到小官吏没有了贵贱的差别，真像汲黯所说的那样。况且没有汲黯的忠诚，陛下怎能听到这些话呢！"武帝认为公孙弘谦让有礼，越发厚待他，终于让公孙弘当了丞相，封为平津侯。

公孙弘对恶意攻击他的汲黯，采取有则改之，无则加勉的态度，还赞扬汲黯出于对朝廷的忠诚而批评自己。这种态度虽然是表面的，但几乎是无人能够学到的。

公孙弘为人猜疑忌恨，外表宽宏大量，实则城府很深。那些曾经同公孙弘有仇怨的人，公孙弘虽然表面与他们相处得很好，但暗中却嫁祸于人予以报复。杀死主父偃，把董仲舒改派到胶西国当相的事，都是公孙弘的主意。

公孙弘每顿饭只吃一个肉菜和脱壳的粗米饭，老朋友和他喜欢的门客，都靠他供给衣食，公孙弘的俸禄都用来供给他们，家中没有余财。士人都因为这个缘故认为他贤明。

《平津侯主父列传》最后的"太史公曰"："公孙弘的品德行为虽然美好，但也是因为遇到了好时机。汉朝建国八十余年了，皇上正崇尚儒家学说，招揽才能超群的人才，以发展儒家和墨家学说，公孙弘是一个被选拔出来的人。"

司马迁公正指出公孙弘以布衣而封侯，官至丞相，位列三公的经历，说明汉武帝珍惜、爱护和正确使用人才的决断和政策是高明的。司马迁肯定公孙弘官高戒奢，躬行节俭，倡导儒学，有益于教育事业发展的功绩；也肯定了他谏止征伐匈奴和罢通西南夷，虽然是错误的，但他是出于关心民间疾苦的思想和行为；同时揭示和批评了他有时有曲学阿世、"为人意忌"等缺失。

吴起、李广、卫青众名将的严于律己和高风亮节

不仅文官，武将中也有很多既善于领兵打仗，又廉洁清正的好官。

战国时的吴起在鲁国率领军队攻打齐国，大败齐军，却因功高而受人妒忌，于是鲁国就开始有人诋毁他。吴起听说魏国文侯贤明，想去为他效力。文侯问李克："吴起这个人怎么样啊？"李克回答说："吴起贪而好色，然而要论带兵打仗，就是司马穰苴也不如他。"于是魏文侯就任用他为主将，攻打秦国，夺取了五座城池。

吴起做主将，跟最下等的士兵穿一样的衣服，吃一样的伙食，睡觉不铺垫褥，行军不乘车骑马，亲自背负着捆扎好的粮食和士兵们同甘共苦。有个士兵生了恶性毒疮，吴起替他吸吮脓液。这个士兵的母亲听说后，就放声大哭。有人说："你儿子是个无名小卒，将军却亲自替他吸吮脓液，怎么还哭呢？"那位母亲回答说："不是这样啊，往年吴将军给我丈夫吸吮毒疮，我丈夫就在战场上勇往直前，最终死在敌人手里。如今吴将军又给我儿子吸吮毒疮，我不知道我儿子又会在什么时候死在什么地方，因此我才哭啊。"

魏文侯因为吴起善于用兵打仗，廉洁不贪，待人公平，能取得所有将士的欢心，所以任命他担任西河地区的长官，来抗拒秦国和韩国。

魏文侯死后，吴起事奉他的儿子魏武侯。武侯泛舟黄河顺流而下，船到半途，回过头来对吴起说："山川是如此

的险要、壮美，这是魏国的瑰宝啊！"吴起回答说："国家政权的稳固，在于施德于民，而不在于地理形势的险要。从前三苗氏左临洞庭湖，右濒彭蠡泽，但其不修德行，不讲信义，所以夏禹能灭掉他；夏桀的领土，左临黄河、济水，右靠泰山、华山，伊阙山在其南边，羊肠坂在其北面，因为他不施仁政，所以商汤放逐了他；殷纣的领土，左边有孟门山，右边有太行山，常山在其北边，黄河流经其南面，因为他不施仁德，武王把他杀了。由此看来，政权稳固在于对百姓施以恩德，不在于地理形势的险要。如果您不施恩德，即便是同乘一条船的人，也会变成您的仇敌。"武侯回答说："讲得好。"

吴起与魏武侯的上述对话，在本书第二章第三节论述吴起军事谋略时也有引用，是为赞誉吴起识见高远，坚守对百姓施以恩德的仁义原则，在这里再次引用，是另从他性格刚正的角度，评论其品质优秀，为人正直坦荡，对国君的错误认识和言论能当场给以针锋相对的批评。

后来吴起遭到继任宰相公叔之忌，离开魏国去往楚国。楚悼王早就听说吴起贤能，他刚到楚国就任命他为国相。吴起执法严明，令出必行，淘汰并裁减无关紧要的冗员，停止对疏远贵族的按例供给，将节约的财富用于强兵。吴起在楚国国内进行的大刀阔斧的改革，使楚国国力逐渐强大。

吴起治军和治国有方，富有谋略，更能爱惜士卒，他的一生是在战场上战无不胜的一生。

西汉名将李广，为官清廉，得到赏赐就分给他的部下，饮食总与士兵在一起。李广一生，做二千石俸禄的官共四十多年，家中却没有多余的财物，始终也不谈及家产方面的事。李广带兵，缺粮断水时，见到水，士兵没有都喝到水，李广不会靠近水；士兵没有都吃上饭，李广一口饭也不尝。士兵因此爱戴他，乐于为他所用。李广作战勇敢，奋不顾身，每次突遇匈奴重兵包围，他都能以少敌众，安然返回。

汉武帝任命的大将军卫青，比李广更为杰出：

> 大将军遇士大夫以礼，与士卒有恩，众皆乐为用。
>
> 骑上下山如飞，材力绝人如此，数将习兵，未易当也。
>
> 大将军号令明，当敌勇，常为士卒先；须士卒休，乃舍；穿井得水，乃敢饮；军罢，士卒已逾河，乃度。皇太后所赐金帛，尽以赐军吏，虽古名将弗过也。

淮南王在发动叛乱前，为预防朝廷派遣大将军卫青前来镇压，向谋士伍被询问："大将军何如人也？"伍被回答说："我有一位好朋友黄义，他曾跟随大将军出击匈奴，向我谈及过大将军的情况，另有谒者（掌'宾赞受事'的官员）曹梁，从长安来此公干，也曾向我谈及大将军的为将和为人。"上述第一段是黄义的介绍，第二段是曹梁的介绍。

《史记》和《汉书》都在很不起眼的地方记载了卫青的情况和当时人们的评价，前者记入《淮南衡山列传》，后者在《蒯伍江息夫传》；而《资治通鉴》记载汉武帝时期的历史时，卫青的以上两则评价，只用了第一条，而丢失了第二条。所以连众多史学家和《史记》的研究家也不知道这个重要的资料。

笔者在《论历史题材的文艺作品的价值趋向》一文中分析这两条评价说：大将军卫青尊重知识分子，尤其是"与士卒有恩"，对士兵有恩情。接下来的种种赞扬，都体现了"与士卒有恩"这个中心。

第一，卫青骑术高明，在地形陡峭、植被复杂的荒山野岭能骑马如飞地上山和下山，这要靠极其有力的双腿夹住马，是具有杂技艺术家的高超功夫才能做到的绝技，这只是他军事技艺无人可及，即"材力绝人如此"的诸种本领中的一种而已。

将军的骑射技术高，不仅作战时能对敌人产生较大的杀伤力和威慑力，而且平时训练军官和士兵也能从内行的角度制定高标准严要求，从而提高官兵的军事技术，这两项都能减少伤亡，容易胜敌。他用这么高的军事技术训练士兵和率军打仗，带领大家每战必胜，立功受奖，这的确是卫青对士兵的第一个恩德。

第二，号令分明。要做到号令分明，既要公正——让亲信的人攻坚，布置的任务适当，又要正确——尤其是战场上的战况瞬息万变，指挥上小有失误就会造成士兵不必要的伤亡，以后士兵执行命令就要打折扣，将军就没有了威信，还要及时，在战场上用最快速度发布正确的命令，就能及时抓住战机而获胜。这是卫青对士兵的第二个恩德。

第三，大敌当前，他先于士卒，冲锋在前，而休息在后。冷兵器时代，领兵将军的个人武艺、胆略起着决定性的作用，充分体现了"榜样的力量是无穷的"真理，鼓舞士气，莫此为甚。而军中地位最尊贵的统帅，不惜生命，勇往直前，无私无畏，就充分弘扬了正义战争的正气，他带头杀敌，部下尤其是普通士兵的战斗豪情就会油然而生，为国立功、显示自己勇敢和作战才能的激情极度迸发，部队的战斗力往往能够超常发挥。这是卫青对士兵的第三个恩德。

第四，在沙漠地带行军打仗，极其辛苦和劳累，他要让士兵都休息了，自己才休息，也是极不容易的。这是卫青对士兵的第四个恩德。

第五，沙漠地带缺水，生命受到严重威胁。他要等到挖井后得到足够的水，他才"敢"饮。这是卫青对士兵的第五个恩德。

第六，行军或退兵时他让士卒先渡河，自己在后压阵。古代打仗，渡河最危险。如果大部队已经渡河，敌军追上来，最后渡河的人，就有被歼灭的最大危险。大将军卫青让士兵先渡河，他亲自在后面做保卫，士卒全部过河后，他才渡河。这是卫青对士兵的第六个恩德。

以上六个方面的表现，处处体现了卫青将士兵的生命看得重于自己的生命，他将自己的生命置之度外，去优先保护士兵的生命，这难道不是"与士卒有恩"的具体而卓特的表现吗？

最后，皇太后给的赏赐，他一分不留，全部给了部下。不管文臣武将，当一个清官已属不易，而能将出生入死、受尽辛劳换来的应得的赏赐也丝毫不留，全部送给部下而不留给儿子，这样的表现可以说是罕有人能与之相比的，但是卫青的伟大，还不止于此。

卫青功高位尊，却能一直保持行事小心谨慎，具有遇事忍让、退让的态度和风度，胸襟宽阔，待人仁慈，极为难得。仅举两例：

卫青任大将军后，列于九卿的主爵都尉汲黯与他分庭抗礼，卫青不仅不生气，还愈加认为汲黯是个贤臣，多次向汲黯请教朝廷上碰到的疑难问题，并给予他比平日更高的礼遇。汲黯此人因为经常犯颜直谏，不能久留朝廷为官、居官位，只有卫青能宽容和真诚地尊重他。

李广死后，李敢怨恨卫青指令其父李广走东路，从而导致李广迷路失期、饮恨自杀。他误认为他父亲是受卫青迫害才造成悲惨的结局，他气愤难平，竟大胆地报复，打伤了卫青。卫青作战勇武，他如果保护自己，与李敢对打，即使不获胜，至少也不会受伤。他受伤，是因为他不还手。卫青不还手的原因有三个：

其一，他同情李敢。李广自杀，作为儿子的李敢极度伤心，在极度伤心下丧失理智，打伤卫青，善良的卫青同情他。

其二，他尊重李敢。李敢误以为父亲受卫青的迫害而死，前来报仇，打伤卫青。虽然他报仇的目标不对、报仇的方法不对，但他为了父亲冤死报仇、不考虑自己后果的孝心和勇气，获得了卫青的尊重和赞赏。

其三，他爱护李敢。爱护李敢，就是对已经亡故的名将的一种敬重和善待；爱护李敢，就是对军中青年勇将的呵护和期待，国家需要这样的战将，汉匈战争需要这样的战将。

虽然卫青被打伤伤，但他不仅没有惩处、报复李敢，还大度地将这件事情隐匿下来，以免武帝知晓后惩罚李敢。

卫青靠自己的勇武、智慧成为汉朝第一个战胜强敌匈奴的将军，而且每战必胜，功勋卓著，从而拜将封侯，建立不朽的功业。①

---

① 周锡山：《论历史题材的文艺作品的价值趋向》，中国文联理论研究室编，《文艺繁荣与价值引领：第五届当代文艺论坛文集》，中央文献出版社，2011，第148—151页。

第三章　崇高的激情——《史记》的精神境界和人生智慧

《史记》作为一部伟大的历史著作和文学著作，弘扬了中国文化的崇高精神和人生智慧，内容丰富精彩，值得广大青年反复阅读、长年思考和终身学习。

第一节　发愤著书与重于泰山

在中国，司马迁的名字可谓如雷贯耳，是人尽皆知的伟大历史学家、文学家，他所著的《史记》是中国文化中的经典之一。可是在司马迁生活的时代，司马迁和他的历史学家祖先地位极低，低到像供皇帝笑乐的小丑一般。司马迁在《报任安书》中沉痛地说："仆之先人，非有剖符丹书之功，文史星历，近乎卜祝之间，固主上所戏弄，倡优畜之，流俗之所轻也。"

剖符和丹书铁券都是立过大功的大臣才有的待遇，而司马迁说他的祖先和他自己，地位低得像倡优一样，非常可怜，为人所看不起。

仗义执言与发愤著书

司马迁本来地位就很低，又为李陵辩护，惹怒了汉武帝，沦落成囚犯，下狱受刑，差一点儿丢了性命：

> 假令仆伏法受诛，若九牛亡一毛，与蝼蚁（蝼蛄和蚂蚁，泛指微不足道的小生命）何异？而世又不与能死节者比，特以为智穷罪极，不能自免，卒就死耳。何也？素所自树立（自己用来立身的，指工作和职位）使然。人固有一死，死，有（或）重于泰山，或轻于鸿毛，用（因）之（死）所趋（为什么去死）异也。

这段话中，"人固有一死，死，有重于泰山，或轻于鸿毛"成为千古名言。司马迁为了完成《史记》，忍辱而活，就是有"重于泰山"此语的自我激励。这句名言也成为仁人志士在绝境中选择的行为标准。

司马迁接着总结古人受辱的等级，一共有十种等级：

> 太上不辱先，其次不辱身，其次不辱理（纹理）色（脸色），其次不辱辞令；其次诎（qū，同"屈"）体（身体被捆绑）受辱，其次易服（换上罪人的衣服）受辱，其次关（戴上）木索（枷锁）、被箠（chuí）楚（木杖和荆杖）受辱，其次剔（通"剃"）毛发（头发剃光，受髡 kūn 刑）、婴（环绕）金铁受辱（颈上套着铁圈，受钳刑），其次毁肌肤、断支（同"肢"）体受辱，最下腐刑（宫刑）极矣！

第十等是腐刑，即破坏生殖机能的酷刑，仅次于死刑。司马迁不幸遭受了腐刑，忍受了极大的耻辱。

接着他想到从商朝末年周文王、秦朝末年相国李斯和汉初诸王、功臣被囚：

　　且西伯（周文王），伯（方伯，一方诸侯之长）也，拘牖（yǒu，两《本纪》及《文选》均作"羑"，音同）里；李斯，相也，具五刑；淮阴，王也，受械于陈；彭越、张敖，南乡称孤，系狱具罪；绛侯诛诸吕，权倾五伯（春秋五霸。伯，通"霸"），囚于请室（监狱）；魏其，大将也，衣赭（zhě，穿红褐色的囚服衣服），关三木（加在颈、手、足三处的刑具，即枷和桎梏）；季布为朱家钳奴；灌夫受辱居室。此人皆身至王侯将相，声闻邻国，及罪至罔（同"网"，法网）加，不能引决（自杀）自财（通"裁"，自杀）。在尘埃（指监狱）之中，古今一体，安在其不辱也！由此言之，勇怯，势也；强弱，形也。审矣（明白了），曷足怪乎？且人不能蚤（通"早"）自财绳墨（法令）之外，已稍陵夷（卑下，衰颓），至于鞭棰之间，乃欲引节，斯不亦远乎！

他们在狱中都没有自杀，有的是坚强不想死，有的是软弱不敢死。不敢死，是因为："夫人情莫不贪生恶死，念亲戚（此指父母），顾妻子。至激于义理者不然，乃有不得已也。"

那么，司马迁自己呢——"今仆不幸，蚤失二亲，无兄弟之亲，独身孤立。少卿视仆于妻子何如哉？且勇者不必死节，怯夫慕义，何处不勉焉！仆虽怯懦欲苟活，亦颇识去就（去留，进退。此指偷生或赴死）之分矣，何至自沉溺（陷身）

累绁（《文选》作'缧绁'〔léi xiè〕，捆绑犯人的绳索，引申为牢狱）之辱哉！且夫臧获（古代骂奴婢的贱称）婢妾，犹能引决，况若仆之不得已乎？所以隐忍（克制忍耐）苟活，函（包围）粪土（指监狱，兼指耻辱）之中而不辞者，恨私心有所不尽，鄙（鄙薄）没（mò）世（终结一世，即死）而文采（指文章）不表于后也。"就是因为《史记》尚未完成，才忍辱苟活。

自己之所以忍辱苟活，完全是为了著书立说，而这样做也因为古代颇有榜样：

古者富贵而名摩（通"磨"）灭，不可胜记，唯倜傥（卓越豪迈，才华不凡）非常人称焉。盖西伯（《文选》作"文王"）拘而演《周易》；仲尼厄（孔子受困）而作《春秋》；屈原放逐，乃赋《离骚》；左丘失明，厥（乃，才）有《国语》；孙子膑（膝盖骨，特指古代一种剔除膝盖骨的酷刑）脚（小腿），《兵法》修列（著述，编著）；不韦迁蜀，世传《吕览》（即《吕氏春秋》）；韩非囚秦，《说难》《孤愤》；《诗》三百篇，大氐（同"抵"）圣贤发愤之所为作也。此人皆意有所郁结，不得通其道（行其道，即实现其理想），故述往事，思来者（想到以后的人会理解自己的）。及如左丘无目，孙子断足，终不可用，退论书策（写作，著书。策，竹简），以舒其愤，思垂（流传）空文以自见。仆窃不逊，近自托于无能之辞，网罗天下放失旧闻，略考其行事，综其终始，稽其成败兴坏之理（道理，规律）。上计轩辕（黄帝名），下至于兹，为十表、本纪十二、书八章、世家三十、列传七十，凡百三十篇。亦欲以究天人之际（天道与人事的关系），通古今之变，成一家之言。草创未就，适会此祸，惜其不成，是以就极刑（指宫刑）。而无愠（怨怒）色。仆诚已著此书，藏之名山，传之其人（志同道合之人，能传布自己著作的人），通邑大都。则仆偿前辱之责（同"债"），虽万被戮（辱），岂有悔哉！然此可为智者道，难为俗人言也。

这些榜样，让司马迁感到对自己极有激励作用，因此在《史记·太史公自序》中也详细介绍一次：

于是论次其文（按次序论述）。七年（汉武帝天汉二年，前99）而太史公遭李陵之祸，幽于缧绁。乃喟然而叹曰："是余之罪也夫！是余之罪也夫！身毁不用矣。"退而深惟（思，考虑）曰："夫《诗》《书》隐约者，欲遂（通，达）其志之思也。昔西伯拘羑里，演《周易》；孔子厄陈蔡，作《春秋》；屈原放逐，著《离骚》；左丘失明，厥有《国语》；孙子膑脚，而论兵法；不韦迁蜀，世传《吕览》；韩非囚秦，《说难》《孤愤》；《诗》三百篇，大抵贤圣发愤之所为作也。此人皆意有所郁结，不得通其道也，故述往事，思来者。"于是卒述陶唐以来，至于麟（元狩元年，前122）止，自黄帝始。

司马迁两次赞誉这些发愤著书的英雄作者，但是与史实颇有出入。《春秋》为鲁国史官所记，孔子进行了加工与修订，这里说是他所著。吕不韦主持编著《吕氏春秋》远在迁蜀以前。韩非著《说难》《孤愤》事，《史记·老子韩非列传》谓在入秦以前。《史记·屈原贾生列传》载，《离骚》是屈原被楚怀王疏远后所作，与本文所说不同。而左丘即左丘明。关于他失明的事，其他书未见记载，《国语》是否为他所作，学者多有疑问。孙膑所作的兵法早已失传，1972 年山东临沂银雀山西汉墓出土的竹简中，有《孙膑兵法》残简 5900 余字。

杰出之士皆经磨难

司马迁在《游侠列传》中，还强调历史上不少志士曾经身处逆境，他们经过卓绝努力，战胜困难，才走上人生的顶峰。他说：

> 且缓急（急迫），人之所时有也。太史公曰："昔者虞舜窘（困迫）于井廪，伊尹负（背）于鼎（古炊具，饭锅）俎（zǔ，切肉的案板），傅说匿于傅险（一作'傅岩'，地名），吕尚困于棘津（古代河水名），夷吾桎梏（zhì gù，古代刑具，即脚镣与手铐）；百里饭（喂）牛，仲尼畏（拘囚）匡，菜色（饥饿的容颜）陈、蔡。此皆学士所谓有道仁人也，犹然（尚且）遭此灾，况以中材而涉乱世之末流乎？其遇害何可胜道哉！"

司马迁在《史记》中罗列的古代志士的史实有：

《孟子·万章》和《史记·五帝本纪》皆言舜未称帝时，多次遭其父与其弟的迫害，舜修仓廪，其父瞽瞍撤梯烧仓，欲将他烧死。后又让舜淘井，舜入井，其父与其弟象把井填死，欲活埋舜。但舜大难不死，皆逃脱。

伊尹是商汤贤臣。《孟子·万章》与《史记·殷本纪》说伊尹曾寻机当了商汤的厨师，以烹调之理暗示为政之理，深得汤的赏识，被重用，建立大功。

《史记·殷本纪》记载，傅说本是在傅岩服苦役的犯人，后被武丁发现，委以重任，使商大治。参见《吕氏春秋·求人》。

据《史记正义》引《尉缭子》说，姜尚年七十还未得志，只能在棘津做贩卖饮食的小贩，千古盛称"姜太公八十遇文王"，他八十岁以后才得志。其人其事详见《史记·齐太公世家》。

《史记·管晏列传》记载，管仲（即夷吾）原为公子纠之臣，公子纠在与公子小白（齐桓公）争君位的斗争中失败，逃往鲁国。桓公让鲁国杀公子纠，将管仲缚押至齐。"桎梏"云云，即指此事。

百里，即百里奚。《孟子·万章》《管子·小问》《盐铁论》等书皆言百里奚早年曾自卖为奴，替人喂牛，寻找机会取得秦穆公的信任。

《史记·孔子世家》云，孔子周游列国，从卫国到陈国，路过卫国的匡地时，匡人见他貌似匡人憎恨的阳虎，便将他围困起来，几乎把他害死（《荀子·赋篇》"孔子拘匡"）。孔子周游列国，路过陈、蔡两国，途中无粮可吃，被饿得面黄肌瘦。

在这些人中，孔子是千古文宗，其他都是帝王将相，他们忍耐屈辱，度过厄运，成就了大事业。

而司马迁自知《史记》继承《春秋》的重大意义。他在《太史公自序》中说：

> 上大夫壶遂曰："昔孔子何为而作《春秋》哉？"
> 太史公曰："余闻董生（董仲舒）曰：'周道衰废，孔子为鲁司寇，诸侯害之，大夫壅（阻挠）之。孔子知言之不用，道之不行也，是非（褒贬）二百四十二年之中（《春秋》所记历史时间），以为天下仪表，贬天子，退诸侯，讨大夫，以达王事而已矣。'子曰：'我欲载之空言，不如见之于行事之深切著明也（语见《春秋纬》）。'夫《春秋》，上明三王（夏禹、商汤、周文王）之道，下辨人事之纪（法度，准则），别嫌疑，明是非，定犹豫，善善恶恶，贤贤贱不肖，存亡国，继绝世，补敝起废，王道之大者也。"

完成《史记》的重大意义

司马迁用董仲舒的观点阐发了《春秋》的重大作用和意义，也表达了自己继承《春秋》、完成《史记》的重大意义。

而壶遂听了司马迁这番话，还是说："孔子之时，上无明君，下不得任用，故作《春秋》，垂空文以断礼义，当一王之法。"将《春秋》说成是"空文"，即不能用于当世的文章。[①]

---

① 《史记·日者列传》："初试官时，倍力为巧诈，饰虚功执空文以调主上。"这里的"空文"，即汉桓宽《盐铁论·非鞅》批评的"故贤者处实而效功，亦非徒陈空文而已"，是指"空洞浮泛的文辞"，两者意思不同。

前已言及，当时史家地位极低，还不能以文章建立功业，故称空文。

此后，魏文帝曹丕，以帝王的身份，在其《典论·论文》说"盖文章，经国之大业，不朽之盛事"，才将写作提高到极高的地位。但曹丕的这个观点，实际上是受了司马迁"王道之大者"的影响的。

司马迁虽然在当时受到极大的侮辱，深感生不如死，但豪迈地宣称，人要死得有意义，有所作为的人之死，重于泰山。人生境界决定人物的历史地位，司马迁具有超越生死的生命观。

司马迁发愤著书，给后世立下了光辉的榜样。唐初王勃在《滕王阁序》中说：

> 时运不齐，命途多舛。冯唐易老，李广难封。屈贾谊于长沙，非无圣主；窜梁鸿于海曲，岂乏明时？所赖君子见机（一作安贫），达人知命。老当益壮，宁移白首之心？穷且益坚，不坠青云之志。酌贪泉而觉爽，处涸辙以犹欢。北海虽赊，扶摇可接；东隅已逝，桑榆非晚。孟尝高洁，空余报国之情；阮籍猖狂，岂效穷途之哭！

这显示了中国古代文人不畏困顿、藐视贫贱、奋发图强的不屈意志，并成为中国文化的伟大精神。韩愈在这个基础上提出"不平则鸣"，欧阳修指出"穷而后工"，金圣叹说"怨毒著书，史公不免"。总结中国文人不畏强暴、批判现实的战斗精神，也揭示了中国文化能够战胜任何罪恶势力、坚韧发展的强大生命力。中国文化成为世界上唯一五千年连续发展的伟大文化，司马迁的重于泰山和发愤著书的伟大精神，是中国文化永垂不朽、代代发展的伟大动力。

第二节　志气、抱负和野心

《史记》崇尚志气和抱负，谴责因野心而做坏事。

人生最高三标准

中国先秦时代给最杰出的人物高悬三条人生标准："大上有立德，其次有立功，其次有立言、虽久不废，此之谓不朽。"（《左传·襄公二十四年》）钱穆有言："德指的人格方面，功指的事业方面，言指的思想与学术方面。"①

司马迁《与挚伯陵书》（收录于《高士传》）郑重抄录此言，因为这是最高层次的志气和抱负，并以此作为《史记》记载和评价历史人物与历史事件的第一标准。评价最高的是无所作为、隐居修行的"立德"人物。

"立德"指的是遁世、修行。老庄崇尚隐退，孔子实也如此，他赞扬："太伯可谓至德矣，三以天下让，民无得而称焉。"又将他比之伯夷、叔齐："不降其志，不辱其身，伯夷叔齐乎！"对三人极为称赞。孟子也将伯夷、叔齐与

① 钱穆:《中国历史研究法》，生活·读书·新知三联书店，2001，第109页。

柳下惠并称为三圣人，将伯、柳二人与尧、舜、禹、汤等人相提并论，同称为圣人。

司马迁《史记》将《吴太伯世家》列为三十世家之首，将《伯夷列传》列为七十列传之首，两篇都是在歌颂避位让国、甘当隐士的历史人物。

《吴太伯世家》歌颂了吴太伯、季札二人不慕权力避位让国的高风亮节。吴太伯与其弟仲雍，均为周太王之子，其弟季历十分贤能，又有一个具有圣德的儿子昌，太王想立季历以便传位给昌，因此太伯、仲雍二人就逃往遥远而落后的南方蛮荒之地荆蛮，像当地蛮人一样生活，远离权力中心，把继承权让给季历。季札是吴太伯二十世孙，吴王寿梦第四子，三次让位，将王位让给弟弟和侄子。

《伯夷列传》开篇即罗列许由不接受尧相让的天下，不仅不接受，反而以此为耻辱，于是逃走隐居起来。夏朝卞随、务光不接受商汤让位。司马迁认为所听到的许由、务光的德行是最高尚的。接着进入正题，表彰商末周初伯夷和叔齐。他们先是拒受王位，让国出逃；武王伐纣时，又以仁义叩马而谏；等到西周代商之后，则耻食周粟，采薇而食，作歌明志，最终竟然饿死在首阳山上。作者极力颂扬他们积仁洁行、清风高节的崇高品格，抒发了作者的诸多感慨。其中最感慨的是"天道"得不到应验，善人不获天报，穷饿而死者众；而恶人却常得逸乐富贵，寿终正寝。

司马迁表示伯夷、叔齐虽然有贤德，但也只有得到孔子的称赞，名声才愈加显赫；颜渊专心好学，也只是因为追随孔子，他的德行才更加显著；岩居穴处的隐士，只有依靠德隆望尊的人，才能扬名后世。那么，《史记》此篇就是要将他们载入史册，担当起歌颂其事迹、弘扬其精神的职责。所以他将他们的传记列为首篇。

对于《史记》的良苦用心，后代学者都能心领神会。相关的论说很多，例如：

钱穆先生曾总结说"但在中国历史上，正有许多伟大人物，其伟大处，则正因其能无所表现而见""……而此等人物，亦备受后世人之称道与钦敬，此又是中国历史一特点"。他列举春秋时代之介子推、西汉初年之商山四皓、东汉初年的严光、宋初居华山行道的陈抟、隐居西湖孤山的林和靖，等等，"中国史家喜欢表彰无表现之人物，真是无微不至。论其事业，断断不够载入历史，但在其无表现之背后，则卓然有一人在，此却是一大表现。这意义值得吾们深细求解。"[①]

《易经》上亦说：'天地闭、贤人隐'，隐了自然没有所表现。中国文化之伟大，正在天地闭时，贤人懂得隐。""这些人乃在隐处旋转乾坤，天地给他们转变了，但中国人还是看不见，只当是他无所表现。诸位想，这是何等伟大的表现呀！""他们之无所表现，正是我们日常人生中之最高表现。诸位若再搜罗到各地地方志，及笔记小说之类，更可找出很多这类的人物。这是天地元气所钟，文化命脉所寄。""中国历史所以能经历如许大灾难大衰乱，而仍然绵延不断，隐隐中主宰此历史维持此命脉者，正在此等不得

---

① 钱穆：《中国历史研究法》，生活·读书·新知三联书店，2001，第102、103、105页。

志不成功和无表现的人物身上。""历史的大命脉正在此等人身上。中国历史之伟大，正在其由大批若干和历史不相干之人来负荷此历史。"①

这样的理念，在诗歌、戏曲和小说中也多有表现。陶渊明等的隐逸诗、山水田园诗，马致远等的神仙道化剧，都描写这种题材。曹雪芹在《红楼梦》中描写贾宝玉不恋仕途，不喜科举，最后放弃红尘，出家为僧。蒲松龄的《聊斋志异》反映人世间的爱与恨，他本人热衷于科举，但在《素秋》篇中却批评素秋之兄俞士忱放弃修行的志向，跌入科举的旋涡，"初念甚明，而乃持之不坚""伤哉雄飞，不如雌伏"；称颂周生随妻素秋归隐修行，竟可仙去。又于《贾奉雉》中描写贾生看破红尘，入山修道，却因道念不坚，被逐下山。再入试场，连捷得中进士，在官场遍历风波后，醒悟"十余年富贵，曾不如一梦之久。今始知荣华之场，皆地狱境界，悔比刘晨、阮肇，多造一重孽案（指人间，尤指官场经历）耳"。于是决意抛妻别子，铁心归隐修行。蒲松龄于篇末评曰：当初科场失意之时，"贾生羞而遁去，此处有仙骨焉。乃再返人世，遂以口腹自贬，贫贱之中人甚矣哉！"

金圣叹评批《水浒传》，指出怀才不遇而又有野心的人，掀起造反，天下动乱，国家和民众就要遭灾。

但是，"太上有立德"之后，"其次有立功"。"其次"，即"治国平天下"的帝王将相和各类人才，其中不乏鲁迅赞扬

---

① 钱穆：《中国历史研究法》，生活·读书·新知三联书店，2001，第111—112页。

的民族脊梁。但是在古代，以自老子、孔子、庄子、司马迁至蒲松龄、曹雪芹等最高层次的文史哲宗师的眼光来看，他们仅属二流人物。欧阳修和王安石等人，本立志当隐士，过耕读的隐士生涯，可是皆因父死、无人养家，要承担赡养母亲和弟妹的责任，只能被迫应举考试，做官养家，同时为国为民，尽心尽力。

志气、抱负与野心

《史记》记载和歌颂各种有志人士，描写他们的抱负，同时谴责有野心的人。

那么志气、抱负和野心，有何区别？

志气，指求上进、力求达到一定目的的决心和勇气，要求做成某件事的气概。其中"志"，指志气和心中的意向。《论语·子罕》点出"志"的重要性："三军可夺帅也，匹夫不可夺其志也。"志气，是有理想、有信心的表现。有志气的人，往往奋斗目标明确，意志坚定，不怕各种困难。越是在困难落后的条件下，越是能显示志气的精神、力量。

抱负，指远大的志向、愿望和理想。

野心，指不可驯服或心怀叛离之心，不安本分，尤其多指对权势名利等过分的贪欲。"野心"最早的出处是《左传·宣公四年》："谚曰：'狼子野心。'"《文选·与陈伯之书》中有："唯北狄野心，倔强沙塞之间，欲延岁月之命耳。"李周翰注："野心，如野兽之心。"对有野心者，要警惕，《淮南子·主术训》有"故有野心者，不可便借势；有愚质者，不可与利器"之说。

《史记》中记载项羽和刘邦见到秦始皇的不同态度：

> 秦始皇帝游会稽，渡浙江，梁与籍俱观。籍曰："彼
> 可取而代也。"
>
> 高祖常繇咸阳，纵观，观秦皇帝，喟然太息曰："嗟
> 乎，大丈夫当如此也！"

看到秦始皇,项羽说"我可以取代他",刘邦则感慨"大
丈夫就应该像这样！"人们佩服项羽的气度豪迈，实际上
"取代"此语是十足的野心的表露。刘邦的感慨则是志气的
流露。

"取代"，是藐视秦始皇，野心毕露。但是项羽并没有
取代秦始皇的本钱：项籍少时，学书不成，去（放弃，丢下），
学剑，又不成。项梁怒之。籍曰："书足以记名姓而已。剑
一人敌，不足学，学万人敌。"于是项梁乃教籍兵法，籍大
喜，略知其意，又不肯竟学（学到底）。

项羽有很好的学习条件，可是他鄙视学习，不学无术。
学书、学剑、学兵法，都需要刻苦、耐心，项羽都做不到，
可见其情商、智商都是短项。他的本钱仅是天生的优长：
"籍长八尺余，力能扛（两手对举）鼎，才气过人。"他的优势
仅是天生的身高力大而已。项羽吹嘘自己"力拔山兮气盖
世"，实际上力气远远不能拔山，只能多杀人而已；气概远
远不能盖世，只能吓唬敌军而已。项羽志大才疏，气量极
小，所以容不得人才，凶狠异常，看到好的动手就抢，抢

来后或抢不到的都予以彻底毁坏，杀人放火，无恶不作。项羽得志后的这种作为，反证他是野心家。

刘邦幸运地遇到一次秦始皇出行让人观看的机会，观看时他抱着敬畏之心，感慨"大丈夫当如此也"，这是学习的态度。刘邦出身于贫苦农民家庭，没有任何基础，没有学习的条件，他也只有天生的本钱："仁而爱人，喜施，意豁如也。常有大度。"刘邦情商之出众也是无与伦比的。

抱负呢，刘邦是没有的。

奇妙的是，有些人本无大志，并不想出人头地，却因时势的推动而成就了一番大事业。刘邦便是一个典型。

《高祖本纪》记叙秦二世元年（前209年）秋，陈胜等在蕲县起事，自称为王，定国号为"张楚"，取张大楚国之意，许多郡县都杀了他们的长官来响应陈胜。沛县县令非常惊恐，也想率领沛县的人响应陈胜。于是狱掾（yuàn）曹参、主吏萧何说："您身为秦朝的官吏，现在想背叛秦朝，率领沛县的子弟起义，恐怕没有人会听从命令。希望您召集那些在外逃亡的人，大约可召集到几百人，用他们来胁迫众人，众人就不敢不听从命令了。"于是县令派樊哙去叫刘季（刘邦的小名）。这时，刘季的追随者已经有近百人了。

樊哙跟着刘季一块儿回来了。但是沛县县令在樊哙走后后悔了，害怕刘季来了会发生什么变故，就关闭城门，据守城池，不让刘季进城，而且想要杀掉萧何、曹参。萧何、曹参害怕了，越过城池来依附刘季，以求得保护。于是刘季用帛写了封信射到城墙上去，向沛县的父老百姓宣告说："天下百姓为秦政所苦已经很久了。现在父老们虽然为沛令守城,但是各地诸侯全都起来了,现在很快就要屠戮到沛县。如果现在沛县父老一起把沛令杀掉,从年轻人中选择可以拥立的人,立他为首领,来响应各地诸侯,那么你们的家室就可得到保全。不然的话,全县老少都要遭屠杀,那时就什么也做不成了。"于是沛县父老率领县中子弟一起杀掉了沛令,打开城门迎接刘季,想要让他当沛县县令。刘季说:"如今正当乱世,诸侯纷纷起事,如果安排的将领人选不妥当,就将一败涂地。我并不敢顾惜自己的性命,只是怕自己能力小,不能保全父老兄弟。这是一件大事,希望大家一起推选出能胜任的人。"萧何、曹参等都是文官,都顾惜性命,害怕起事不成遭到满门抄斩之祸,极力地推让刘季。城中父老也都说:"平素听说刘季那么多奇异之事,必当显贵,而且占卜之后,没有谁比得上你刘季最吉利。"刘季还是再三推让。众人没有敢当沛县县令的,就让刘季做了沛公。

与陈胜、项羽相比,与《水浒传》小说中的宋江相比——他们处心积虑要当领袖,不惜造假、篡位,大搞阴谋,而刘邦是众人推举,他再三推让,在无人敢当、大家坚持推选的情况下,才做了领袖。孟森先生在其《明清史讲义》(20世纪30年代在北京大学历史系的讲稿)开首讲得好:"中国自三代以后,得国最正者,唯汉与明。匹夫起事,无凭借威柄之嫌;为民除暴,无预窥神器之意。"[1]

那么,当了领袖的刘邦的智慧怎么样呢?人的智慧高低,只有在艰难的环境和艰巨的事业中,才可以充分显示

---

[1] 孟森:《明清史讲义》(上册),中华书局,1981,第13页。

出来。刘邦当领袖后，达到了优秀领袖人物必备的两个条件：才能上无比杰出，性格上豁达大度而且真诚坦率。

但在刚起事时，包括刘邦自己，无人认为他的才能无比杰出；而为人真诚坦率和豁达大度，在阴谋环抱的政治和军事环境中，极易陷入陷阱和险境，遭受灭顶之灾。刘邦靠其出众的智慧和因出众智慧而选择的忠诚可靠又智慧出众的盟友，扬帆远航，到达胜利的彼岸。以刘邦的基础和条件，这种结局是难以设想的，所以司马迁感慨汉高祖是"大圣"，是无与伦比的天才。汉高祖刘邦的反秦起事和成为领袖，是环境所造就，是起事者范围内"全民公选"的产物，是历史选择了他。

汉高祖刘邦成为西汉皇帝，统一天下后，运用"汉承秦制"的治国方针，继承了秦始皇留下的政治遗产；又执行"无为而治"、与民休息的政策，彻底纠正了秦始皇统一天下后扰民害民的暴政，这就是他感慨"大丈夫当如是也"，学习秦始皇的志向的正确实践。范文澜认为："有非凡的政治才能的汉高帝，在位七年，做着一件大事，那就是为与民休息准备各种条件。"又说："汉高帝在位七年，规定与民休息的政治方针，给盛大的汉朝奠定了基础。"①

以上是帝王级的范例，将相级的例子更多。

张良是韩国的贵公子。韩国被秦灭掉（韩王安八年，前231），张良虽尚未成年，也未在韩国任职，但却因祖、父五世相韩之故，立誓要为故国报仇，志向宏大。当时张良有

————————

① 范文澜：《中国通史简编》（修订本第二编），人民出版社，1958，第32、36页。

家僮三百人，家业巨大，他却毁家纾难，"弟死不葬，悉以家财求客刺秦王，为韩报仇"。他的志向是复仇。张良雇佣刺客刺杀秦始皇，因误中副车，功亏一篑："子房未虎啸，破产不为家。沧海得壮士，椎秦博浪沙。报韩虽未成，天地皆振动。"（李白《经下邳圯桥怀张子房》）他辅助刘邦灭秦灭楚，建立西汉，建立了盖世功勋之后，立即功成身退。劝刘邦立萧何为相国后，他说："家世相韩，及韩灭，不爱万金之资，为韩报仇强秦，天下振动。今以三寸舌为帝者师，封万户，位列侯，此布衣之极，于良足矣。愿弃人间事，欲从赤松子游耳。"乃学辟谷，道引轻身。张良及时彻底退出政坛，修身养性，安度晚年。

汉初名相陈平，贫穷到无力娶妻，平时为乡人所鄙视。陈平所居的库上里祭祀土地神，陈平做主持割肉的人，他把祭肉分配得很均匀。父老乡亲们说："好，陈家孩子做分割祭肉的事做得很好！"陈平说："嗟乎，使平得宰天下，亦如是肉矣！"陈平在楚汉战争和汉匈战争中，屡出奇谋，后在平乱战争中也六出奇计，智慧非凡。高祖去世，吕后擅权，在吕后去世后他又以出色的智慧和胆略，从吕氏集团夺回政权，安定社稷。文帝时，他继续任相国，有效帮助文帝治理天下。他早年的主宰天下的志向，因其超凡智慧和真挚忠诚，得到圆满实现。

秦始皇的名相李斯，少时见粮仓之鼠安逸饱腹，厕所之鼠惊吓食秽，因悟人生。赞之者说："非常之人有非常之事，豪杰之士横空出世，天马行空，则不可以常理度之。"也有贬薄他的。但他在老鼠身上受到启发，这种励志经历，起点是很低的。所以李斯在始皇驾崩后，鼠目寸光地受赵高摆布，丢弃始皇立太子扶苏为君的高明决定，跟着赵高这种宵小之徒，阴谋立胡亥为二世皇帝，终于把自己送上了死路。秦二世二年（前208年）七月，李斯被判处五刑（古代的五种轻重不等的刑罚），在咸阳街市上腰斩。李斯跟他的次子一同被押解前往刑场，他回头对次子说："我想和你再牵着黄狗一同出上蔡东门去打猎追逐狡兔，又怎能办得到呢！"于是父子二人相对痛哭，三族的人都被处死了。临死时，作为执政的相国，不反思自己的错误和罪行，不痛惜国家的衰败，竟然仅仅留恋过去打猎逍遥的日子，其胸襟之狭窄、目光之短浅，还是等同鼠辈而已。

还有韩信，早年也胸怀大志，却只能表现在无钱葬母时，"乃行营高敞地，令其旁可置万家"。他不仅毫无作为，也不知如何作为，且处境十分狼狈。他只能从人寄食，受尽白眼。他得到汉王刘邦的重用，充分发挥才华，可是私心和野心膨胀。他出卖同僚郦食其，使其死于非命；用阴谋打下齐国后，就要封王。最后为自己得不到名利目标而谋反，事泄被诛。《史记·淮阴侯列传》太史公曰："假令韩信学道谦让，不伐己功，不矜其能，则庶几（差不多）哉，于汉家勋可以比周、召、太公之徒，后世血食（受祭享）矣。不务出此，而天下已集（通'辑'，安定），乃谋叛逆，夷灭宗族，不亦宜乎！"

司马迁引用《老子》"功成名遂身退，天之道""不自伐，故有功；不自矜，故长"。伐与矜，都有夸耀自满的意思，精确指出韩信自取灭亡的自身原因。

173

中国知识分子一般觉得第一条难以实现，多追求第二条，即以治国平天下树立千秋功名，如果这也做不到，就著书立说，作诗撰文，度过一生。

而钱穆强调："一个人在事业上无表现，旁见侧出在文学艺术作品中来表现，这亦是中国文化传统真精神之一脉。他其人可以不上历史，但历史却在他身上。他可以无表现，但无表现之表现，却为大表现。中国有许多历史人物皆当由此处去看。"①

第三节　诗意人生和悲剧精神

即使是成功人物，也有着悲惨的成长和奋斗历史，而《史记》着力记叙的英雄多是这样的悲剧人物。《史记》刻画人物，善于揭示英雄人物人生中的诗意和悲剧精神，并将两者相结合，写出壮丽而隽永的篇章。

《史记》的人物传记中最典型的例子是司马相如琴挑卓文君、荆轲刺秦、霸王别姬和汉高祖唱《大风歌》的描写。

琴挑文君的诗意人生

《司马相如列传》采用"以文传人"（章学诚《文史通义·诗教下》）的写法，简练地记载了司马相如一生游梁、娶文君、通西南夷三件事，重点在创作文和赋。全文收录了司马相如的八篇著作:《子虚赋》《上林赋》《喻巴蜀檄》《难蜀父老》

---

① 钱穆:《中国历史研究法》，生活·读书·新知三联书店，2001，第109—110页。

《上书谏猎》《哀二世赋》《大人赋》《封禅文》。抄录司马相如文章的篇幅超出其生平记载的文字两倍还多，故而后世学者评论司马迁"特爱其文赋"（茅坤《史记钞》），"心折长卿之至"（牛运震《史记评注》）。

司马迁记叙汉武帝重用人才，赏识司马相如的文采。司马相如不仅文才得到赏识，其文才衬托的政治才华，也得到武帝的重用，成为创作与事功皆有很大成就的千古风流人物。

司马相如是汉代辞赋大家。他的作品既赞美大一统思想和中央集权制度，铺叙盛世中宫室苑囿的华美和富饶，弘扬中华民族创造物质文明的伟大才智与巨大功绩，又主张统治者应该戒奢持俭，防微杜渐，并婉谏超世成仙之谬，在充分显示其杰出的创作才华的同时，表达了清醒深刻的时代认识。司马迁高度认可《子虚赋》《上林赋》向最高统治者倡言节俭的主旨，指出司马相如作品的讽谏作用与《诗经》无异。《诗经》是公认的思想和艺术完美结合的佳作，因此司马迁的这个评价既反映了其重视作品教化和讽喻作用的儒家文学观念，又给司马相如创作的艺术成就以极高评价。

《司马相如列传》以不到三分之一的篇幅、二千余字，记述司马相如诗意的一生。一代大才，以穷困潦倒开场，两手空空，凭其出色智慧追求到如意的爱情和婚姻，又凭其出色的智慧为国家开拓和安定边疆，功业卓著。

本传一开始说：司马相如文武双全，"少时好读书，学击剑"。他在学业完成后，追慕蔺相如的胸襟事业，以他为榜样，胸怀大志，"相如既学，慕蔺相如之为人，更名相如"。起先，他"事孝景帝，为武骑常侍"，因他"学击剑"而有武功，当了汉景帝的贴身侍卫。但是他不满意这种卑微的地位，要想通过文才上升，而景帝"不好辞赋"，就去梁王那里客游了几年。梁王死后，他回到家乡成都，但无以谋生。他因朋友相助而绝处逢生。

司马相如一向同临邛县令王吉很有交情，王吉说："长卿，你长年离乡求官任职，很不顺利，可以来我这里试试。"于是，司马相如前往临邛，但他没有住到好友那里，而是住在别处。这样，临邛县令王吉就可以佯装恭敬，天天去拜访司马相如。最初，司马相如还以礼相见。后来，他就谎称有病，令随从拒绝王吉来访。王吉却更加谨慎恭敬。这种异常的情况，很快就传遍全城。临邛县里富人众多，像卓王孙有家奴八百人，程郑家也有数百人。这两位首富相互商量说："县令既然有贵客，我们就备办酒席，专门宴请他吧。"届时他们一并把县令也请了过来。当县令到卓家时，卓家的客人已经来了上百位了。到了中午，去礼请司马相如，司马相如却推托有病，拒绝赴宴。临邛县令见司马相如未到，不敢进食，竟然亲自前去迎接司马相如。司马相如不得已，勉强来到卓家。满堂客人都将眼光聚焦在这位姗姗来迟的年轻人身上，结果全都惊羡于他的风采。大家酒兴正浓之时，临邛县令走上前去，把琴放到司马相如面前，说："我听说长卿特别喜好弹琴，希望聆听一曲，以助欢乐。"司马相如辞谢一番，便弹奏了一两支曲子。当时，卓王孙的女儿卓文君，刚守寡不久，很喜欢琴乐，所以司马相如佯装与县令相互敬重，而用琴声挑动她的心弦，引起她的爱慕之情。司马相如来临邛时，后有车马相随，仪表堂堂，文静典雅，气度大方。待到卓王孙家喝酒、弹奏琴曲时，卓文君便从门缝里偷偷看他，心情愉快，特别喜欢他，但怕他不了解自己的心情。宴毕席散，司马相如托人以重金赏赐卓文君的侍者，请她向卓文君转达倾慕之情。于是，卓文君乘夜逃出家门，与司马相如私奔。两人赶回成都，（卓文君）进家所见，空无一物，只有四面墙壁立在那里。

《玉台新咏》载司马相如有《琴歌二首》，其一曰："凤兮凤兮归故乡，游邀四海求其皇（皇，'凰'的本字），时未遇无所将。何悟今日升斯堂，有艳淑女在此方（方，通'房'）。室迩人遐独我伤，何缘交颈为鸳鸯。"《史记索隐》记载，司马相如为琴曲所配曲词第一曲与之同，但无第三、第四句，后三句略有不同："有一艳女在此堂，室迩人遐毒我肠，何由交接为鸳鸯。"其二曰："皇兮皇兮从我栖，得托孳尾永为妃。交情通体心和谐，中夜相从知者谁。双兴俱起翻高飞，无感我心使余悲。"凤是雄鸟，凰是雌鸟，曲词的题目是《凤求凰》，归凤求凰。

卓王孙得知女儿私奔之事，大怒道："女儿极不成才，我不忍心伤害她，但也不分给她一个钱。"有的人劝说卓王孙，但他始终不肯听。过了好长一段时间，卓文君感到不快乐，说："长卿，只要你同我一起去临邛，向兄弟们借贷也完全可以维持生活，何至于让自己困苦到这个样子！"

司马相如就同卓文君来到临邛，卖掉车马，买下一家酒店卖酒。他还让卓文君亲自在垆前应对顾客酤酒，而自己穿起犊鼻裈，与雇工们一起操作忙活，在闹市中洗涤酒器。卓王孙听说后，深感耻辱，为此闭门不出。有些兄弟和长辈劝说卓王孙，说："你有一儿两女，家中所缺少的不是钱财。如今文君已经嫁与司马长卿为妻，长卿本来已厌倦了离家奔波的生涯，虽然贫穷，但他确实是个人才，完全可以依靠。况且他又是县令的贵客，为什么偏偏这样轻视他呢！"卓王孙不得已，分给卓文君家奴一百人，钱一百万，以及她出嫁时的衣服被褥和各种财物。之后，卓文君就同司马相如回到成都，买了田地房屋，成为富有的人家。

这是正史唯一记载的中国古人追求自由爱情的经典篇章，是充满诗意的华章，对后世影响极大。本篇琴挑、沟通丫鬟相助和私奔三部曲，建立了穷书生与富小姐私定终身和暗中成婚的模式，清吴见思《史记论文》称其为"唐人传奇小说之祖"，实则更启示了元明清作家，产生了大量描写此类爱情的戏曲、小说和弹词作品。

汤显祖有一组歌颂司马相如的知音汉武帝和卓文君的五言古诗，共十六句：

相如美词赋，气侠殊缤纷。汶山凤皇下，琴心谁独闻。

阳昌与成都，贵贱岂足分。子虚乃同时，飘然气凌云。

卧托文园终，不受世訾氛。清晖缅难竟，遗书《封禅文》。

知音偶一时，千载为欣欣。上有汉武皇，下有卓文君。

但是西汉扬雄《解嘲》指责"司马长卿窃赀（资）于卓氏"，并认为自己不会像司马相如一样无耻地窃人财产。北朝颜之推《颜氏家训·文章篇》曰"司马长卿，窃赀无操"，唐朝《史记·索引述赞》曰"相如纵诞，窃赀卓氏"，竟然都认为司马相如窃取了卓家的资财。

钱锺书《管锥编》引唐刘知幾《史通·序传》"相如《自叙》乃记其客游临邛，窃妻卓氏"之后，曰"虽然，相如于己之'窃妻'，……抑足为天下《忏悔录》之开山焉"。[①]

古人的这个"窃"字，意思是"非所据而据之"，即占据了不应该占据的。钱锺书先生赞同《史通》的观点，认为司马相如"窃妻"，但不认为他"窃"财。某教授曾做《史记》大众讲座，专有一节《琴挑文君：千年一骗局，劫色劫财》，误导听众。他引用古人的观点后，将古人的"窃"字换成"劫"字，错变成用暴力占有卓文君和抢劫财产了。不仅犯了"易（调换）字解经"和文字理解错误，将一段美好的情缘说成是"千年骗局"，消解了原作美好的意境，还贬低了《史记》原作。

纵观《史记》原作，即使司马相如最早为了接近深闺中的文君、讨得她的好感而曾与当县令的朋友用过一些争取见面的计谋，也全因司马相如所做的这一切为的是打破

---

① 钱锺书：《管锥编（第一册）》（第二版），中华书局，1986，第 358 页。

豪门的深宅大院和奴仆成群包围的阻碍，费尽心机用机智（巧妙地顺利进入豪门亮相）、雅致（琴声打动）的方法制造机会向寡居的文君表达自己的爱意，诚是一番美意，完全是合情合理、无可非议的，甚至还是值得赞赏的。这种幽默而又富于诗意的求爱手法，用琴声即用高雅的文艺方法谈情说爱，为《西厢记》在中国和世界文化史上首创"知音互赏"式爱情提供了基础。

我们进一步分析相如文君联姻的格局，去除用钱财衡量一切尤其是爱情婚姻的错误观点之后，以公正的眼光看，司马相如在情场上有着很大的优势。卓文君是美人，而司马相如也是相貌英俊、器宇轩昂的男子；两人都有很高的文化、音乐修养，精于琴艺。可见，两人是年龄和才貌相当的如意伉俪。但是，文君新寡，已有婚史，而司马相如未婚。在情场上，尤其在古代社会，这点卓文君是不及司马相如的。卓文君有眼光的是，事实证明司马相如"少时好读书，学击剑"，不仅文武双全，还是大才：第一，司马相如后来创作的赋，不仅是汉代成就最高的，司马迁还将之与《诗经》相提并论，而后世又将他与司马迁合称为"西汉两司马"。正是他将赋的艺术成就推向高峰，使赋成为汉代成就最高的文学样式，后人称之为"汉赋"，因此他是中国文学史上的一流作家之一。第二，司马相如后来在朝廷为官，奉武帝之命，安定了西南和蜀郡，为国家疆土和边境的安定和发展立下了彪炳史册的大功。《史记·司马相如列传》因此而记载：司马相如"至蜀，蜀太守以下郊迎，县令负弩矢先驱，蜀人以为宠。于是卓王孙、临邛诸公皆因门下献牛酒以交欢。卓王孙喟然而叹，自以得使女尚司马长卿晚，而厚分与其女财，与男等同"。因此，史实是不仅卓文君认为自己嫁于司马相如，得到了万分满意的夫君，而且连卓王孙也嫁女恨晚。第三，正因为司马相如是如此的大才和大家，才使他的爱情故事流芳百世，成为幸福和浪漫爱情的一个典型，并为历代诗歌、戏曲所歌颂。第四，司马相如和卓文君二人白头到老，他对卓文君善始善终。

　　既然司马相如不是始乱终弃的薄情男子，他对卓文君善始善终，单凭这一点，怎能说"这个流传千古的爱情传说原来竟是一个先劫色后劫财的骗局"呢？至于司马相如娶卓文君时穷得家徒四壁，一则他事先没有虚诳卓文君说自己富有；二则他没有借钱装作家境富有来糊弄卓文君，他让卓文君看到自己"家徒四壁"的真情实况，当然不能说欺骗卓文君。谈到两人卖酒为生，这正显示出司马相如和卓文君有着自信、自立、自强的坚韧品质。后来卓王孙给他们钱财，固然有面子的因素，但换一个角度看，司马相如夫妇无懈可击的绝佳表现也是重要的原因。如果两人穷极无聊，譬如向别人借钱、骗钱度日，或以酒解闷浇愁，消极颓废堕落，这才是真正没出息的丢丑，卓王孙就难以回心转意了。

　　需要重视的是卓王孙周围的长辈、兄弟和宾客，都能够正确看待卓文君私奔和司马相如夫妇当垆卖酒，不以势利眼光鄙视，正确劝说卓王孙醒悟。他们善良而有智慧。如果周围的人，出于妒忌、鄙视而诋毁司马相如夫妇，劝说卓王孙暗害女儿女婿，事情的走向就可能不同，琴挑美谈就不能流传千古了。近朱者赤，从卓王孙亲友的看人眼光和价值取向，可见卓王孙家族的识见和品位。

司马相如很快得到汉武帝的赏识和重用，但是"其进仕宦，未尝肯与公卿国家之事，称病闲居，不慕官爵"。

后来，相如既病免，家居茂陵。天子曰："司马相如病甚，可往从悉取其书；若不然，后失之矣。"使所忠往，而相如已死，家无书。问其妻，对曰："长卿固未尝有书也。时时著书，人又取去，即空居。长卿未死时，为一卷书，曰有使者来求书，奏之。无他书。"其遗札书言封禅事，奏所忠。忠奏其书，天子异之。

使者所忠将司马相如的遗作《封禅书》取来，献给武帝。"司马相如既卒五岁，天子始祭后土。八年而遂先礼中岳，封于太山，至梁父禅肃然。"司马相如献给武帝的遗作，在五年、八年后还起作用，可见司马相如出色的文才和识见对武帝的影响力。

司马相如一生以文学创作为基调，而历代文学家和读者阅读《史记》此文，将司马相如的诗意人生作背景，重视的是与卓文君私奔，是《史记》开放的爱情观和婚姻观。《史记》歌颂司马相如琴挑文君和文君私奔的诗意笔法是内在的，文中没有诗歌，也不引《凤求凰》琴曲的优美唱词，而浓郁的诗意却隐蕴其中。

后世有野史笔记说司马相如曾经移情别恋，如《西京杂记》卷三记载司马相如得势后，在长安为郎官时，"相如将聘茂陵人女为妾，卓文君作《白头吟》以自绝，相如乃止"。汉乐府《白头吟》全诗为：

皑如山上雪，皎若云间月。闻君有两意，故来相决绝。

今日斗酒会，明旦沟水头。躞蹀御沟上，沟水东西流。

凄凄复凄凄，嫁娶不须啼。愿得一心人，白头不相离。

竹竿何袅袅，鱼尾何簁簁。男儿重意气，何用钱刀为。

并附书："春华竞芳，五色凌素，琴尚在御，而新声代故！锦水有鸳，汉宫有木，彼物而新，嗟世之人兮，瞀于淫而不悟！"随后再补写两行："朱弦断，明镜缺，朝露晞，芳时歇，白头吟，伤离别，努力加餐勿念妾，锦水汤汤，与君长诀！"

卓文君闻讯并不劝说或挽留，而是自尊自信地毅然主动与之决绝，这反而使司马相如大为触动，想起往昔恩爱，打消了纳妾之念，并给文君回信："诵之嘉吟，而回予故步。当不令负丹青感白头也。"此后不久相如回归故里，两人安居林泉。

此类野史至少不可全信，上引《史记》本传，相如文君一直在长安茂陵居住，并未"回归故里"，相如故世后，武帝派人去他长安的府上寻求遗作。

杜甫不信野史记载，他的《琴台》诗，缅怀和歌颂相如、文君的坚贞爱情：

茂陵多病后，尚爱卓文君。酒肆人间世，琴台日
暮云。

野花留宝靥，蔓草见罗裙。归凤求凰意，寥寥不
复闻。

杜甫在安史之乱后避居成都。他来到成都浣花溪畔海
安寺南的相如、文君的琴台遗迹，看到红艳的野花盛开，
犹如美人面颊上的酒窝；绿色的蔓草好似美人的罗裙。游
人如织，美人如云，但再也听不到司马相如《凤求凰》的
琴歌之声了。杜诗肯定司马相如即使多病体弱（《史记》谓消渴
病，今称糖尿病），还是终生爱着文君，对其有着始终不渝的
深厚感情。

荆轲刺秦的诗意悲剧

《史记》善于发现和记叙历史人物的诗意人生。可是"人
生不如意事常八九"，喜剧少而悲剧多，于是在《史记》中，
慷慨悲歌的人物更多。《史记》善于将诗意人生和悲剧精神
结合，用富于诗意的笔调书写历史悲剧。

其中最典型的是荆轲刺秦王。《刺客列传》共记叙五人，
但全文大半描写荆轲其人。太史公是带着他的全部感情叙
写荆轲其人其事的，尤其是刺秦王一事。

与司马相如一样，荆轲也"好读书击剑"，不幸的是他
未曾得遇英主明君，曾"以术说卫元君"，未得任用，经过
一番游历之后，最后"荆轲既至燕"。初到燕国，举目无亲
的荆轲与一个宰狗屠夫和擅长击筑的高渐离熟处。穷极无

聊的荆轲每天和他们在燕市上喝酒，喝得似醉非醉以后，高渐离击筑，荆轲就旁若无人地和着节拍在街市上歌唱，又一起哭泣。最后由友人介绍推荐，他接受燕太子丹之重托，做了刺客，去谋刺秦王。临行时——

> 太子及宾客知其事者，皆白衣冠以送之。至易水之上，既祖（隆重饯行之后），取道，高渐离击筑，荆轲和而歌，为变徵（zhǐ）之声，士皆垂泪涕泣。又前而歌曰："风萧萧兮易水寒，壮士一去兮不复还！"复为慷慨羽声，士皆瞋目（瞪大眼睛），发尽上指冠。于是荆轲就车而去，终已不顾。

临行时，用歌声作别。先是音调高亢，声声慷慨激昂，接着转为苍凉、凄婉的悲声。在场众人怒睁双目，怒发冲冠。"风萧萧兮易水寒，壮士一去兮不复还！"成为千古名句，"水寒"反衬出壮士的热血；而"一去不复返"揭示了刺客即使成事也逃不出重兵守卫的秦宫，必将会与被刺死的暴君同归于尽。必死的前景和重大的使命，化为"风萧水寒"的歌声。因为对于荆轲来说，前去搏命，成也悲剧，败也悲剧，所以用这样的长歌当哭的歌声陪伴离别的脚步。

《史记》记载，荆轲失败之后，当时有人批评荆轲说："唉！太可惜啦，他不讲究刺剑的技术啊！"本传结尾的"太史公曰"反驳说："自曹沫至荆轲五人，此其义（义举，指行刺活动）或成或不成，然其立意较然（清楚，明白），不欺（违背）其志，名垂后世，岂妄也哉！"用反问式的感叹句，强调荆轲等人名声流播后世，这难道是虚妄的吗！司马迁此语的意思是，荆轲虽然失败了，但是他代表了正义的呼声，给秦始皇一次沉重的心理打击，这可是一种实在的义举。

其中易水饯行一段的场面描写，为突出荆轲的气质、性格，乃至整个精神风貌起到了画龙点睛的作用，也为故事高潮的到来做好了必要的铺垫。"遂至秦"段是故事的高潮，惊心动魄、流传千古的"图穷匕首见"的壮烈场面是高潮中的高潮，而"壮士一去兮不复还"的歌声余音袅袅，至今不绝。

太史公"遇一种题，便成一种文字"，本传堪称《史记》全书中"第一种激烈文字"（吴见思《史记论文》）。从文学的角度看，这篇"最激烈文字"至今有它的巨大审美价值。

项羽和刘邦的诗意结局

荆轲是失败的人物，而项羽则是先成功后失败的盖世英雄。项羽对战秦军所向无敌，游刃有余，可是在楚汉战争中，对战原先比他弱小的刘邦，战绩竟然为四胜五败，汉军在消灭项羽军的大部和主力之后，将其围困在垓下。

> 项王军壁垓下，兵少食尽，汉军及诸侯兵围之数重。夜闻汉军四面皆楚歌，项王乃大惊曰："汉皆已得楚乎？是何楚人之多也（楚人怎么这么多啊）！"项王则夜起，饮帐中。有美人名虞，常幸从；骏马名骓（zhuī，毛色苍白相杂的马），常骑之。于是项王乃悲歌慷慨，自为诗曰："力拔山兮气盖世，时不利兮骓不逝。骓不逝兮可奈何，

虞兮虞兮奈若何！"歌数阕，美人和之。项王泣数行下，
左右皆泣，莫能仰视。

　　被重兵包围的项羽，只剩残兵败将，食物也即将吃光，
即将无法生存。深夜，项羽在汉军四面唱着楚歌的包围下，
自知死已临头，他束手无策，只能借酒浇愁。看着帐内身
边的美人虞姬，想到帐外心爱的乌骓马，割舍不下。百感
交集，无法表达，只有歌声和眼泪可以抒发心中难以排解
的感情。项羽兵败临死时，放不下的只是宠姬虞姬和爱马
乌骓，他极端自私的嘴脸暴露无遗。

　　项羽对待别人怎么样呢？当初他在反秦战争中节节胜
利时，表现恶劣。怀王手下的老将们都说："项羽为人僄悍
猾贼（奸狡伤人）。项羽尝攻襄城，襄城无遗类，皆坑之，诸
所过无不残灭。"

　　此后，"遂北烧夷齐城郭室屋，皆坑田荣降卒，系虏（掳
掠）其老弱妇女。徇齐至北海，多所残灭。齐人相聚而叛
之。"项羽打到哪里，就在哪里烧杀戮掠，残害人民，引起
极大的民愤。

　　项羽战胜秦军后，将投降的秦军二十余万人趁夜击杀
坑埋在新安城南。刘邦将秦朝的京城咸阳让给他后，"居数
日，项羽引兵西屠咸阳，杀秦降王子婴，烧秦宫室，火三
月不灭，收其货宝妇女而东"。

　　项羽就是这样掠夺财物、杀人放火、劫掠妇女，毁灭
到手的一切。他那时穷凶极恶、狠毒蛮横，到自己面临灭
亡时却哭了，很没有出息。他也不挂念跟随自己的将士和

其家属，只心疼一匹爱马和一个喜欢的女子。他用无奈的歌声，诱使虞姬自杀，免得落入敌手——而这正是项羽唱歌、掉泪的卑鄙目的。

但是虞姬自杀，《史记·项羽本纪》并无记载。唐代张守节《史记正义》引《楚汉春秋》中虞姬和项羽的歌词"汉兵已略地，四方楚歌声。大王意气尽，贱妾何聊生"以证虞姬似乎是自杀身亡。而《太平寰宇记》卷一二八则说："虞姬冢在县南六十里，高六丈，即项羽败，杀姬葬此。"如依此说，虞姬之死的凶手还是项羽。

《史记》故意用诗意的笔调描写项羽悲歌慷慨，危急中的霸王倒也激发诗才，口中吐出四句悲凉的诗句。这个兵败如山倒的恐怖和凄惨的场面，由于写得生动有力，诗意洋溢，竟然使不少人立即忘记刚读过的项羽的斑斑劣迹，对这个凶残屠夫满怀同情，甚至不少人对其产生无条件的惋惜。还有一些善良的当代女子，以君子之腹度小人之心，将这句虚伪的逼迫美人殉葬自杀的"虞兮虞兮奈若何"，错解为项羽与虞姬的纯真爱情。当代作家将这一幕写成戏剧、影视予以歌颂，未免离题万里了。项羽悲歌的诗意迷蒙，使得善良的读者迷了心窍。

司马迁的大手笔，用悲剧手法描写胜利后的刘邦，同样是"慷慨伤怀"，同样是"泣数行下"，却表现了汉高祖的高尚情怀和深切情意：

> （汉）十二年（前195年），十月，高祖已击布军会甀，
> 布走，令别将追之。高祖还归，过沛，留。置酒沛宫，

悉召故人父老子弟纵酒（纵情饮酒），发沛中儿（少男）得百二十人，教之歌。酒酣（酒喝得很畅快），高祖击筑（古代乐器名，形似琴），自为歌诗曰："大风起兮云飞扬，威加海内兮归故乡，安得猛士兮守四方！"令儿皆和习之（学习跟着唱）。高祖乃起舞，慷慨伤怀，泣数行下。谓沛父兄曰："游子悲（思念，眷恋）故乡。吾虽都关中，万岁后（死后的避讳的说法）吾魂魄犹乐思（喜欢和思念）沛。且朕自沛公以诛暴逆，遂有天下，其以沛为朕汤沐邑，复其民（免除赋税徭役），世世无有所与（不必交纳赋税服徭役）。"沛父兄诸母故人日乐饮极欢，道旧故为笑乐（谈起以往的旧事）。十余日，高祖欲去，沛父兄固请留高祖。高祖曰："吾人众多，父兄不能给（我的随从太多，父兄们供应不起）。"乃去。沛中空县皆之邑西献。高祖复留止，张（张设帷帐）饮三日。

此事发生在汉十二年，即公元前195年，也即汉高祖逝世的这一年。他在平定英布叛乱的归途中，自知不久于人世，特地回故乡，与家乡父老诀别。

刘邦与家乡百姓亲密无间，请父老子弟饮酒（而不是百姓去办酒孝敬他），又亲自教青少年唱歌，自己奏乐器做伴奏，还唱歌跳舞，请在场的青少年畅意相和。在众乡亲面前又唱又跳又哭，抒发的是爱国思乡的情怀。他为国悲哭，与民同乐，怎会不使沛县人民为之深深感动和举乡狂欢，全县万人空巷地恋恋相送？唯大英雄能本色，只有史传文学的第一大手笔司马迁才能用如椽之笔，写出百姓对安定天下的高祖的满怀感激和深切思念，用实录、信史之笔写出这位"带汁皇帝"（流眼泪的皇帝，借用杂文大家邓拓引用古籍的"带汁诸葛亮"一语的笔法，但无贬义）一贯善于柔弱胜刚强的盖世英雄的奕奕神采和生动风貌。

高祖战胜强敌，统一了全国，没有胜利者的喜悦，更没有自吹自擂地宣扬自己的盖世功勋，只是淡淡地说："朕自沛公以诛暴逆，遂有天下。"调子何其低，而且也仅是作为"游子悲故乡"，自己魂牵梦萦地思恋故乡的背景而提及的。没有胜利者的狂喜和自诩，反而"慷慨伤怀，泣数行下"，因为胜利已属过去，面对群雄先后叛乱，北方强敌匈奴压境的局面，刘邦心中念兹在兹的还是国家和百姓的安危，"安得猛士兮守四方！"对照项羽，兵败临死时只想到美姬名骥的命运，并为此而"泣数行下"；同样"泣数行下"，高祖为的是国家和百姓乡亲，高祖的精神气质，胸怀气概，岂非远远压倒了贵族出身的沽名霸王！

刘勰的权威文学理论著作《文心雕龙·时序》评汉高祖《大风歌》和《鸿鹄歌》两首为"天纵之英作"：

爰至有汉，运接燔书；高祖尚武，戏儒简学。虽礼律草创，《诗》《书》未遑，然《大风》《鸿鹄》之歌，亦天纵之英作也。

天纵，天所放纵，即天所赋予。刘勰此论引用《论语》的赞词（固天纵之将圣，又多能也），给刘邦的文艺天才以极高的评价。

晚明杰出文坛领袖王世贞的《艺苑卮言》中有对《大风歌》和《垓下歌》的评论：

> 《大风》三言，气笼宇宙，张千古帝王赤帜，高帝哉？
>
> "《大风》安不忘危，其霸心之存乎？《秋风》(汉武帝之诗)乐极悲来，其悔心之萌乎？"文中子(王通)赞二帝语，去孔子不远。
>
> 《垓下歌》正不必以"虞兮"为嫌，悲壮呜咽，与《大风》各自描写帝王兴衰气象。千载而下，惟曹公"山不厌高""老骥伏枥"，司马仲达"天地开辟""日月重光"语，差可嗣响。

明末清初的思想家王夫之《古诗评选》卷一评汉高帝《大风歌》："神韵所不待论。三句三意，不须承转。一比一赋，脱然自致，绝不入文士映带，岂亦非天授也哉！"认为《大风歌》是天才之作，也给予极高评价。

第四节　忍辱和雪仇

快意恩仇的小说、电影极受读者欢迎。《史记》记叙了多位忍辱负重然后快意复仇的人物，有卧薪尝胆、伐吴复仇的勾践，有流亡十九年后归国登基的晋文公重耳；伍子胥、孙膑、范雎等忍辱到极点，"君子报仇，十年不晚"的精神令人赞叹；吴起同归于尽的复仇计划，迅如惊雷；范蠡帮助君主复仇的智慧启人神智，而范蠡和韩信放弃报仇的境界则有云泥之别！

伍子胥为父兄和自己复仇

伍子胥和范蠡，前者利用国王为自己报仇，后者贡献自己的才智，为赏识和重用自己的国王报仇。

伍子胥和范蠡，都是能屈能伸、吃得起大苦、品格高迈、智勇双全的杰出政治家和军事家。他们互为对手，能看透对方的一切；他们互相敬重，伍子胥和范蠡，英雄识英雄。

当吴王可将越国消灭，却饶恕了勾践时，伍子胥进谏说："今不灭越，后必悔之。勾践贤君，种、蠡良臣，若反（返）国，将为乱。"（《越王勾践世家》）伍子胥礼敬敌手，称勾践为贤明君主，范蠡和文种是贤能的大臣，而不贬称他们为狡狯之徒。伍子胥死后，越国消灭了吴国，范蠡远走他乡（浮海出齐），隐姓埋名，用了一个奇怪的名字，自称"鸱夷子皮"。这是因为伍子胥自杀，吴王用鸱夷（去毛的兽皮制成的革囊、皮袋）装了他的尸体，投之于江。范蠡自以为智同伍子胥，故用"鸱夷子皮"自谓，更是对昔日对手的敬意和纪念。

伍子胥和范蠡，品格和智慧出众，都受到千古读者的敬重。

范蠡作为指导和帮助勾践复国的智慧的化身，以及西施的"情人"，名满天下，有许多诗歌、戏曲和小说歌颂和赞美范蠡。

伍子胥呢？楚国最杰出的爱国诗人屈原，在其诗作《悲回风》中有"浮江淮而入海兮，从子胥而自适"一句。有注云："自适，谓顺适己志也。"王元化说："可见屈原对子胥推崇之重。后来作《楚辞》注释的王逸等人多以子胥、比干并举，作为忠良的楷模。伍子胥在春秋时期是作为一个伟人的形象而被人所尊重。"[1]

王元化接着又说："不过，这里所谓忠的观念和后来有着极大不同。伍子胥是楚国人。楚平王无道，胥父伍奢忠言直谏，被平王残酷处死，全家灭门，只有伍子胥只身逃出，前往吴国搬兵灭楚。倘据后来某种观念来评判，子胥不但不可谓忠，甚至可说是大逆不道。春秋时代把他视为忠的表率，是以他对吴王夫差来说的。这同样和后来对忠这个概念的理解大相径庭。为什么会出现这类问题呢？我想主要是对早期儒家的道德规范并不理解。后人多以为孔孟倡导的是愚忠愚孝，这乃是一种误解。以君主为本位，倡导君主专制主义的不是儒家，而是法家。孔孟的君臣之道是建立在双向关系上的。孔子说：'君使臣以礼，臣事君以忠。'孟子则进一步说：'君视臣如草芥，臣视君如寇仇。'杀掉昏主暴君，孟子甚至认为不是弑君，而是'诛独夫'。""儒家并不主张君主独裁，伍子胥反对平王并不被认为大逆不道即是一例。法家如韩非则明目张胆地揭橥君主专制主义，他认为君主专断独行的权力是绝对的、不容触犯的。"[2]也即楚平王及其后继者之类愚昧奸诈荒淫之徒，不值得"忠"。

伍子胥本是楚国人，名员（yún），父亲叫伍奢，哥哥叫伍尚。伍子胥的祖先伍举因为侍奉楚庄王时刚直谏诤而显贵，所以他的后代子孙在楚国很有名气。

---

① 王元化：《清园谈话录11》，《新民晚报》2005年12月28日。

② 同上。

伍奢是楚平王的太子建的太傅，费无忌是太子建的少傅。楚平王派费无忌到秦国为太子建娶亲。费无忌见秦女长得姣美，就急忙赶回来报告平王说："这是个绝代美女，大王可以自己娶了他，再给太子另外娶个妻子。"楚平王就自己娶了秦女，极度地宠爱她，生了个儿子叫轸，给太子建另外娶了妻子。

费无忌用秦国美女向楚平王献媚以后，改去侍奉楚平王，又担心楚平王死后太子建继位，会报复自己，因此诋毁太子建。楚平王因此越来越疏远太子建，派太子建驻守城父，防守边疆。不久，费无忌继续不断在楚平王面前说太子建的坏话，强调："太子因为秦女的原因，不会没有怨恨情绪，希望大王自己稍微防备着点。自从太子驻守城父以后，统率着军队，对外和诸侯交往，将要进入都城作乱了。"

楚平王就把太傅伍奢召回来审问。伍奢知道费无忌的所有作为，因此说："大王怎么能仅仅凭搬弄是非的小人之臣的坏话，就疏远骨肉至亲呢？"费无忌说："大王现在不制止，他们的阴谋就要得逞，大王将要被逮捕了！"于是楚平王发怒，把伍奢囚禁起来，同时命令杀死太子建，太子建闻讯逃到宋国去了。

费无忌对楚平王说："伍奢有两个儿子，都很贤能，不杀掉他们，将成为楚国的祸害。可以用他们父亲做人质，把他们召来，不这样他们将成为楚国的后患。"楚平王就派使臣对伍奢说："能把你两个儿子叫来，你就能活命；不叫来，你就会被处死。"伍奢说："尚为人孝顺且宽厚仁慈，叫他，一定能来；胥聪明有谋略且桀骜不驯，能成就大事，他知道来了必死，势必不来，而能成为楚国后患的必然是他。"这个伍奢愚忠而迂腐，竟然暗示楚平王派重兵擒拿伍子胥。

可是愚蠢而刚愎的楚平王不听，派人召伍奢两个儿子，说："来，我使你父亲活命；不来，现在就杀死伍奢。"伍尚打算前往，伍子胥说："楚王召我们兄弟，并不是打算让我们父亲活命，而是担心我们逃跑，产生后患，所以用父亲做人质，欺骗我们。我们一到，就要和父亲一块被处死，这对父亲的死有什么用呢？去了，我们就报不成仇了。不如逃到别的国家去，借助别国的力量洗刷父亲的耻辱。一块去死，没有意义。"伍尚说："我知道去了最后也不能保全父亲的性命，可是只恨父亲召我们是为了求得生存，要不去，以后又不能洗雪耻辱，终会被天下人耻笑。"又对伍子胥说："你可以逃走，你能报杀父之仇，我将要就死。"伍尚生性仁厚，但头脑清醒，他提出兄弟两人"分工"，一个尽忠孝而去送死，一个为将来报仇出逃。

伍尚被抓捕后，使臣又要抓捕伍子胥，伍子胥拉满了弓，箭对准使者，使者不敢上前，伍子胥就逃跑了。他听说太子建在宋国，就前去追随了太子建。伍奢听说伍子胥逃跑了，说："楚国君臣将要苦于战火了。"这句自白说明他是为避免楚国陷入战火，才要大义灭亲。伍尚来到楚都，楚平王果然把伍尚和伍奢一起杀害了。

伍子胥到宋国以后，正好遇上宋国华氏作乱，就和太子建一同逃到郑国去了。郑国君臣对他们很友好。太子建又前往晋国，晋顷公说："太子既然跟郑国的关系友好，郑国信任太子，太子要能给我们做内应，我们从外面进攻，一定能灭掉郑国；灭掉郑国，就把它分封给太子。"于是太子回到郑国。举事的时机还没成熟，正赶上太子因为个人私事打算杀掉一个跟随他的人，这个人知道太子的计划，就把这个计划告诉了郑国。郑定公和子产杀死了太子建。

太子建为了私利，竟然出卖善待他的郑国，又与随从内讧，事泄被杀。于是，伍子胥只得和建的儿子胜一同逃奔吴国，到了昭关①。当时昭关的官兵要捉拿他们，伍子胥和胜各自只身徒步逃跑，差一点儿就不能脱身。追兵在后，伍子胥到了江边，江上有一个渔翁划着船，知伍子胥很危急，就渡伍子胥过了江。伍子胥过江后，解下随身带的宝剑，说："这把剑价值百金，把它送给你老人家。"渔翁说："按照楚国的法令，抓到伍子胥的人，赏给粮食五万石，封执珪的爵位，岂是仅仅值百金的宝剑可比的。"不肯接受。这个渔夫如此救助伍子胥，也是个奇人。伍子胥还没逃到吴国都城就得了病，在中途停下来，讨饭吃。到达吴都，吴王僚刚刚当权执政，公子光为将军。伍子胥就通过公子光的关系求见吴王。

《伍子胥列传》轻描淡写，只说伍子胥在逃亡途中贫病交加，沦落到讨饭吃。据《史记·范雎蔡泽列传》记载，

---

① 昭关后世称为文昭关，故址在今安徽省含山北小岘山，两山对峙，当年是位于"楚尾吴头"的"一夫当关，万夫莫开"的险要。传说和戏曲演绎的伍子胥在文昭关处于极度险恶的境况，一夜居然急白了头。昭关往东不远即是褒禅山华阳洞，王安石游览此地，写下了闻名于世的《游褒禅山记》。

范雎曾向秦昭王介绍："伍子胥橐（袋子）载而出昭关，夜行昼伏，至于陵水，无以糊其口，膝行蒲伏，稽首肉袒，鼓腹吹篪（chí，古代竹管乐器，似笛），乞食于吴市。"一个高官子弟，平时生活优裕，落难时却什么苦都能吃，其忍劲儿之足，罕与伦比。

过了很久，楚国边邑钟离和吴国边邑卑梁氏两地的女子为争采桑叶相互厮打，引起两国起兵相互攻打。吴国派公子光攻打楚国，攻克了楚国的钟离、居巢就回去了。伍子胥劝说吴王僚说："楚国是可以打败的，希望再派公子去。"公子光对吴王说："那伍子胥的父兄被楚国杀死，劝大王攻打楚国，是为了报他的私仇。攻打楚国未必可以打败它呀。"伍子胥此时并不计较公子光反对自己，因为他"知（识破）公子光有内志（指公子光有从吴王僚手中夺取吴国政权的打算），欲杀王而自立，未可说以外事"，就向公子光推荐了刺客专诸，离开朝廷，和太子建的儿子胜到乡下种地去了。伍子胥这次忍耐的结果，是种了五年地，耐心是超常的。

五年以后，楚平王死了。平王与秦国美女生的儿子轸，竟然继平王之位，成为楚国国君，这就是昭王。吴王僚趁着楚国办丧事，派烛佣、盖余二公子领兵袭击楚国。楚国出兵切断了吴国军队的后路，使吴军不能回国。吴国国内空虚，公子光就命令专诸暗杀了吴王僚，自立为王（吴王阖闾）。阖闾自立以后，就召回伍子胥，官拜为行人，和他共同策划国事。

楚国杀了大臣郤宛、伯州犁，伯州犁的孙子伯嚭逃到吴国，吴国也让伯嚭做了大夫。阖闾自立为王的第三年，就发动军队和伍子胥、伯嚭攻打楚国，想乘胜进兵郢都，将军孙武说："百姓太疲惫了，不可以，暂且等待吧。"就收兵回国了。

阖闾四年（前511年），吴国攻打楚国，夺取了六地和潜地。阖闾五年，攻打越国，并打败了它。阖闾六年，楚昭王派公子囊瓦领兵攻打吴国。吴国派伍子胥迎战，在豫章打败了楚国的军队，夺取了楚国的居巢。

阖闾九年（前506年），吴王阖闾与伍子胥、孙武商议后，进攻楚国，经过五次战役，就打到了郢都。楚昭王出逃。第二天，吴王进入郢都。

当初，伍子胥和申包胥是至交好友，伍子胥逃跑时，对申包胥说："我一定要颠覆楚国。"申包胥说："我一定要保存楚国。"等到吴兵攻进郢都，伍子胥搜寻昭王，没有找到，就挖开楚平王的坟，拖出他的尸体，鞭打了三百下才停手。申包胥逃到山里，派人去对伍子胥说："你这样报仇，太过分了！我听说，人多可以胜天，天公降怒也能毁灭人。您原来是平王的臣子，亲自称臣侍奉过他，如今弄到侮辱死人的地步，这难道不是伤天害理到极点了吗！"伍子胥对来人说："你替我告诉申包胥说，我就像太阳落山的时候，路途还很遥远。所以，我要逆情悖理地行动。"

于是申包胥跑到秦国去报告危急情况，向秦国求救，秦国不答应。申包胥站在秦国的朝堂上，日夜不停地痛哭，他的哭声七天七夜没有中断。秦哀公同情他，说："楚王虽然是无道昏君，有这样的臣子，楚国不该亡。"于是派遣了五百辆战车拯救楚国，攻打吴国。六月间，在稷地打败吴国的军队。楚昭王见吴国内部发生变乱，又打回郢都，楚军再次和吴军作战，打败了吴军，吴王只好回国了。

原本一对相敬相惜的好朋友伍子胥与申包胥，因为家仇国恨而相互纠葛，从友人变为敌人，在复仇与宽恕之间，遭遇了人类的哲学困境。伍子胥当时应该面临很大的内心挣扎，是个非常"虐心"的角色。

又过了两年，阖闾派太子夫差领兵攻打楚国，夺取番地。楚王害怕吴国军队再次大规模地进攻，就离开郢城，迁都都邑。在这个时候，吴国用伍子胥、孙武的战略，向西打败了强大的楚国，向北威镇齐国、晋国，向南降服了越国。

伍子胥就这样报了杀父杀兄大仇，威震中原。

伍子胥的忍劲儿十足，忍耐的时间超过"君子报仇，十年不晚"的期限。他在逃到吴国的途中，艰难到只能讨饭；到吴国后，长年受到冷落，都能忍得住。伍子胥的英名千古流传。

范蠡帮助越王勾践复仇

接着就轮到范蠡帮助勾践报仇了。

越王勾践的祖先是夏禹的后裔，是夏朝少康帝的庶出之子。少康帝的儿子被封在会稽，恭敬地保持着对夏禹的祭祀。二十多代后，传到了允常。允常在位的时候，与吴王阖闾产生怨恨，互相攻伐。允常逝世后，儿子勾践即位。

越王勾践元年（前496年），吴王阖闾听说允常逝世，就举兵讨伐越国。越王勾践派遣死士向吴军挑战，死士们排成三行，冲入吴军阵地，大呼着自刎身亡。吴军看得目瞪口呆，越军趁机袭击了吴军，在檇李大败吴军，射伤吴王阖闾。阖闾在弥留之际告诫儿子夫差说："千万不能忘记越国。"

《左传·定公十四年》的记载更为详细："吴伐越，越子勾践御之，陈于檇李。勾践患吴之整也，使死士再禽焉，不动。使罪人三行，属剑于颈，而辞曰：'二君有治，臣奸旗鼓。不敏于君之行前，不敢逃刑，敢归死。'遂自刭也。"可见，死士之往禽，与罪人之战两事也，此混并之。

勾践把越国死囚排成三行，每个人脖子上架一把剑，手拉手走向吴军阵地，高呼道："我等触犯军令，唯有死在阵前，方可谢罪！"言毕，纷纷自刎，死于阵前。

阖闾欺负越国弱小，看到老对手越国老国王允常死了，欺凌刚执政的年轻无经验的小王，立即出兵攻打。没有想到这个初出茅庐的小王，竟出怪招，派死士和死囚组成的混合部队，上去迎战和挑战。

越王这种战法，只可有一，不可有二，是不能重复的。勾践三年（前494年），勾践听说吴王夫差日夜操练士兵，准备报复越国，便打算先发制人，在吴国未发兵前去攻打吴国。范蠡进谏说："不行，我听说兵器是凶器，攻战是背德，争先打是最下等的。阴谋去做背德的事，喜爱使用凶器，亲身参与下等事，定会遭到天帝的反对，这样做绝对不利。"勾践没有听范蠡的劝告，结果越军在夫椒大败。勾践只聚拢起五千名残兵败将退守会稽。吴军乘胜追击包围了会稽。

越王对范蠡说："因为没听您的劝告才落到这个地步，那该怎么办呢？"范蠡回答说："能够完全保住功业的人，必定效法天道的盈而不溢；能够平定倾覆的人，一定懂得人道是崇尚谦卑的；能够节制事理的人，就会遵循地道而因地制宜。现在，您对吴王要谦卑有礼，派人给吴王送去优厚的礼物，如果他不答应，您就亲自前往侍奉他，把自身也抵押给吴国。"

于是勾践派大夫文种去向吴国求和，文种跪在地上，边向前行边叩头说："您的亡国臣民勾践让我斗胆告诉您：勾践请您允许他做您的奴仆，允许他的妻子做您的侍妾。"吴王打算同意他们的请求。

还有另一个版本。勾践让文种给太宰嚭献上美女、珠宝、玉器。嚭把大夫文种引见给吴王。文种叩头说："希望大王能赦免勾践的罪过，我们越国将把世传的宝器全部送给您。万一不能侥幸得到赦免，勾践将把妻子儿女全部杀死，烧毁宝器，率领他的五千名士兵与您决一死战，您也将付出相当的代价。"

伍子胥进谏说："今天不灭亡越国，必定后悔莫及。勾践是贤明的君主，大夫文种、范蠡都是贤能的大臣，如果勾践能够返回越国，必将作乱。"吴王不听伍子胥的谏言，最终赦免了越王，撤军回国。

一般读者都知道勾践成功贿赂吴王夫差，主要使用的是美人计，即奉上美女西施。《史记》中的《越王勾践世家》和《吴太伯世家》不提西施，只是笼统地说献上美女。西施的出处在《吴越春秋》，《吴越春秋·勾践阴谋外传》所载比《史记》详尽，内容也颇有不同：

十二年（前485年），越王谓大夫种曰："孤闻吴王淫而好色，惑乱沉湎（沉溺于酒），不领政事。因此而谋，可乎？"种曰："可破。夫吴王淫而好色，宰嚭佞以曳心。往献美女，其必受之。惟王选择美女二人而进之。"越王曰："善。"乃使相者国中，得苎萝山鬻薪之女，曰西施、郑旦。饰以罗（稀疏而轻软的丝织品）縠，教以容步，习于土城，临于都巷。三年学服（习惯、适应），而献于吴。

乃使相国范蠡献曰："越王勾践窃有二遗女，越国涝下困迫，不敢稽留，谨使臣蠡献之，大王不以鄙陋寝容（貌丑），愿纳以供箕帚之用。"吴王大悦，曰："越贡二女，乃勾践之尽忠于吴之证也。"子胥谏曰："不可，王勿受也。臣闻五色令人目盲，五音令人耳聋。昔桀易汤而灭，纣易文王而亡。大王受之，后必有殃。臣闻越王朝书不倦，晦诵竟夜，且聚敢死之士数万，是人（此人）不死，必得其愿；越王服诚行仁，听谏进贤，是人不死，必成其名；臣闻越王夏被毛裘，冬御缔绤（chī xì，细葛布和粗葛布），是人不死，必为对隙（仇敌）。臣闻贤士国之宝，美女国之咎：夏亡以妹喜，殷亡以妲己，周亡以褒姒。"吴王不听，遂受其女。

勾践和文种君臣分析，吴王本人骄奢淫逸，太宰嚭对吴王巧言诏媚而迷惑住了吴王的心、控制了他的思想，再送两个美女去，消磨他的意志，在心灵上先将吴王彻底打垮。于是派相面的人在国内寻觅，终于觅到卖柴女西施和郑旦。于是将两女用华丽的衣裙打扮起来，教她们美容的方法与走路的姿势，让她们在土城（后来因她们而称之为美人宫）练习，到国都的里巷去参观学习。

这里的西施是卖柴女，而不是浣纱女。她学了三年，才适应了。西方谚语说："培养一个贵族，要三代人的时间。"萧伯纳的社会讽刺剧《卖花女》（又名《皮格马利翁》《匹克梅梁》），描写英国皇家学会的语言学家希金斯与友人打赌，要在六个月之内，将满口乡音、目不识丁、在伦敦街头卖花的少女伊莉莎改造成大家闺秀，出席上流社会的舞会而不被识破。六个月后，卖花女被培养成窈窕淑女，伊莉莎成为舞会上的焦点，富家子弟纷纷拜倒其石榴裙下……

西方人不知，中国古代西施的训练更为规范和严格。西施她们能迷住吴王夫差，魅力无穷，单靠美貌不能持久，还需要内在的气质、风度和高雅的谈吐、举止，三年的训练是必需的。

除了记载更详细，《吴越春秋》具体情节与《史记》有四处重要的不同：一是行贿的对象是吴王，而不是太宰嚭；二是行贿的方式没有了宝器，只有美女；三是明确记载越国奉献的美女有两名，西施和郑旦，但后来郑旦不再被提起，西施却流芳百世；四是出使吴国的不是文种，而是范蠡。看来，《史记》和《吴越春秋》的史料来源不同，所以记载的内容和详略有颇大差异。

两位美女，都来自诸暨南五里苎萝山。伍子胥劝说吴王拒绝她们，引用了《老子》第十二章的名言，吴王根本不听。

勾践回国后，深思熟虑，苦心经营，把苦胆挂到座位上，坐卧即能仰头尝尝苦胆，饮食时也尝尝苦胆。还对自己说："你忘记会稽的耻辱了吗？"他亲身耕作，夫人亲手织布，吃饭不加肉，不穿有多种色彩的华丽衣服，能放下身份对贤者彬彬有礼，招待宾客热情诚恳，能救济穷人，悼慰死者，与百姓共同劳作。把国家政务委托给大夫种，让范蠡和大夫柘稽求和，到吴国作人质。两年后吴国才让范蠡回国。

勾践从会稽回国后七年，越国结交齐国，亲近楚国，归附晋国，以使越国日益强大。

过了两年，吴王将要讨伐齐国。伍子胥进谏说："不行。我听说勾践吃饭从不吃两样好菜，与百姓同甘共苦。此人不死，一定成为我国的忧患。吴国有了越国，那是心腹之患，而齐对吴来说，只像一块疥癣。希望君王放弃攻齐，先伐越国。"吴王不听，就出兵攻打齐国，在艾陵大败齐军，俘虏了齐国的高、国氏回吴。吴王责备伍子胥，伍子胥说："您不要太高兴！"吴王很生气，伍子胥想自杀，吴王听说后制止了他。越国试探夫差，故意向他借粮，伍子胥建议不借，但吴王还是借给越国了。伍子胥说："君王不听我的劝谏，再过三年吴国将成为一片废墟！"太宰嚭听到这话后，就多次与伍子胥争论对付越国的计策，并借机诽谤伍子胥说："伍员表面忠厚，实际很残忍，他连自己的父兄都不顾惜，怎么能顾惜君王呢？君王上次想攻打齐国，伍员强劲地进谏，后来您作战有功，他反而因此怨恨您。您不防备他，他一定作乱。"嚭还和逢共同谋划，在君王面前屡次诽谤伍子胥。君王开始也不听信谗言，仍然派伍子胥出使齐国，听说伍子胥把儿子委托给鲍氏，君王才大怒，说："伍员果真欺骗我！"

伍子胥出使齐回国后，吴王就派人赐给伍子胥一把"属镂"剑让他自杀。伍子胥大笑道："我辅佐你的父亲称霸，又拥立你为王，你当初想与我平分吴国，我没接受，事隔不久，今天你反而因谗言杀害我。唉，你一个人绝对不能独自立国！"

《伍子胥列传》记叙眼光卓越、智勇双全、忠心见嫉的伍子胥，因揭穿勾践卧薪尝胆的阴谋，多次直言规劝吴王伐越，反遭杀害。他被赐死前对门客说："必树吾墓上以梓，令可以为器，而抉吾眼悬吴东门之上，以观越寇之入灭吴也。"（你们一定要在我的坟墓上种植梓树，让它长大能够做棺材。挖出我的眼珠悬挂在吴国都城的东门楼上，来观看越寇怎样攻入都城，灭掉吴国。）吴王闻之大怒，乃取子胥尸盛以鸱夷革，浮之江中。吴人怜之，为立祠于江上，因命曰胥山。

《伍子胥列传》太史公曰："怨毒之于人甚矣哉！王者尚不能行之于臣下，况同列乎（地位相类的人）！向（假使）令伍子胥从奢俱死，何异蝼蚁。弃小义，雪大耻，名垂于后世，悲夫！方子胥（困窘危急）窘于江上，道乞食，志岂尝须臾忘郢邪？故隐忍就功名，非烈丈夫孰能致此哉？白公如不自立为君者，其功谋亦不可胜道者哉！"

"弃小义，雪大耻"，是伍子胥大智大勇的表现，司马迁赞誉他因此而能垂誉后世。

又过了三年，勾践召见范蠡，商议攻打吴国，范蠡回答说："不行。"

到第二年春天，吴王到北部的黄池与诸侯会盟，吴国的精锐部队全部跟随吴王赴会了，唯留老弱残兵和太子守吴都。勾践又问范蠡是否可以进攻吴国。范蠡说："可以了。"于是越国派兵攻打吴国。吴军大败，越军还杀死了吴国的太子。吴王正在黄池会合诸侯，怕天下人听到这种惨败消息，就守住了秘密，在黄池与诸侯订立盟约后，才派人带上厚礼向越国求和。

这以后四年，越国又攻打吴国。此时的吴国军民已疲惫不堪，精锐士兵都在与齐、晋之战中死亡。因而越国大败了吴国，包围吴都三年，把吴王围困在姑苏山上。吴王派公孙雄脱去上衣露出胳膊跪着向前行，请求与越王讲和："孤立无助的臣子夫差冒昧地表露自己的心愿，从前我曾在会稽得罪您，我不敢违背您的命令，如能够与您讲和，就撤军回国了。今天劳烦您抬玉足前来惩罚孤臣，我将对您唯命是听，但我私下的心意是希望您能像在会稽山时我对您那样，赦免我夫差的罪过！"勾践不忍心，想答应吴王。范蠡说："会稽的事，是上天把越国赐给吴国，吴国不要。今天是上天把吴国赐给越国了，越国难道可以违背天命吗？再说君上您起早贪黑地处理政事，不是因为吴国吗？谋划伐吴已二十二年了，一旦放弃，这样可以吗？且上天赐予您，您却不要，那反而要受到处罚。'用斧头砍伐木材做斧柄，斧柄的样子就在身边。'您忘记会稽的苦难了吗？"勾践说："我想听从您的建议，但我对他的使者不忍心。"勾践竟然怜悯吴国的使者，这么有同情心，后来却对自己的功臣痛下杀手。

范蠡于是鸣鼓进军，说："君王已经把政务委托给我了，

吴国使者赶快离去，否则将要对不起你了。"吴国使者伤心
地哭着走了。勾践怜悯吴王，就派人对吴王说："我安置您
到甬东！统治一百家。"吴王推辞说："我已经老了，不能
侍奉您了！"说完便自尽了，自尽时遮住自己的面孔说："我
没脸面见到子胥！"越王安葬了吴王，杀死了太宰嚭。

　　勾践吃了很多苦，惨淡经营二十二年，竟然怜悯吴王
和使者，他对示弱者、失败者，肯发善心，因为他们已经
是死老虎，翻不了身了，乐得做好人。

　　可是勾践灭掉吴国，又杀了太宰嚭。伯嚭一直暗中帮
助越国，越王勾践反而因为他不忠于他的国君，接受外国
的贵重贿赂，私下亲近越国而对他杀无赦。

　　伯嚭和丁公私自帮助敌君反而遭受惠者所杀（暗中放走刘
邦，刘邦取得天下后被杀），最后还落得了"其事可喜，其人可憎"
的恶名，但无人说他们冤枉，却给后人留下了血的教训。

　　勾践平定了吴国后，就出兵向北渡过黄河，在徐州与
齐、晋诸侯会合，向周王室进献贡品。越军在长江、淮河
以东畅行无阻，诸侯们都来庆贺，越王号称霸王。

　　范蠡事奉越王勾践，辛苦惨淡、勤奋不懈，与勾践运
筹谋划二十多年，终于灭亡了吴国，洗雪了会稽的耻辱。
越军向北进军淮河，兵临齐、晋边境，号令中原各国，尊
崇周室，勾践称霸，范蠡做了上将军。回国后，范蠡以为
盛名之下，难以长久，况且勾践的为人，可与之共患难，
难与之同安乐，于是写信辞别勾践说："我听说，君王忧愁
臣子就劳苦，君主受辱臣子就该死。过去您在会稽受辱，
我之所以未死，是为了报仇雪恨。现在既已雪耻，臣请求

您赐我死罪以弥补您的会稽之辱。"勾践说:"我将和你平分越国。否则,就要加罪于你。"范蠡说:"君主可执行您的命令,臣子仍依从自己的意趣。"于是他打包了细软珠宝,与随从从海上乘船离去,始终未再返回越国,勾践为表彰范蠡,把会稽山作为他的封邑。

勾践假装要与范蠡平分越国,否则就要加罪,软硬兼施,要将范蠡笼络在身边,然后寻机杀害。范蠡看透了他的心思,毫不犹豫地迅即出走。

范蠡乘船过海到了齐国,他从齐国给大夫种发来一封信。信中说:"飞鸟尽,良弓藏;狡兔死,走狗烹。越王是长颈鸟嘴,只可以与之共患难,不可以与之共享乐,你为何不离去?"种看过信后,就声称有病不再上朝。范蠡以迅雷不及掩耳的速度,秘密出走,根本来不及与人道别,所以到了目的地,才给种发信规劝。范蠡对种已是仁至义尽,够朋友了,可惜种执迷不悟,错失了保命的时机。

有人中伤种将要作乱,越王就赏赐给种一把剑说:"你教给我攻伐吴国的七条计策,我只采用三条就打败了吴国,那四条还在你那里,你替我到先王面前尝试一下那四条吧!"种于是自杀身亡。勾践要文种自杀的命令幽默而深刻,正是这样一个城府很深、想法怪异的人,才能愚弄胜利的吴王,反败为胜。

《越王勾践世家》太史公曰:"禹之功大矣,渐(疏导)九川,定九州,至于今诸夏艾安(yì,通'乂',治理;艾安,同'乂安',谓太平无事)。及苗裔勾践,苦身焦思(辛苦劳作,深谋远思),终灭强吴,北观兵中国,以尊周室,号称霸王。勾践可不谓贤哉，盖有禹之遗烈焉。"

司马迁两次谈及大禹的苗裔，一为勾践，谱系清晰，无人怀疑；二为项羽，被人讥笑，钱锺书附和。

范蠡的另类忍耐和奇妙结局

范蠡浮海出齐，变姓名，自谓鸱夷子皮，耕于海畔，苦身勠力，父子治产。居无几何，致产数十万。

范蠡在海边耕作，艰辛的体力劳动使他精疲力尽。范蠡虽曾做大官，享得富贵，但绝不养尊处优，可以随时拼命干重活和苦活。这时他宛如苦力，模样是相当凄惨的，衣食是非常凄苦的。在只重衣衫不重人、世态炎凉的社会中，范蠡有计划地主动放弃已经获得的一切享受，一切从零开始，这种胸襟、器量和坚强心理，天下几乎没有第二个能够这样能伸能屈的大丈夫了！

齐人听说他贤能，让他做了国相。齐国人并不知范蠡的来历和底细，在目睹此人从一无所有到迅即靠劳动发家并致巨富的能耐之后，相信他一定能够带领齐国走向繁荣富裕，于是让他做了国相。齐人自己的素质和识人能力也非常了不起。

范蠡叹息道："住在家里就积累千金财产，做官就达到卿相高位，这是平民百姓能达到的最高地位了。长久享受尊贵的名号，不吉祥。"于是归还了相印，发散了自己的家产，携带着贵重财宝，秘密离去，到陶地住下。他认为这里是天下的中心，交易买卖的道路通畅，经营生意可以发财致富。范蠡自称陶朱公，又约定好父子都要耕种畜牧，买进卖出时都等待时机，以获得十分之一的利润。过了不久，家资又积累到万万。天下人都称道陶朱公。

从政治家兼军事家，一个华丽转身，成为富可敌国的大商家，范蠡活到这个地步，本可安享晚年了，以他的智慧对付人生道路所有的困难是绰绰有余的。但是，天有不测风云，人有旦夕祸福，他的一个儿子竟然陷入杀身大祸。

范蠡在陶地生了小儿子。小儿子成人时，二儿子杀了人，被楚国拘捕。于是派小儿子去探望和搭救，打点好一千镒黄金，用一辆牛车载去。将要派小儿子出发办事时，他的长子坚决请求让他去，陶朱公不同意。长子说："家里的长子叫家督，现在弟弟犯了罪，父亲不派长子去，却派小弟弟，这说明我是不肖之子。"长子说完想自杀。他的母亲又替他说："现在派小儿子去，未必能救二儿子命，却先丧失了大儿子，怎么办？"陶朱公不得已就派了长子，写了一封信要大儿子送给旧日的好友庄生，并对长子说："到楚国后，要把千金送到庄生家，一切听从他去办理，千万不要与他发生争执。"长子走时，也私自携带了几百镒黄金。

长子到达楚国，看见庄生家靠近楚都外城，劈开野草才能到达庄生家门，庄生居住条件十分贫穷。可是陶朱公长子还是打开信，向庄生进献了千金，完全照父亲所嘱咐的去做。庄生说："你可以赶快离去了，千万不要留在此地！等弟弟释放后，不要问原因。"陶朱公长子离去，不再探望庄生，但私自留在了楚国，把自己携带的黄金送给了楚国主事的达官贵人。

庄生虽然住在穷乡陋巷，可是由于廉洁正直，在楚国很闻名，自楚王以下皆尊奉他为老师。范蠡献上的黄金，他并非有心收下，只是想事成之后再归还给范蠡以示讲信用。所以黄金送来后，他对妻子说："这是陶朱公的钱财，以后再如数归还陶朱公，但哪一天归还却不得而知，这就如同自己哪一天生病也不能事先告知别人一样，千万不要动用。"但范蠡长子不知庄生的意思，以为财产送给庄生不会起什么作用。

庄生闲时入宫会见楚王，说："某星宿移到某处，这将对楚国有危害。"楚王平时十分信任庄生，就问："现在怎么办？"庄生说："只有实行仁义道德才可以免除灾害。"楚王说："您不用多说了，我将照办。"楚王于是派使者封了钱库。楚国达官贵人吃惊地告诉陶朱公长子说："楚王将要实行大赦。"陶朱公长子问："怎么见得呢？"贵人说："每当楚王大赦时，常常先封钱库。昨晚楚王已派使者将其封了。"陶朱公长子认为既然大赦，弟弟自然就可以释放了，一千镒黄金等于虚掷庄生处，没有发挥作用，于是又去见庄生。庄生惊奇地问："你没离开吗？"陶朱公长子说："始终没离开。当初我为弟弟一事来，今天楚国正商议大赦，弟弟自然得到释放，所以我特意来向您告辞。"庄生知道他的意思是想拿回黄金，说："你自己到房间里去取黄金吧。"陶朱公长子便入室取走黄金，离开了庄生家，暗自庆幸黄金失而复得。

庄生被小儿辈出卖深感羞耻，就又入宫会见楚王说："我上次所说的某星宿的事，您说想用做好事来回报它。现在，我在外面听路人都说陶地富翁陶朱公的儿子杀人后被楚囚禁，他家派人拿出很多金钱贿赂楚王左右的人，所以君王并非体恤楚国人而实行大赦，而是因为陶朱公儿子才大赦的。"楚王大怒道："我虽然无德，怎么会因为陶朱公的儿子布施恩惠呢！"就下令先杀掉陶朱公儿子，第二天才下达赦免的诏令。陶朱公长子只能携带弟弟尸体回家了。

回到家后，母亲和乡邻们都十分悲痛，陶朱公却笑着说："我本来就知道长子一定救不了弟弟！他不是不爱自己的弟弟，只是有所不能忍心放弃的。他年幼就与我生活在一起，经受过各种辛苦，知道为生的艰难，所以把钱财看得很重，不敢轻易花钱。至于小儿子呢，一生下来就看到我十分富有，乘坐上等车，驱驾千里马，到郊外去打猎，哪里知道钱财从何处来，所以把钱财看得极轻，弃之也毫不吝惜。原本我打算让小儿子去，就是因为他舍得弃财，但长子不能弃财，所以终于害了自己的弟弟，这很合乎事理，不值得悲痛。我本来日日夜夜盼的就是二儿子的尸首被送回来。"

大儿子不受信任要自杀，范蠡只好派他去，我们要感慨古时人血性足，可是他犯了错误害死了弟弟，却没有想到自杀谢罪。范蠡明知委派大儿要葬送二儿性命，等尸首回来还笑着说明原委。这些都是非常之人的奇异心理和言行。

范蠡在儿子被杀的事件中，有三个忍耐：一是长子、小儿争着要去，他忍住内心的选择，让长子去；长子葬送了弟弟的性命，范蠡只能忍耐。一则长子不是存心害人，二则长子也是自己的儿子，不可能向他报复。二是庄生与自己的儿子赌气，逼使二儿死亡。范蠡忍耐不发，不向庄生报仇。此因一则长子有失误，二则庄生本是善良正直的好人，好人有时也会犯糊涂或有失误，范蠡不想与他为敌。三是二儿子被楚王杀了，范蠡只能忍耐，这是因为自己儿子杀人犯法。有的富豪，不分是非，自己的亲人犯法遭诛，救不成就报复，横行霸道。有许多怨恨，不是都可以报复的。

孙膑、范雎、吴起和韩信的受辱忍耐和奇妙报仇方式

孙武死后，隔了一百多年又出了一个孙膑。孙膑出生在阿城和鄄城一带，是孙武的后代子孙。他曾经和庞涓一道学习兵法。庞涓奉事魏国以后，当上了魏惠王的将军，却知道自己的才能比不上孙膑，就秘密地把孙膑找来。孙膑来了之后，庞涓又害怕他比自己贤能，忌恨他，于是假借罪名剐去他的膝盖骨，并且在他脸上刺了字，想让他隐藏起来不敢抛头露面。

齐国的使臣来到魏国的京城大梁，孙膑以犯人的身份秘密地会见了齐使，进行游说。齐国的使臣认为他是个难得的人才，就偷偷地用车把他载回齐国。齐国将军田忌不仅赏识他而且还像对待客人一样对待他。孙膑就跟随田忌，帮助他在赛马中赢得了齐王的千金赌注。于是田忌就把孙膑推荐给齐威王。齐威王向他请教兵法后，就把他当作老师。

后来魏国攻打赵国，赵国形势危急，向齐国求救。齐威王打算任用孙膑为主将，孙膑辞谢说："受过酷刑的人，不能任主将。"于是就任命田忌做主将，孙膑做军师，坐在带帐篷的车里，暗中谋划。田忌想要率领救兵直奔赵国，孙膑教他用围魏救赵之计，最终大败魏军。

十三年后，孙膑终于有了彻底报仇的机会。魏国和赵国联合攻打韩国，韩国向齐国告急。齐王派田忌率领军队前去救援，径直进军大梁。魏将庞涓听到这个消息，率师撤离韩国回魏，而齐军已经越过边界向西挺进了。孙膑示敌以弱，诱使庞涓陷入包围圈，面临灭顶之灾。马陵的道路狭窄，两旁又多是峻隘险阻，适合埋伏军队。孙膑就叫人砍去树皮，露出白木，写上："庞涓死于此树之下。"接着命令一万名善于射箭的齐兵，隐伏在马陵道两边，约定说："晚上看见树下火光亮起，就万箭齐发。"庞涓当晚果然赶到砍去树皮的大树下，看见白木上写着字，就点火照树干上的字，上边的字还没读完，齐军伏兵就万箭齐发，魏军大乱，互不接应。庞涓自知无计可施，败成定局，就拔剑自刎。齐军乘胜追击，把魏军彻底击溃，俘虏了魏国太子申回国。孙膑也因此名扬天下，后世流传着他的《兵法》。

孙膑拖着残疾的身躯，用犯人的身份，暗中接近齐国使者，说服使者将他偷带到齐国。在齐国忍耐了十几年，终于利用齐军，发挥自己的军事才华，彻底击败仇人庞涓带领的魏军，迫使他自杀，而且让他知道了自己是死于谁的手中。孙膑还精心设计了使庞涓陷于绝境的戏剧性场面，幽默而又出人意料，特别解恨。

范雎是魏国人，曾周游列国希图列国的国君接受自己的主张而有所作为，但没有成功，便回到魏国打算为魏王服务。可是他家境贫寒又没有办法筹集活动资金，就先在魏国中大夫须贾门下混事。

有一次，须贾为魏昭王出使齐国，到齐国办事，范雎也跟着去了。他们在齐国逗留了几个月，也没有什么结果。当时齐襄王得知范雎很有口才，就派专人给范雎送去了十斤黄金以及牛肉美酒之类的礼物，但范雎一再推辞不敢接受。须贾知道了这件事，大为恼火，认为范雎必是将魏国的秘密出卖给齐国了，所以才得到这种馈赠，于是他让范雎收下牛肉美酒之类的食品，而把黄金送回去。回到魏国后，须贾心里恼怒嫉恨范雎，就把这件事报告给魏国宰相。魏国的宰相是魏国公子之一魏齐。魏齐听了后大怒，就命令左右近臣用板子、荆条抽打范雎，打得范雎胁折齿断。当时范雎假装死去，魏齐就派人用席子把他卷了卷，扔在厕所里。又让喝醉了的宾客，轮番往范雎身上撒尿，故意污辱他，借以惩一警百，让别人不准再乱说。

卷在席子里的范雎还活着，就对看守说："您如果放走我，我日后必定重重地谢您。"看守有意放走范雎，就向魏齐请示把席子里的死人扔掉算了。可巧魏齐喝得酩酊大醉，就顺口答应了。范雎因而得以逃脱。后来魏齐后悔把范雎当死人扔掉，又派人去搜寻范雎。魏国人郑安平听说了这件事，于是就带着范雎一起逃跑了，他们隐藏了起来，范雎更改了姓名叫张禄。

在这个时候，秦昭王派出的使臣王稽出访魏国。郑安平就假装当差役，侍候王稽。王稽问他："魏国有贤能的人士愿跟我一起到西边去吗？"郑安平回答说："我的乡里有位张禄先生，想求见您，谈谈天下大事。不过，他有仇人，不敢白天出来。"王稽说："夜里你跟他一起来好了。"郑安平就在夜里带着张禄来拜见王稽。两个人的话还没谈完，王稽就发现范雎是个贤才，便对他说："先生请在三亭冈的南边等着我。"范雎与王稽暗中约好见面时间就离去了。

王稽辞别魏国上路后，经过三亭冈南边时载上了范雎，很快进入了秦国国境。车到湖邑时，远远望见有一队车马从西边奔驰而来。范雎便问："那边过来的是谁？"王稽答道："那是秦国国相穰侯去东边巡行视察县邑。"范雎一听是穰侯便说："我听说穰侯独揽秦国大权，他最讨厌收纳各国的说客，这样见面恐怕要侮辱我的，我宁可暂在车里躲藏一下。"不一会儿，穰侯果然来到，向王稽道过问候，便停下车询问说："关东的局势有什么变化？"王稽答道："没有。"穰侯又对王稽说："使臣先生该不会带着那里的说客一起回来了吧？这种人一点儿好处也没有，只会扰乱别人的国家罢了。"王稽赶快回答说："臣下不敢。"两人随即告别而去。

范雎对王稽说："我听说穰侯是个智谋之士，处理事情多有疑惑，刚才他怀疑车中藏着人，可是忘记搜查了。"于是范雎就跳下车来奔走，说："这件事穰侯不会罢休，必定后悔没有搜查车子。"大约走了十几里路，穰侯果然派骑兵追回来搜查车子，没发现有人，这才作罢。王稽于是与范雎进了咸阳。

王稽向秦王报告了出使情况后，趁机进言道："魏国有个张禄先生，此人是天下难得的能言善辩之士。他说'秦王的国家处境危险，已到了危如累卵的地步，能采用我的方略便可安全。但需面谈不能用书信传达'，所以我把他载到秦国来。"秦王不相信这套话，只让范雎住在客舍，给他粗劣的饭食吃。就这样，范雎有一年多时间一直在等待秦王接见。

当时，秦昭王已经即位三十六年了。秦国曾多次进攻韩、赵、魏三国，扩张了领土。昭王武功赫赫，因而讨厌那些说客，从不听信他们。

穰侯魏冉、华阳君是秦昭王母亲宣太后的弟弟，而泾阳君、高陵君都是秦昭王的同胞弟弟。穰侯担任国相，华阳君、泾阳君和高陵君轮番担任将军，他们都有封赐的领地，由于宣太后庇护的缘故，他们私家的富有程度甚至超过了国家。等到穰侯担任了秦国将军，他又要越过韩国和魏国去攻打齐国的纲寿，想借此扩大他的陶邑封地。为此，范雎就上书启奏秦王，讲了一大通道理和历史上的经验教训。读了这封书信，秦昭王心中大喜，便向王稽表达了歉意，派他用专车去接范雎。

这样，范雎才得以拜见秦昭王，到了宫门口，他假装不知道内宫的通道，就往里走。这时恰巧秦昭王出来，宦官发了怒，驱赶范雎，呵斥道："大王来了！"范雎故意乱嚷着说："秦国哪里有王？秦国只有太后和穰侯罢了。"他想用这些话激怒秦昭王。昭王走过来，听到范雎正在与宦官争吵，便上前去迎接范雎，并向他道歉说："我本该早就向您请教了，正遇到处理义渠事件很紧迫，我早晚都要向太后请示，现在义渠事件已经处理完毕，我才得机会向您请教。我这个人很糊涂、不聪敏，请让我向您敬行一礼。"范雎客气地还了礼。这一天凡是看到范雎谒见昭王情况的文武百官，没有一个不是肃然起敬的。

秦昭王喝退了左右近臣，宫中没有别的人。这时秦昭王长跪着向范雎请求说:"先生有何赐教?"范雎说:"嗯嗯。"停了一会,秦昭王又长跪着向范雎请求说:"先生有何赐教?"范雎说:"嗯嗯。"像这样询问连续三次。秦昭王长跪着说:"先生终究也不赐教于我了吗?"范雎就大谈:"吕尚遇到周文王时,只是个渭水边钓鱼的渔夫罢了,但文王与他交谈后便立他为太师,由此文王得到吕尚的辅佐而终于统一了天下。假使当初文王疏远吕尚而不与他深谈,这样周朝就没有了做天子的德望,而文王、武王也就无人辅佐来成就他们统一天下的大业了。如今我是个寄居异国他乡的臣子,与大王交情生疏,而我所希望陈述的都是匡扶补正国君的大事,我处在大王与亲人的骨肉关系之间来谈这些大事,现在您在上面害怕太后的威严,在下面被奸佞臣子的惺惺作态所迷惑,自己身居深宫禁院,离不开左右近臣的把持,终身迷惑不清,也没人帮助您辨出邪恶。长此下去,从大处说国家覆亡,从小处说您孤立无援岌岌可危,这是我所担忧的,只此而已。"

秦王请求他继续说下去,范雎谈了一些具体的建议。秦王于是授给范雎客卿官职,同他一起谋划军事,听从范雎的谋略,派五大夫绾带兵攻打魏国,拿下了怀邑。两年后,又夺取了邢丘。他接着建议秦王拉拢韩国。然后提醒和帮助昭王废了太后,把穰侯、高陵君以及华阳君、泾阳君驱逐出国都。秦昭王任命范雎为相国,把应城封给范雎,封号称应侯。这个时候,是秦昭王四十一年(前266年)。

范雎做了秦国相国之后,秦国人仍称他叫张禄,而魏国人对此毫无所知,认为范雎早已死了。魏王听到秦国即将向东攻打韩、魏两国的消息，便派须贾出使秦国。范雎得知须贾到了秦国，便隐蔽了相国的身份改装出行，他穿着破旧的衣服偷空步行到客馆，见到了须贾。须贾一见范雎不禁惊愕道："范叔原来没有灾祸啊！"范雎说："是啊。"须贾笑着说："范叔是来秦国游说的吧？"范雎答道："不是的。我前时得罪了魏国宰相，所以流落逃到这里，怎么能还敢游说呢！"须贾问道："如今你干些什么事？"范雎答道："我给人家当差役。"须贾听了有些怜悯他，便留下范雎一起坐下吃饭，又不无同情地说："范叔竟贫寒到这个样子！"于是就取出了自己一件粗丝袍送给了他。须贾问范雎："秦国的相国张君，你知道他吗？我听说他在秦王那里很得宠，有关天下的大事都由相国张君决定。这次我办的事情成败也都取决于张君。你小子有没有跟相国张君熟悉的朋友啊？"范雎说："我的主人很熟悉他。就是我也能求见他，请让我把您引见给张君。"须贾很不以为然地说："我的马病了，车轴也断了，不是四匹马拉的大车，我是决不出门的。"范雎说："我愿意替您向我的主人借来四匹马拉的大车。"

范雎回去弄来四匹马拉的大车，并亲自给须贾驾车，直到进了秦国相府。相府里的人看到范雎驾着车子来了，有些认识他的人都回避离开了。须贾见到这般情景感到很奇怪。到了相国办公地方的门口，范雎对须贾说："等等我，我替您先进去向相国张君通报一声。"须贾就在门口等着，拽着马缰绳等了很长时间不见人来，便问门卒说："范叔进去很长时间了不出来，是怎么回事？"门卒说："这里没有范叔。"须贾说："就是刚才跟我一起乘车进去的那个人。"门卒说:"他就是我们相国张君啊。"须贾一听大惊失色,自知被诬骗进来,就赶紧脱掉上衣,光着膀子双膝跪地而行,托门卒向范雎认罪。

于是范雎派人挂上盛大的帐幕,召来许多侍从,才让须贾上堂来见。须贾见到范雎连叩响头口称死罪,说:"我没想到您靠自己的能力达到这么高的尊位,我不敢再读天下的书,也不敢再参与天下的事了。我犯下了应该煮杀的大罪,把我抛到荒凉野蛮的胡貉地区我也心甘情愿,让我活让我死只听凭您的决定了!"范雎说:"你的罪状有多少?"须贾连忙答道:"拔下我的头发来数我的罪过,也不够数。"范雎说:"你的罪状有三条。从前楚昭王时申包胥为楚国谋划打退了吴国军队,楚王把楚地的五千户封给他作食邑,申包胥推辞不肯接受,因为他的祖坟在楚国,打退吴军也可保住他的祖坟。现在我的祖坟在魏国,可是你前时认为我对魏国有外心暗通齐国而在魏齐面前说我的坏话,这是你的第一条罪状。当魏齐把我扔到厕所里肆意侮辱我时,你不加制止,这是第二条罪状。更有甚者你喝醉之后往我身上撒尿,你何等的狠心啊?这是第三条罪状。但是你之所以能不被处死,是因为从今天你赠我一件粗丝袍来看,还有点儿老朋友的依恋之情,所以给你一条生路,放了你。"范雎随即进宫把事情的原委报告了昭王,决定不接受魏国来使,责令须贾回国。

须贾去向范雎辞行,范雎便大摆宴席,请来所有诸侯国的使臣,与他同坐堂上,酒菜饭食摆设得很丰盛。而让须贾坐在堂下,在他面前放了一槽草豆掺拌的饲料,又命令两个受过墨刑的犯人在两旁夹着他，像马一样喂他吃饲料。范雎责令他道："给我告诉魏王，赶快把魏齐的脑袋拿来！不然的话，我就要屠平大梁。"须贾回到魏国，把情况告诉了魏齐，魏齐大为惊恐，便逃到了赵国，躲藏在平原君的家里。

范雎担任了秦相之后，为报答王稽的恩情，请求秦昭王任命他做河东郡守，并且允许他三年之内可以不向朝廷汇报郡内的政治、经济情况。范雎又向秦昭王举荐曾保护过他的郑安平，昭王便任命郑安平为将军。范雎于是散发家里的财物，用来报答所有那些曾经帮助过他的处境困苦的人。哪怕是仅给过他一顿饭吃的小恩小惠，他也是必定报答的；纵然只是瞪过他一眼的小怨小仇，他也是必定报复的。

范雎任秦相的第二年，也就是秦昭王四十二年（前265年），秦昭王听说魏齐藏在平原君的家里，想替范雎报这个仇，就假装交好，写了一封信给平原君，邀请他来小住，畅饮十天。平原君本就畏惧秦国，看了信又认为秦昭王真的有意交好，便到秦国见了秦昭王。昭王陪着平原君宴饮数日后对平原君说："从前周文王得到吕尚，尊他为太公，齐桓公得到管夷吾，尊他为仲父，如今范先生也是我的叔父啊。范先生的仇人住在您家里，希望您派人把他的脑袋取来，不然的话，我就不让您出函谷关。"平原君不肯出卖朋友，昭王又给赵国国君写了一封信说："大王的弟弟在我秦国这里，而范先生的仇人魏齐就在平原君家里。大王派人赶快拿他的脑袋来，不然的话，我要发动军队攻打赵国，而且不把大王的弟弟放出函谷关。"魏齐闻讯出逃后，走投无路，刎颈自杀了。赵王得知魏齐自杀身亡，终于取了他的脑袋送到秦国。秦昭王这才放平原君回赵。

范雎在魏国被魏相魏齐屈打，几乎致死，但他能够忍耐，后来"羁旅入秦"，发挥能言善辩、足智多谋的惊世才华，终于位居秦相。范雎任相后对外提出远交近攻的策略，对内歼灭外戚势力，巩固中央集权，为秦国成就帝业奠定了基础，功绩颇大。但他功成名就之后，其致命弱点"一饭之德必赏，睚眦之怨必报"的狭隘性格膨胀，秦军在长平大败赵军后不久，他就与武安君白起结下了怨仇，将相不和。范雎向昭王进谗言，把白起杀了，而他荐举的恩人王稽犯法被杀，郑安平兵败投敌，范雎一筹莫展，声誉扫地。

吴起是卫国人，善于用兵。曾经向曾子求学，奉事鲁国国君。齐人攻打鲁国时，吴起率领军队攻打齐国，大败齐军。因吴起胜利有功，鲁国就有人开始诋毁他，他只好投奔魏国。魏文侯任用他为主将，攻打秦国，夺取了五座城池。魏文侯死后，吴起在魏国待不住，又去了楚国。

楚悼王一向就听说吴起贤能，刚到楚国就任命他为国相。他使法明确，依法办事，令出必行，淘汰并裁减无关紧要的冗员，停止对疏远贵族的按例供给，将节约的财富用于强兵。吴起在楚国国内进行的大刀阔斧的改革，使楚国国力逐渐强大，于是向南平定了百越，向北吞并了陈国和蔡国，打退了韩、赵、魏三国的进攻，向西又讨伐了秦国。诸侯各国对楚国的强大感到忧虑。吴起治军和治国有方，富有谋略，更能爱惜士卒，他的一生是在战场上战无不胜的一生。

尽管吴起坚持变法，取得了成效，但他进行的种种措施触犯了旧贵族的利益，招致了他们的怨恨，为自己埋下了杀身之祸。

等悼公一死，王室大臣就发动骚乱，攻打吴起。吴起自知死日已到，无法自救，便逃到楚悼王停尸的地方，趴在悼王的尸体上。这些杀害他的贵族都是愚妄的笨蛋，一心只想杀人，中了吴起之计。这帮人趁机用箭射吴起，同时也射中了悼王的尸体。等把悼王安葬停当后，太子即位。就让令尹把射杀吴起同时射中悼王尸体的人，全部处死，由于射杀吴起而被灭族的有七十多家。吴起这个仇报得痛快，他救不了自己，就用同归于尽的方法，引诱仇敌。他死的时候，已经预知这个结局，所以减少了不少遗憾和痛苦。

韩信忍辱功夫很好，但他对欺凌自己的仇人的态度出人意料。

韩信年轻时，非常落魄。淮阴的屠户中有个年轻人侮辱韩信说："你虽然长得高大，喜欢佩带刀剑，其实是个胆小鬼。"又当众侮辱他说："你要不怕死，就拿剑刺我；如果怕死，就从我胯下爬过去。"于是韩信仔细地打量了他一番，低下身去，趴在地上，从他的胯下爬了过去。满街的人都笑话韩信，认为他胆小。

韩信投奔汉高祖刘邦，任大将军，封为楚王。他衣锦还乡之后，报答恩赐他饭食的漂母，召见曾经侮辱过自己、让自己从他胯下爬过去的年轻人，任用他做了中尉，并告诉将相们说："这是位壮士。当他侮辱我的时候，我难道不能杀死他吗？杀掉他没有意义，所以我忍受了一时的侮辱而成就了今天的功业。"他解释了当时忍辱的原因，不仅不报仇，反而赏赐此人当官。不少人因此而称赞韩信大度。拙著《流民皇帝——从刘邦到朱元璋》批评韩信此举说：其实，他的这种言行除了表现他能忍并大度外，别无深远意义。给曾经羞辱过自己的无赖少年以中尉之职，还乱捧他为"壮士"，是故作姿态，此人是否有此才德任职？韩信无疑是在"作秀"。江山易改，本性难易。此人还可能会利用手中的权力欺压和残害百姓。韩信赏他官职是慷国家之慨，损害了国家和民众的利益。

第四章 "无韵之离骚"——《史记》的 伟大文学成就

《史记》取得了伟大的文学成就，达到了"艺进乎道"的高度。

《庄子》说："艺进乎道。"这是对技艺、著作的最高要求。

《淮南子·要略》说："言道而不言事，则无以与世沉浮；言事而不言道，则无以与化游息。"文艺创作要入世，也可适俗，但必须还能出世，更不能疏于问道。"与化游息"，是参透人心精微，找到这个世界原始图景的问道追求。道是人世人事的最高规律、宇宙的真理，《史记》究天人之际，通古今之变——又有出神入化的文学成就，即已"艺进乎道"了。

第一节 "想见其为人"：传记文学的巅峰之作

司马迁在《史记·孔子世家》篇末说："余读孔氏书，想见其为人。"《屈原贾生列传》最后也说："余读《离骚》《天问》《招魂》《哀郢》，悲其志。适长沙，观屈原所自沉渊，未尝不垂涕，想见其为人。"司马迁对他心仪的孔子、屈原和文化泰斗、杰出人物，都"想见其为人"，也写出其为人。

《史记》全书除了书、表，都记载人物，《本纪》和《世

225

家》中记载朝代和列国的，也主要是记载人物。

琳琅满目的人物画廊

《史记》中"本纪"和"列传"是主体，都是记载历史人物的传记，前者记叙帝王，后者记叙各方面代表人物。《史记》将远古至西汉各种集团、各种阶层、各种职业的名人，几乎一网打尽。

此外，司马迁极其重视记叙神奇、奇异人物的生平和事迹，为我们展开了琳琅满目的人物画廊。

本书各章已经评论了多位帝王将相，这里选择《扁鹊仓公列传》来介绍古代名医的高超医术和传奇事迹。

《扁鹊仓公列传》是记叙古代名医事迹的合传，一位是战国时期的扁鹊，另一位是西汉初年的淳于意。通过对两位享有盛誉的名医业绩的介绍，使人了解到中国传统医学在西汉前已有很高的水平。

战国时期的扁鹊，是渤海郡鄚（mào）人，姓秦，名越人。年轻时做人家客馆的主管。传说后来他从奇人长桑君那里学到了秘藏的医方，按照长桑君说的，服药三十天就能看见墙另一边的人。因此扁鹊诊视别人的疾病时，能看到其五脏内所有的病症，只是表面上还在为病人切脉。

晋昭公时，赵简子是大夫，却独掌国事。赵简子病了，五天不省人事，大夫们都很忧惧，于是召来扁鹊。扁鹊入室诊视病后走出，大夫董安于向扁鹊询问病情，扁鹊说："他的血脉正常，你们何必惊怪！从前秦穆公曾出现这种情形，昏迷了七天才苏醒。醒来的当天，告诉公孙支和子舆：

'我到天帝那里后非常快乐。我之所以去那么长时间，是因为正好碰上天帝要指教于我。天帝告诉我"晋国将要大乱，会五代不安定。之后将有人成为霸主，称霸不久他就会死去。霸主的儿子将使你的国家男女淫乱"。'公孙支把这些话记下收藏起来，后来秦国的史书才记载了此事。晋献公的混乱，晋文公的称霸，以及晋襄公打败秦军后在崤山后放纵淫乱，这些都是你所闻知的。现在你们主君的病和他相同，不出三天会痊愈，痊愈后必定也会说一些话。"

过了两天半，赵简子苏醒了，告诉众大夫："我到天帝那儿非常快乐，与百神游玩在天的中央，那里各种乐器奏着许多乐曲，大家跳着各种各样的舞蹈，那不像上古三代时的乐舞，乐声动人心魄。后来有一只熊要抓我，天帝命令我射杀它，我射中了熊，熊死了。有一只罴走过来，我又射它，又射中了，罴也死了。天帝非常高兴，赏赐我两个竹笥（sì），里边都装有首饰。我看见我的儿子在天帝的身边，天帝把一只翟犬托付给我，并说：'等到你的儿子长大成人时赐给他。'天帝告诉我说：'晋国将会一代一代地衰微下去，过了七代就会灭亡。秦国人将在范魁的西边打败周人，但他们也不能拥有周的政权。'"董安于听了这些话后，记录并收藏起来。人们把扁鹊说过的话告诉赵简子，赵简子赐给扁鹊田地四万亩。

扁鹊路经虢国，正碰上虢国太子死去，扁鹊说："我能使他复活。"他在宫外即决断太子耳有鸣响、鼻翼翕张，顺着两腿摸到阴部，那里应该还是温热的。扁鹊对虢国国王说："太子得的病，就是人们所说的'尸厥'。"并分析了病因。然后扁鹊就叫他的学生子阳磨砺针石，取穴百会下针。过了一会儿，太子苏醒了。又让学生子豹准备能入体五分的药熨，再加上八减方的药剂混合煎煮，交替在两胁下熨敷。太子就能够坐起来了。进一步调和阴阳，仅仅吃了汤剂二十天，太子的身体就恢复得和从前一样了。

扁鹊到了齐国，他告诉桓侯，说："您有小病在皮肤和肌肉之间，不治将会深入体内。"桓侯说："我没有病。"过了五天，扁鹊再去见桓侯，说："您的病已在血脉里，不治恐怕会深入体内。"桓侯说："我没有病。"过了五天，扁鹊又去见桓侯，说："您的病已在肠胃间，不治将更深侵入体内。"桓侯不肯答话。过了五天，扁鹊又去，看见桓侯就后退跑走了。桓侯派人问他跑的缘故。扁鹊说："疾病在皮肉之间，汤剂、药熨的效力就能达到治病的目的；疾病在血脉中，靠针刺和砭石的效力就能达到治病的目的；疾病在肠胃中，药酒的效力就能达到治病的目的；疾病进入骨髓，就是掌管生命的神也无可奈何了。现在疾病已进入骨髓，我因此不再要求为他治病。"过了五天后，桓侯患了重病，派人召请扁鹊，扁鹊已逃离齐国。于是桓侯就病死了。

扁鹊总结出六种患病的情形不能医治：为人傲慢放纵不讲道理，是一不治；轻视身体看重钱财，是二不治；衣着饮食不能调节适当，是三不治；阴阳错乱，五脏功能不正常，是四不治；形体非常羸弱，不能服药的，是五不治；信巫不信医（迷信巫术不相信医术的），是六不治。

扁鹊名声传扬天下，到处为人治病。秦国的太医令李醯自知医术不如扁鹊，派人刺杀了扁鹊。

淳于意是临淄（今山东淄博东北）人，拜师学习医术，学了三年之后，为人治病，预断死生，多能应验。

汉文帝四年（前176年），有人上书朝廷控告淳于意，根据刑律罪状，要用传车押解他到长安去。淳于意最小的女儿缇萦跟随父亲西行，上书朝廷救出父亲。文帝亲自询问淳于意的医术。淳于意介绍自己得到高人的真传，并列举了自己医治过的一些病例：

"齐国名叫成的侍御史自述得了头疼病，我诊完脉，只告诉他的弟弟昌说：'这是疽病，在肠胃之间发生的，五天后就会肿起来，再过八天就会吐脓血而死。'成的病是酗酒后行房事得的。成果然如期而死。

"齐国名叫信的中御府长病了，我去他家诊治，切脉后告诉他说：'是热病的脉气，然而暑热多汗，脉稍衰，不至于死。'又说：'得这种病，是天气严寒时曾在流水中洗浴，洗浴后身体就发热了。'他说：'嗯，就是这样！去年冬天，我为齐王出使楚国，走到莒（jǔ）县阳周水边，看到莒桥坏得很厉害，我就揽住车辕不想过河，马突然受惊，一下子坠到河里，我的身子也淹进水里，差一点儿淹死，随从官吏马上跑来救我，我从水中出来，衣服全湿了，身体寒冷了一阵，冷一止住全身发热如火，到现在不能受寒。'我立即为他调制液汤火剂驱除热邪，服一剂药不再出汗，服两剂药热退去了，服三剂药病止住了。又让他服药大约二十天，身体就像没病的人了。

"齐国章武里的曹山跗生病，我诊脉后说：'这是肺消病，加上寒热的伤害。'我告诉他的家人说：'这种病必死，不

能治愈。你们就满足病人的要求，去供养他，不必再治了。'
山跗的病，是因为大怒后行房事得的。

　　"齐国的中尉潘满如患小腹疼的病，我切过他的脉后说：
'这是腹中的气体遗留，积聚成了"瘕症"。'我对齐国名叫
饶的太仆、名叫由的内史说：'中尉如不能自己停止房事，
就会在三十天内死去。'过了二十多天，他就尿血死去。他
的病是因酗酒后行房而得。

　　"济北王病了，召我去诊治，我说：'这是"风厥"使
胸中胀满。'马上为他调制药酒，他喝了三天，病就好了。
他的病是因出汗时伏卧地上而得。

　　"齐国北宫司空名叫出於的夫人病了，许多医生都认为
是风气入侵体中，主要是肺有病，就针刺足少阳经脉。我
诊脉后说：'是疝气病，疝气影响膀胱，大小便困难，尿色
赤红。这种病遇到寒气就会遗尿，使人小腹肿胀。'她的病，
是因为想解小便又不能解，然后行房事才得的。

　　"从前济北王的乳母说自己的足心发热胸中郁闷，我告
诉她：'是热厥病。'在她足心各刺三穴，出针时，用力按
住穴孔，不能使血流出，病很快就好了。她的病是因为喝
酒大醉而得。

　　"济北王召我给他的侍女们诊病，诊到名叫竖的女子，
她看起来没有病，但我告诉永巷长说：'竖伤了脾脏，不能
太劳累，依病理看，到了春天会吐血而死。'我问济北王：'这
个人有什么才能？'济北王说：'她喜好方技，有多种技能，
能在旧方技上创出新意来，去年从民间买的，和她一样的
四个人，共用四百七十万钱。'接着他又问：'她是不是有

病？'我回答说：'她病得很重，依病理会死去。'济北王又一次叫她过来，看她的脸色没有变化，认为我说得不对，没有把她卖给其他诸侯。到了第二年春天，她捧着剑随王去厕所，王离去，她仍留在后边，王派人去叫她，她已脸向前倒在厕所里，吐血而死。她的病是因流汗引起，流汗的病人，依病理说是病重在内里，从表面看，毛发、脸色有光泽，脉气不衰，这也是内关的病。

"齐国中大夫患龋病，我灸他的左手阳明脉，又立即为他调制苦参汤，每天用三升漱口，经过五六天，病就好了。他的病得自风气，以及睡觉时张口，食后不漱口。

"菑川王的美人怀孕难产，召我诊治，我用莨菪（làng dàng）药末一撮，用酒送服，她很快就生产了。我又诊她的脉，发现脉象急躁。脉急还有其他的病，就用消石一剂给她喝下，接着阴部流出血块来，约有五六枚血块像豆子一样大小。

"齐国丞相门客的奴仆跟随主人上朝进入王宫，我看到他在闺门外吃东西，望见他的容颜有病色，我当即把此事告诉了名叫平的宦官，他因喜好诊脉而向我学习。我就用这个奴仆做例子指导他，告诉他说：'这是伤脾脏的容色，到明年春天，他胸膈会阻塞不通，不能吃东西，依病理到夏天将泄血而死。'他听后到丞相那禀报说：'您门客的奴仆有病，病得很重，死期有日。'丞相问：'你怎么知道的？'他回答说：'丞相上朝入宫时，他在闺门外吃饭，我和太仓公站在那里，太仓公告诉我，患这种病是要死的。'丞相就把这个门客召来问他：'您的奴仆有病吗？'门客说：'我的奴仆没有病，身体没有疼痛的地方。'到了春天那个奴仆果然病了，四月时，泄血而死。他的病是因流汗太多，受火烤后又在外面受了风邪而得。

"菑川王病，召我去诊脉，我说：'这是热邪逆侵上部，症状严重的"蹶"病，造成头疼身热，使人烦闷。'我就用冷水拍在他头上，并针刺他的足阳明经脉，左右各刺三穴，病很快好了。他的病是因洗完头发，没擦干去睡觉引起的。

"齐王黄姬的哥哥黄长卿在家设酒席请客，请了我。客人入座，还没上菜。我见王后弟弟宋建容色异常就说：'你有病，四五天前，你腰胁疼得不能俯仰，也不能小便。不赶快医治，病邪就会浸润肾脏。要趁着还没滞留在五脏，迅速治它。现在你的病情只是病邪刚刚侵入浸润着肾脏，这就是人们说的"肾痹"。'宋建说：'你说对了，我确实曾腰脊疼过。四五天前，天正下雨，黄氏的女婿们到我家里，看到了我家库房墙下的方石，就举起了它，我也想要效仿去做，举不起来，就把它放下了。到了黄昏，就腰脊疼痛，不能小便了，到现在也没有痊愈。'他的病是因喜好举重物引起。我为他调制柔汤服用，十八天病就痊愈了。

"济北王有一个姓韩的侍女腰背疼，恶寒发热，许多医生都认为是寒热病，我诊脉后说：'是内寒，月经不通。'我用药为她熏灸，过一会儿，月经就来了，病好了。她的病是因想得到男人却不能够引起的。

"临菑汜（fán）里一个叫薄吾的女人病得很重，许多医生都认为是寒热病，会死，无法医治。我诊脉后说：'这是"蛲瘕病"。'这种病，使人肚子大，腹部皮肤黄而粗糙，用手触摸病人肚腹，病人感到难受。我用芫花一撮让病人用水送服，随即泄出约有几升的蛲虫，病也就好了。过了三十天，身体和病前一样。蛲瘕病得自寒湿气，寒湿气郁积太多，不能发散，变化为虫。

"齐国姓淳于的司马病了，我诊脉后说：'你应该是"迵风病"。迵风病的症状是，饮食咽下后就又呕吐出，得这种病的原因是吃过饱饭就跑。'他回答说：'我到君王家吃马肝，吃得很饱，看到送上酒来，就跑开了，后来又骑着快马回家，到家就下泄几十次。'我告诉他说：'用米汁送服火剂汤，过七八天就会痊愈。'

"齐国名叫破石的中郎得了病，我诊脉后，告诉他说：'肺脏伤害，不能医治了，会在十天后的丁亥日尿血而死。'过了十一天，他尿血而死。他的病，是因从马背上摔到坚硬的石头上而得。我的老师说：'病人能吃东西喝水就能拖过死期，吃不下饭喝不下水不到死期就会死去。'这个人喜欢吹黍米，黍能补肺气，所以就拖过了死期。这个人喜欢安静，不急躁，又能长时间地安稳坐着，伏在几案上睡觉，所以血就会从下排泄而出。

"齐王名叫遂的侍医生病，自己炼五石散服用。他说：'从前扁鹊说过"阴石可以治阴虚有热的病，阳石可以治阳虚有寒的病"。药石的方剂都有阴阳寒热的分别，所以内脏有热的，就用阴石柔剂医治；内脏有寒的，就用阳石刚剂医治。'我告诉他不能服用五石散，他不听我的劝告而死。这是因为，名医总结的理论只是概括大体情形，提出大体的原则，平庸的医生如有一处没能深入学习理解，就会使识辨阴阳条理的事出现差错。"

以上病例的内容已经非常精彩，显示了先秦和西汉时期中医的高超医术。

司马迁最后说：像扁鹊和淳于意这样的名医，造福于人，但是受到同样的妒忌暗算或小人的诬告。因此司马迁在篇末写道："女人无论美与丑，住进宫中就会被人嫉妒；士人无论贤与不贤，进入朝廷就会遭人疑忌。所以扁鹊因为他的医术遭殃，淳于意于是自隐形迹，还被判处刑罚。缇萦上书皇帝，她的父亲才得到后来的平安。所以老子说'美好的东西都是不吉祥之物'，哪里说的是扁鹊这样的人们呢？像淳于意这样的人，也和这句话所说的意思接近啊。"

这篇名医的传记，写法特殊，重点不在于记载传主扁鹊和淳于意的生平，主要内容是展示众多疗效神奇的医案，让我们大开眼界。通过这些医案，作者描写了多个病人的故事，展示了当时社会、生活的风貌，也让我们增加了不少见识。司马迁最后又揭示有大本领的天才人物，常常受人妒忌，惨遭暗算。世道是严峻的，古今中外一样，善良的人们，要善于保护自己。

神奇的人物形象与事迹

前已言及，司马迁极其重视记叙神奇、奇异人物的生平和事迹。对此，扬雄说："文丽用寡，长卿也；多爱不忍，子长也。仲尼多爱，爱义也；子长多爱，爱奇也。"（《法言·君子》）刘勰说《史记》："爱奇反经之尤。"（《文心雕龙·史传》）。苏辙则高度评价《史记》的"奇气"，识见更高，其《上枢密韩太尉书》中说："以为文者，气之所形，然文不可以学而能，气可以养而致。孟子曰：'我善养吾浩然之气。'今观其文宽厚宏博，充乎天地之间，称其气之小大。太史公行天下，周览四海名山大川，与燕赵间豪俊交游，故其文疏荡，颇有奇气。"

司马迁文有奇气，他"好奇""爱奇"——喜欢记载和描写各类奇异人物和奇异事迹。

《刺客列传》依次记载了春秋战国时代曹沫、专诸、豫让、聂政和荆轲等五位著名刺客的事迹。《太史公自序》说"曹子匕首，鲁获其田，齐明其信；豫让不为二心"，而未提及专诸、聂政、荆轲。司马迁在本传的赞语中说：自曹沫至荆轲五人，"此其义或成或不成，然其主意较然，不欺其志，名垂后世，岂妄也哉！"司马迁赞誉他们的志向意图都很清楚明朗，都没有违背自己的良心，名声流传到后代。

《史记》专门记叙奇异人物的篇章有《刺客列传》《游侠列传》《滑稽列传》《日者列传》《龟策列传》五篇。实际上，用今人的眼光看，上节介绍的《扁鹊仓公列传》也是传奇或奇异人物。

《刺客列传》是第一篇奇异人物的传记，吴见思《〈史记〉论文》说：太史公"遇一种题，便成一种文字"，本传堪称《史记》全书中"第一种激烈文字"。

本传第一个刺客曹沫劫持齐桓公，幸亏有管仲缘情理而谏说，桓公权其利害而选择宽容，曹沫得以身名两全。

专诸刺王僚，略作铺叙之后进入高潮，伏甲、具酒、藏刀和王前擘鱼行刺，系列动作清晰完成，事成身死，其子得封。

豫让刺襄子，过程曲折，"义不二心"而襄子偏又义之，最后以刺衣伏剑结束。

聂政刺侠累，过程更为曲折。聂政避仇市井，仲子具酒奉金，仲子固让，聂政坚谢，以母死归葬告一段落，后以感恩图报再做行刺，最后以聂政姊哭尸结束。

本传最后写荆轲刺秦王、易水饯行、"图穷匕首见"等，皆已为千古名篇文字。荆轲的人生和行刺过程，悲壮而富有诗意。

值得注意的是，战国四大刺客专诸、豫让、聂政、荆轲，竟然皆武功平平。卓越之处，在于"主意"，或曰"意志"，也即扶弱拯危、不畏强暴、为达到行刺或行劫目的而置生死于度外的刚烈精神。他们的人生价值，唯在敢于赴死。而这种精神的基础则是"士为知己者死"。

《滑稽列传》是滑稽人物的类传。滑稽今作诙谐幽默之意，而《滑稽列传》的"滑稽"定义是言辞流利，正言若反，思维敏捷，没有阻难。这个定义据《太史公自序》曰："不流世俗，不争势利，上下无所凝滞，人莫之害，以道之用。作《滑稽列传》。"

此篇记叙的淳于髡、优孟、优旃一类滑稽人物具有"不流世俗，不争势利"的可贵精神，及其"谈言微中，亦可以解纷"的非凡讽谏才能。"齐髡以一言而罢长夜之饮，优孟以一言而恤故吏之家，优旃以一言而禁暴主之欲。"他们出身虽然微贱，未受过高深教育，但却机智聪敏，能言多辩，善于缘理设喻，察情取譬，借事托讽，因而其言其行起到了与"六艺于治一也"的重要作用，具有影响历史的重大意义。因此此篇开首即说：

> 孔子曰："六艺（即儒家的经典著作'六经'，指《礼》《乐》《书》《诗》《易》《春秋》）于治一也（对于治理国家来讲，作用是相同的）。《礼》以节人（节制、规范人的言行和生活方式），《乐》以发和（促进和谐团结），《书》以道事（记述往古事迹和典章制度），《诗》以达意（抒情达意），《易》以神化（窥探天地万物的神奇变化），《春秋》以义（用来通晓微言大义、衡量是非曲直）。"

篇末太史公曰："天道恢恢，岂不大哉！谈言微中，亦可以解纷。"

《游侠列传》是《史记》名篇之一，记述了汉代著名侠士朱家、剧孟和郭解的史实。司马迁归纳不同类型的侠客，充分地肯定了"布衣之侠""乡曲之侠""闾巷之侠"，赞扬了他们"其言必信，其行必果，已诺必诚，不爱其躯，赴士之厄困""不矜其能，不伐其德"等高贵品德。司马迁称赞他们是倾倒天下大众的英雄，并对他们的不幸遭遇表示同情，对迫害他们的人表示极大愤慨。司马迁批评公孙弘等的诛侠之举，于是班固称此文是"退处士而进奸雄"（《汉书·游侠传》）。

《史记》其他传记中也有侠士，如《季布栾布田叔列传》记叙："季布者，楚人也，为气任侠，有名于楚。"他曾为项羽部下，率军"数窘汉王"，归汉后，当然为刘邦所恨；他在汉朝任官，并不因自己是降臣而胆小怕事、畏首畏尾。吕后因受匈奴侮辱而欲起兵讨伐，功臣樊哙大言"臣愿得十万众，横行匈奴中"，诸将起哄响应，独季布断然反对：当年高帝将兵四十万尚被困平城，樊哙之言纯属"面欺"！进一步，更警告道：昔秦为讨胡，引起陈胜起义，今樊哙的"面谀"亦将使天下摇动。季布的话难听得很，吕后大怒，群臣大恐，吕后悻悻然宣布罢朝，但伐匈奴的事也就从此罢议。后来他又曾当面批评汉文帝，真可谓侠性难改。①

《汲郑列传》记载文臣汲黯"学黄老之言"，但他没有黄老的柔性，脾气坏，不能团结持不同意见的朋友，"然好学，游侠，任气节，内行修洁，好直谏，数犯上之颜色"。他敢于不断批评，坚持一生向汉武帝进谏。

司马迁看到任侠、游侠之大臣，能将侠气带到朝廷上，赤心为国，敢于谏诤。而汉高祖、吕太后、汉文帝和汉武帝能够容忍和重用他们，是西汉朝廷民主氛围和正气弥漫的一种体现。

除了奇异人物的传记，历史人物中也有不少奇异者，如旷古绝今的"西楚霸王"项羽即有两个奇异之处。

《史记·项羽本纪》首先记载项羽的奇异之处："籍长八尺余，力能扛鼎，才气过人，虽吴中子弟皆已惮籍矣。"结尾又强调他的奇异之处："吾闻之周生曰，舜目盖重瞳子，又闻项羽亦重瞳子。"

---

① 董乃斌、程蔷：《正史中的侠——兼论侠的正面意义》，《中华读书报》2008 年 3 月 27 日。

秦汉时期有多个"力能扛鼎"的人，如《史记·秦本纪》记载了秦武王和他周边陪他训练的武士都"力能扛鼎"，后来他举鼎时不慎受伤而死。另有刘邦少子淮南厉王刘长、武帝子广陵厉王刘胥。汉在宫中设鼎官，判定殿前举鼎的成绩，可见能举鼎者颇多。但因《史记·项羽本纪》的渲染，项羽最为有名。

至于重瞳①，古代相术认为重瞳是一种异相、吉相，象征着吉利和富贵，且是帝王的象征。后人诗文中常称项羽为"楚重瞳"。中国史书和典籍上记载或提到重瞳的有多人：

仓颉，传说中黄帝的史官、汉字的创造者，双瞳四目。《论衡·骨相篇第十一》："仓颉四目，为黄帝史。"

虞舜，传说中的五帝之一。《尸子》："舜两眸子，是谓重瞳。"《神异赋》："若夫舜目重瞳，遂获禅尧之位。"

晋文公重耳（前697或前671—前628），春秋五霸之一，与齐桓公并称"齐桓晋文"。明朝冯梦龙《东周列国志》第三十五回："负羁又曰：晋公子贤德闻于天下，且重瞳骈胁，大贵之征。"

王莽（前45—23），新朝开国皇帝。《论衡》卷十六："虞舜重瞳，王莽亦重瞳。"

沈约（441—513），南朝梁开国功臣，政治家、文学家、史学家，左眼是重瞳。《梁书》卷十三："约左目重瞳子，腰有紫志，聪明过人。"陆龟蒙《奉和袭美抱疾杜门见寄次

---

① 重瞳，眼睛有两个瞳孔，与双瞳——有两个眼珠不同。

韵》："但医沈约重瞳健，不怕江花不满枝。"

吕光（338—400），十六国时期横扫西域的后凉君主。《佛祖历代通载》卷七："仕苻坚官至太尉。生光身长八尺四寸。目有重瞳。王猛见而异之。举以为将。率兵七万西征。降者四十余国。"

鱼俱罗（？—613），隋朝名将，大败突厥，威震塞上，相传用计设杀猛将李元霸。《隋书》卷六十四："俱罗相表异人，目有重瞳，阴为帝之所忌。"

朱友孜（894—915），后梁太祖朱温第八子。《新五代史》卷十三："康王友孜，目重瞳子，尝窃自负，以为当为天子。"

刘旻（895—954），五代十国时北汉开国皇帝，后汉高祖刘知远堂弟。《新五代史》卷七十载汉高祖母弟刘旻"目重瞳子"。

李煜（937—978），五代十国时南唐末代君王，即李后主，著名词人。《新五代史》卷六十二载李煜"一目重瞳子"。

明玉珍（1331—1366），元末义军领袖，出身农民，曾在重庆称帝，国号"夏"，年号"天统"。《七修类稿》卷八："明玉珍，随州人，长八尺，重瞳，弓兵之首也。"《明史》："身长八尺余，目重瞳子，素有大志。"

另外还有人提到，颜回（前521—前490，孔子最中意的弟子）、黄初平（328—386，东晋金华著名道士）、黄巢（？—884，唐朝末年农民起义领袖）、朱棣（1360—1424，明成祖）、顾炎武（1613—1682，明末清初思想家、学者）也是重瞳。

杰出和奇异的女性形象与事迹

反传统者歪曲史实，尤其是抬出"唯女子与小人为难养也，近之则不孙，远之则怨"（《论语·第十七章·阳货篇》）一语，说古代都藐视女性。实际并非如此，朱熹《论语集注》正确地将"女子"解为"臣妾"，将"小人"解为"仆隶下人"，即家里的女仆（也可扩展到小妾）与男仆。

女性之中也有很多优秀与杰出的人物，《史记》即用力挖掘优秀女子和奇特妇女的品格和事迹。

有学者统计，《史记》全书涉及的女性至少有 407 位，其中只是简单提及的（仅仅是提到这个人）有 284 人，其余的 123 人是在一定程度上涉及她们的语言或行为。对于这些女性，若按有无权力来分，可以分为两大类：一类是有权有势并与政治有密切关联的女性，如吕后、窦太后、王夫人、李太后、薄太后、赵太后等。一类是处于下层、没有权力、被司马迁简笔勾勒却又具有独立形象的女性，如陈婴母、漂母、介子推母等。

若从人物的性格或为人处事等方面来划分，这些女性又可以分为以下几种类型：

一是专横残忍的女性，如吕后、骊姬等。二是深明大义的女性，如赵括母、介子推母、陈婴母、漂母、齐国太史嫩女等。三是敢于牺牲的女性，如王陵母、缇萦、聂荣[①]等。四是敢爱敢恨的女性，如卓文君、张耳妻等。五是见

---

① 聂荣，又名聂嫈（yīng），战国时期四大刺客之一聂政的姐姐，《史记》里称聂荣。现代作家郭沫若根据聂嫈的事迹，创作了历史剧《聂嫈》。

钱眼开、为人俗气的女性,如苏秦嫂妹妻妾、淮阴亭长妻、刘邦嫂等。六是巧于钻营的女性,如李园女弟等。七是生活糜烂的女性,如秦始皇母、南子、鲁庄公夫人、鲁桓公夫人、孔悝母、棠公妻、无采等。八是富有传奇色彩的女性,如姜原、女修、简狄、刘媪、卫襄公贱妾、王夫人、薄太后等。九是喜欢诋毁他人的女性,如骊姬、郑袖、厥姬等。十是沦为牺牲品的女性,如九侯女、厉王母、吴王阖闾二妃、纣之嬖妾二女等。

尽管因素材的限制,《史记》对大多数女性的描写仅涉及片言只语,且这些女性多数处于社会中下层,但她们却丰富了我国传记文学中的人物形象,使女性形象首次以不同身份、不同姿态、不同处世方式公开亮相于史传文学中,给后人留下了难以磨灭的印象。①

《史记》记叙的女性遍布各个阶层,从皇后贵戚到下层女性,塑造了一系列出色的令人难以忘怀的女性形象,反映了古代女性的精神面貌。司马迁通过精谋巧构,突出重点,专辟《吕太后本纪》和《外戚世家》两卷集中写刘汉朝廷的贵族女性,将其他众多女性附列于别人的列传之中,并善于通过特定环境来塑造女性,善于通过语言、表情以及行为和心理活动等来刻画女性形象,让她们妍媸毕现。

司马迁对女性是尊重的,他在三千年的历史中大力挖掘优秀女子,给以赞美和歌颂;对于凶横的女子,也不抹杀其优点,给予了客观公允的评价。

---

① 陈功文:《史记女性形象述评》,《岳阳职业技术学院学报》2011 年第 6 期。

《史记》以卓越的眼光和胆识，为吕雉立传，这是世界史学史上第一篇女性的传记。他以宽宏的胸怀、卓越的见识，记载了中国历史上一位成熟的女政治家非凡的一生，并将她列入封建帝王的等级，为她撰写《吕太后本纪》。他不写《惠帝本纪》，而是按照历史的实际贡献，承认吕雉代替惠帝执政、惠帝死后又单独执政且富于政绩的历史事实，肯定她"高后女主称制"，赏识她"政不出房户，天下晏然。刑罚罕用，罪人是希。民务稼穑，衣食滋殖"的出色政绩，肯定她"女主"的历史地位。

《吕太后本纪》记载宫廷斗争时，精心描写了她的情敌戚夫人等不平凡或看似平凡实则不平凡的嫔妃形象。戚夫人是宫廷斗争的牺牲品，是典型的悲剧人物，作者对其寄予了同情。司马迁用批判的笔调记叙吕后这位宫廷夺权斗争的策划者与操纵者的专横、残忍、毒辣，同时又展现了她政治斗争的智慧，还以客观而公正的笔调描写和评价了这个敢恨敢爱的人物。

在《外戚世家》中，司马迁采用梗概的形式写出了自吕后至武帝时的多位太后、王妃、公主等，将她们升至与男子平等的地位，为她们一一撰写世家，传之于后世。他记叙这些女性之间的宫廷争权、争宠、争爱的必然的矛盾与斗争，如景帝妃栗姬与长公主之间的斗争，武帝时陈皇后与卫子夫之间争夺丈夫的斗争，以理解、同情的态度表现了她们的智短和无奈。

众多出众的妇女，在历史上长袖善舞，演出了精彩的人间戏剧，影响了历史的进展。

在政治斗争领域，除了吕雉，《史记》还记叙了推动秦国强盛的宣太后芈八子、帮助秦始皇父亲子楚夺得王位从而一定程度上决定秦国历史的华阳夫人、接受触龙谏诤将儿子送当人质的赵太后等这样一批眼光远大、才能卓越的帝王的后妃。如秦国宣太后芈八子，她因提携了她的兄长魏冉执政，而使秦国兴旺。她自己对政权没有野心，只是醉心于情爱，与魏丑夫的生死之恋，缠绵到要他为己殉葬，却并没有影响国事；与义渠戎王建立情爱关系，竟然借此吞并其领地而拓展了秦国的领土。

后宫姬妾、贵族妇女中有为争权夺位、争名夺利而耍弄权术、狠毒贪婪、荒淫放荡的骊姬、郑秀、鲁桓公夫人、文姜、鲁潘公夫人、秦昭王爱姬、汉梁平王任王后、秦始皇亲母赵姬等，还有脾气骄横又不能生育的汉武帝皇后阿娇，另有介子推母、晋文公的齐国妻子、赵括母、王陵母这样深明大义、识见超群的将相家属。

下层民间女子中的晏子御者妻、聂荣、饭信漂母、看相高人许负等，有的虽只是在书中昙花一现，但其或好义、刚烈，或技艺出众，令人一睹而难忘。

由于众多的女性人物，其事迹较少，不足以单独立传而成文，只能在有关的男性人物的传记中顺带谈及，或附于传主的传中。但这些女子或对传主的命运有重要的作用，或对传主的形象和性格有重要的衬托作用，大多不是等闲之辈。如《重耳传》中的介子推母、《赵奢列传》中的赵括母、《陈婴传》中的陈婴母、《王陵传》中的王陵母、苏秦的嫂妹妻妾、《虞卿列传》中的公甫文伯母、《田单列传》

中的齐国太史嫩女，以及附于《司马相如列传》中的卓文君、在《货殖列传》中介绍的巴郡寡妇清、《聂政传》中的聂政之姊聂荣、分别附于《孝文本纪》和《扁鹊仓公列传》的缇萦。还有一些小人物的家属或底层女子，如《晏子列传》的晏子御之妻、《吴起列传》中的卒母、附于《淮阴侯列传》中的漂母、《滑稽列传》中的汉武帝乳母等。

尽管因记叙人物的事迹稀少，对大多数女性的描写仅涉及片言只语。但这些片言只语往往力敌千钧、掷地有声，能使言语的主人惊世骇俗或千古流芳。

如写漂母，只写了她一句不接受韩信报恩的答语："母怒曰：'大丈夫不能自食，吾哀王孙而进食，岂望报乎！'"这句话是对青年韩信语重心长的教诲，也是对其壮志凌云的厚望。

如写王陵母，也只是简单的一句嘱咐："陵母既私送使者，泣曰：'为老妾语陵，谨事汉王。汉王，长者也，勿以老妾故，持二心。妾以死送使者。'遂伏剑而死。"这是对汉高祖刘邦品德和事业的极大信任和高度评价。

再如巴郡寡妇清，司马迁也只是两句话："清，寡妇也，能守其业，用财自卫，不见侵犯。秦皇帝以为贞妇而客之，为筑女怀清台。"第一句介绍这位寡妇的魄力和才能；第二句说明秦始皇对杰出人才，不分性别的尊重和奖掖。这样是为女性树立榜样，要自信、自立、自强，敢于创业和守业。中国古代文化和社会，对女性的尊重、对优秀女性的敬重观念，深入秦始皇的骨髓，他才会有这个非同凡响的举动。

因此《史记》对女性人物片言只语的记载，往往具有重大的意义。

《史记》还记叙了一大批母亲，对母亲形象的刻画做出令人瞩目的贡献。

第一类，历史上的大人物的母亲。商朝君王的始祖之母简狄"三人行浴，见玄鸟堕其卵，简狄取吞之，因孕生契"；周朝君王的始祖之母姜原"出见大人迹而履践之，知于身，则生后稷"；《秦本纪》记叙秦国国君始祖之母"女修织，玄鸟陨卵，女修吞之，生子大业"；汉高祖母刘媪"尝息大泽之陂，梦与神遇"，高祖父"往视，则见蛟于其上，已而有身，遂产高祖"。虽有神话色彩，但揭示了一条真理，母亲对子息的智慧、品格的遗传是决定性的，女子在创业帝王家族中具有至高无上地位。

第二类，决定国家命运的君主的母亲。她们怀孕时的梦境奇特而美妙。如薄太后"昨暮夜妾梦苍龙据吾腹"，生下了汉文帝；王皇后"梦日入怀"，生下的儿子是汉武帝。其天命观有两层含义，一是天命决定了母子和朝代的命运；二是母亲的命运往往决定了儿子的命运。

第三类，深明大义、母爱深沉真挚的母亲。陈婴母、王陵母、赵括母等，都是佳例。

在丈夫去世、国难当头之际，当赵王要起用其子赵括为将时，赵括母深知儿子无能，未有将才，曾上书于王曰："括不可使将。"王曰："何以？"对曰："始妾事其父，时为将，身所奉饭饮而进食者以十数，所友者以百数，大王及宗室所赏赐者尽以予军吏士大夫，受命之日，不问家事。

今括一旦为将，东向而朝，军吏无敢仰视之者，王所赐金帛，归藏于家，而日视便利田宅可买者买之。王以为何如其父？父子异心，愿王勿遣。"这是真正的母爱，事实证明赵王不听她的金玉良言，最后损兵折将，赵括拒绝母亲的教诲，自取灭亡。

田文母暗地里抚养被丈夫嫌弃的儿子，显示了母爱的崇高、伟大。

公甫文伯死后，有二女子为其自杀。其母闻之而不哭，别人问曰："焉有子死而弗哭者乎？"其母曰："孔子，贤人也，逐于鲁，而是人不随也。今死而妇人为之自杀者二人，若是者必其于长者薄而于妇人厚也。"公甫文伯之母心中平时潜藏着的恨铁不成钢的情感，在儿子死后吐露，让我们见证了母爱的公正伟大。

第四类与第三类相反，如郑庄公的母亲武姜的母爱是生活中常有的对幼子过分溺爱、娇纵，这是一种糊涂偏私的母爱，爱他反而害他。

还有那些恃裙带关系胡作非为的亲幸之辈，如汉武帝乳母仗着自己的身份，纵其子孙横暴长安城，当有人"请徙乳母家室，处之于边"的时候，"乳母当入至前，面见辞。乳母先见郭舍人，为下泣。舍人曰：'即入见辞去，疾步数还顾。'乳母如其言，谢去，疾步数还顾。郭舍人疾言骂之曰：'咄！老女子！何不疾行！陛下已壮矣，宁尚须汝乳而活邪？尚何还顾！'"慈母出败子，这个真理对任何阶级、阶层都适用。

司马迁喜欢描写记叙奇人奇事，对妇女也如此。他记叙的一些事迹有感人的，如太史嫩女、卓文君和缇萦这样的奇女子，都光辉照人。卓文君眼光深远，善于择夫，敢于为爱情而出走私奔，《史记》记叙了她与司马相如这对神仙眷侣的千古佳话。缇萦上书，不仅救出其父，还为千古名君汉文帝纠错，推动文帝废除肉刑，惠及天下。她上书朝廷说："我父亲是朝廷的官吏，齐国人民都称赞他的廉洁公正，现在犯法被判刑。我非常痛心处死的人不能再生，而受刑致残的人也不能再复原，即使想改过自新，也无路可行，最终不能如愿。我情愿自己没入官府做奴婢，来赎父亲的罪，使父亲能有改过自新的机会。"汉文帝看了缇萦的上书，悲悯她的心意，赦免了淳于意，并在这一年废除了肉刑。

《史记》善写危急中的女子的卓越表现，成功的如缇萦，是少数，大多是以悲剧告终。如面对聂政"行刺韩相侠累失败，暴尸于市"这样险恶的局面，聂政姐姐聂荣听说后前去认领：

> 市行者诸众人皆曰："此人暴虐吾国相，王悬购其名姓千金，夫人不闻与？何敢来识之也？"荣应之曰："闻之。然政所以蒙污辱自弃于世贩之间者，为老母幸无恙，妾未嫁也。亲既以天年下世，妾已嫁夫，严仲子乃察举吾弟困污之中而交之，泽厚矣，可奈何！士固为知己者死，今乃以妾尚在之故，重自刑以绝从，妾其奈何畏殁身之诛，终灭贤弟之名！"大惊韩市人。乃大呼天者三，卒于邑悲哀而死政之旁。

这样感人的姐弟之情，如此悲壮的场面，不畏牺牲、誓死宣扬弟之义士之贤名的烈女形象，可与古希腊悲剧作家索福克勒斯公元前442年问世的、被公认为是戏剧史上最伟大的作品之一的《安提戈涅》的主人公安提戈涅相媲美。安提戈涅不顾国王克瑞翁的禁令，将自己的兄长、反叛城邦的波吕涅克斯安葬，最终被处死。

大侠郭解的外祖母许负善于看相，她用看相的奇术打动汉武帝的外婆臧氏，使其决策将女儿王娡（汉武帝的生母）从贫穷的女婿手中夺回，成为太子的宠姬，最终在文帝长公主的帮助下，给外孙夺到太子之位，然后继位为汉武帝，决定了西汉历史和中国历史的走向。

第二节　变幻多端——高超的艺术手段

《史记》作为一部历史散文的顶峰之作，显示了司马迁高超的艺术手段。对其详细论述，需要专书，今略述大概，举例予以说明。

现实主义和浪漫主义，真实和虚构

《史记》既是一部伟大的历史著作，又是一部伟大的文学著作。

《史记》记载历史事件和人物，"其文直，其事核，不虚美，不隐恶"，这是班固对其史学成就的评价，这些同时也是对现实主义文学优秀作品的要求。其虽然是历史著作，记载真人真事，但是其中不少对人物的记载和描写达到了

"典型环境中的典型性格"的高度，也是一部现实主义的伟大文学著作。

《史记》中还有很多神秘主义的记载，尤其是占卜，例如《黥布列传》开篇即说：

> 黥布者，六人也，姓英氏。秦时为布衣（穿麻布衣服，此处指代平民百姓）。少年，有客相（看相，相面）之曰："当刑而王。"及壮，坐法（犯法被判罪）黥（墨刑的别称）。布欣然笑曰："人相我当刑而王，几（近似，差不多）是乎？"人有闻者，共俳笑（嬉笑）之。

后来黥布果然封王。此类描写过去称之为浪漫主义，因为相信科学的人认为这不可能是真实的。

《史记》浪漫主义的描写颇多。例如蔺相如怒发冲冠，樊哙在鸿门宴上"瞋目视项王，头发上指，目眦尽裂"，这都是现实中做不到的。另如李广射箭中石没镞，箭头怎么可能射入石头？《李将军列传》也说李广以后再也做不到了，我们相信也无其他人可以做到。

《史记》充满激情，富有诗意，为追求理想人物和社会做出了不懈努力，将历史上追求理想的光辉人物（如吴起、屈原等）荟萃一书，是一部浪漫主义的光辉巨著，因此鲁迅赞其为"无韵之离骚"。

《史记》中记叙的不少场面，如荆轲和高渐离燕市悲歌、易水送别，田横五百客闻田横自杀亦皆自杀，司马相如琴挑文君，等等，都可以在后世欧洲浪漫主义小说中找到相似的情节。

　　这部文学巨著的写作手段高明，其中有实写，也有虚构。而像韩信不肯自立的心理活动，是实写还是作者代拟，即虚构，难以辨别。另如韩信的军事谋略，曾国藩断言不可能在真实的战争中实施；蔺相如临潼斗智、刘邦和张良在鸿门宴中的避难计谋和行动、项羽的垓下悲歌，钱锺书等皆怀疑其可能性和真实性。原作的描写是生动、真实而奇妙的，怀疑和否定者的理由也是难以驳倒的。因此《史记》中的许多记载和描写，往往在实写和虚构之间，有变幻莫测之妙。

肖像描写和心理描写

　　古时没有影像资料，没有照相技术，司马迁无法看到历史人物的形象，他只能据历史记载和时代传说，有时则根据画像，做肖像描写。

　　秦始皇的肖像，通过《史记》流传至今，根据的是亲见秦始皇的当事人尉缭的叙述：

　　　　缭曰："秦王为人，蜂准（高鼻），长目，挚（通'鸷'，猛禽）鸟膺，豺声，少恩而虎狼心，居约（穷困）易出人下（屈居人下），得志亦轻食人。我布衣，然见我常身自下我。诚使（如果）秦王得志于天下，天下皆为虏（奴隶）矣。不可与久游（交往）。"乃亡去（逃离）。秦王觉，固止，以为秦国尉，卒用其计策。

251

这是得到秦始皇赏识，并重用的人士的叙述。他叙述的秦始皇的相貌，结合了体型和声音，是传神的立体的描绘。

另如项羽"长八尺余，力能扛鼎，才气过人"，李广"为人长，猿臂，其善射亦天性也"。都是"人长"（人高，江南话至今说人长，而不说人高），李广还"猿臂"，即臂长，皆是显示其威武的特征。《史记》还写出项羽面貌的另一个特征，即"重瞳"。

还有一些肖像描写，结合其处境而写出："屈原至于江滨，被发行吟泽畔。颜色憔悴，形容枯槁。"（《屈原列传》）这是屡受打击和迫害，心灵受到严重摧残，而忧国忧民之心不死的诗人形象。

"哙遂入，披帷西向立，瞋目视项王，头发上指，目眦尽裂。"（《项羽本纪》）这是怒视妄图杀害主公之人，奋力护主的猛将面目。

根据画像描写的，有张良。据司马迁的想象，"余以为其人计魁梧奇伟"，结果"至见其图，状貌如妇人好女"（《留侯世家》）。

还有司马迁亲见的，如《佞幸传》的男宠，"皆冠鵔鸃（鸟名），贝带（用贝壳装饰的腰带），傅（通'敷'，抹搽）脂粉"。

虽然亲见，但只写其打扮，而不提及容貌。因为美男与美女一样，其容貌难以仔细描写。而且，司马迁可能感到不必仔细描写。

后世史书都不做肖像描写，所以《史记》有一些形容和描写，颇有价值。

心理描写也同样如此，后世史书多无记载，《史记》偶有表现，也弥足珍贵。如刘邦待人倨傲，《黥布列传》记载：

> 淮南王（黥布）至，上方踞床洗（蹲踞在床边洗脚），召布入见，布（甚）大怒，悔来，欲自杀。出就舍，帐御饮食从官如汉王居，布又大喜过望（超出自己的希望）。

黥布的心理，用"大怒""悔""欲自杀"和"大喜过望"等动词或加副词来表达。

有的则用对话或自白来表达。例如李斯在临刑前，与儿子的对话。

还有直接的心理描写，例如蒯通动员韩信背汉独立，"韩信犹豫，不忍倍汉，又自以为功多，汉终不夺我齐"。可是有不少学者怀疑这是司马迁为韩信代拟的心理活动，因为韩信心里的秘密心思，无人知晓，司马迁何从知道？

有的心理则用行动表现，如惠帝死后，发丧时——

> 太后哭，泣（眼泪）不下。留侯子张辟强为侍中，年十五，谓丞相（左丞相陈平）曰："太后独有孝惠，今崩，哭不悲，君知其解（解释，这里指道理、原因）乎？"丞相曰："何解？"辟强曰："帝毋（同'无'）壮子，太后畏君等。君今请拜吕台、吕产、吕禄为将，将兵居南北军，及诸吕皆入宫，居中用事（执政，当权），如此则太后心安，君等幸得脱祸矣。"丞相乃如（依照）辟强计。太后说（同"悦"），其哭乃哀。

太后的独子皇帝死了，极度悲伤，但是哭的时候，竟然干哭而没有眼泪。这个不引人注意的微妙行为，引起了张良年仅十五的儿子张辟强的注意。他迅即看懂了吕太后的心理，及时提醒陈平。陈平智慧极度出众，曾为高祖屡出奇计，此时则没有丝毫觉察。辟强告诉他，"因为太后没有成年儿子了，她害怕你们这班老臣包围她，她孤立无援。您立即请求太后将她的众多兄弟拜为将军，统领两宫卫队南北二军，并请吕家的人都进入宫中，在朝廷里掌握重权，这样太后就会安心，你们这些老臣也就能够幸免于祸了"。丞相照张辟强的办法做了。太后很满意，才哭得哀痛起来。

张良的儿子张辟强，虽然只有虚龄十五岁，但能够看透老谋深算的吕太后极其隐秘而深远的心理活动，真是"有其父必有其子"。古人的智慧，真是变化莫测，令人惊叹。

场面描写和细节描写

《史记》善于描写多种场面，有戏剧性场面、抒情性场面和对比性场面等。

《史记》中精彩的戏剧性场面实在太多了，单是《项羽本纪》即有诸侯"作壁上观"的巨鹿恶战、鸿门宴、霸王别姬和垓下自刎等一系列好戏。其中霸王别姬还属于抒情性的场面。

另以《伍子胥列传》为例，学者们都高度评价伍子胥过昭关时，前临大江，后有追兵，与太子胜各自只身徒步惶恐逃跑，危急之中偶遇渔父的紧张场面，都很富于戏剧性，简直像小说的情节描写。攻克郢都，没有找到昭王，竟

"掘楚平王之墓，出其尸，鞭三百，然后已"。疯狂的复仇火焰就像在我们面前焚烧那样逼真，但还是会禁不住同情他多年来忍辱负重，压抑内心深仇大恨的行为，又钦佩其鲜明深刻和坚韧不拔的强烈个性。《史记》在字里行间突然迸发出来烈火般的感情，存心为伍子胥这位复仇者造势，从而将这个鞭尸场面隆重推出，我们也不得不叹为千古奇闻。

《史记》描写的精彩的戏剧性场面太多了，不胜枚举，但笔者想在这里举例说明一个司马迁因为偏见而不录的精彩场面。

司马迁不喜秦始皇，所以有一个关于秦始皇的精彩场面他未做记录：

秦始皇母后，原为赵姬，赵国歌舞场中的美女。她被巨商吕不韦看中，深受宠爱。吕不韦此时正以巨款资助在赵国做人质的秦国公子子楚，要帮助他回国夺权，争当秦国国王。想不到子楚和吕不韦一起饮酒时，见到赵姬这位大美人，得陇望蜀，厚颜向吕不韦索讨美人。吕不韦大怒，但想到已经为他破费了大量家产，半途而废岂不可惜，只好忍痛送他此女。子楚立此姬为夫人，生子名政。子楚在吕不韦的精心谋划下果然当上了秦王，赵姬之子为太子。

子楚死后，太子当上皇帝，这位太子就是后来的秦始皇。此时他继承王位当了秦王，但尚年幼，故由其母执政，为临朝太后，实际上由吕不韦运作朝政。太后赵姬还非常年轻，夫君已死，她就与吕不韦重温旧情，而且情欲旺盛，不避众目。吕不韦害怕事发，小王长大后难以处置，就找来嫪毐为替身。

不久嬴政已经长大，这种私情如果被他知晓怎么办？太后贪图情欲，竟与情夫合谋叛乱，要杀掉亲生儿子嬴政，让私生子当秦王，两人可以公开做明路夫妻。秦朝的政治和权力斗争已经够复杂的了，而秦始皇生母还要节外生枝，弄出事端。嫪毐善于奉承，获得太后宠幸后，他竟然突发奇想，试图乘机篡夺皇位，还得到皇帝亲母的全力支持，够幽默的了。二人妄图发动叛乱，嬴政大怒，雄才大略的秦始皇迅即剿灭叛军，杀了其母的奸夫和两个私生子。

秦始皇平定叛乱后，杀母不妥，不惩办也不妥，就幽禁了这个愚蠢、放荡的太后，并下令，有敢为太后事诤谏者，杀无赦！结果竟有二十七人照样进谏，劝说秦始皇赦免并善待太后，最后一一被杀。这二十七人，不顾生死，不恋官职，丢弃妻儿，前仆后继，接连被杀，场面壮烈。秦始皇哭笑不得，气得无可奈何，只能口吐白沫。

已经死了二十七个，没想到还有第二十八个不怕死的，他向秦始皇宣称，天上有二十八星宿，现在死了二十七人，他愿意来凑满二十八这个数，"成全"秦始皇的残暴声名。此人便是齐国的茅焦。他对按剑而坐，气得口泛白沫的秦始皇说："陛下车裂假父（竟当面称嫪毐为秦始皇的继父），有嫉妒之心；囊扑（用口袋蒙罩着摔死）两弟（指两个私生子），有不慈之名；迁母蕲阳宫（将母亲打入冷宫），有不孝之行；从蒺藜于谏士（将棘刺放在进谏人的身上），有桀纣之治。今天下闻之，尽瓦解无向秦者，臣窃恐秦亡，为陛下危之。所言已毕，乞行就质。"一番言辞讲完，他便解衣赴死。

有趣的是这位进谏者进宫时不肯快走，双脚像在快走，实际上只是快速倒换地慢慢向前移动，使者催他，他说："我到前面就要死了，难道你不能容忍我多活一会儿吗？"

他进宫时的步伐是如此的迟缓，等他进谏完毕，却立即解衣伏身在刑具上，催秦始皇下令杀他。其言行幽默潇洒，令人解颐。秦始皇竟被他说服，立即下令赦免他，并自行迎接太后回咸阳。"太后大喜，乃大置酒待茅焦，及饮，太后曰：'抗枉令直，使败更成，安秦之社稷，使妾母子复得相会者，尽茅君之力也。'"（刘向《说苑·正谏》）

当时竟有茅焦这样的人理直气壮地为太后通奸，及其奸夫、私生子的合法地位辩护，秦始皇还认为他讲得有理，太后也兴高采烈地回宫，宴请和感谢这位茅君，这在后世是难以想象的。但是这个场面是精彩的，更是意味深长的。这说明，在古代，自先秦至宋朝，朝廷上的大臣可以畅所欲言，可以批评皇帝，提出自己种种的主张和建议。虽然有时碰到像秦始皇这样的暴君，提反对意见的大臣就要倒霉，被严厉惩罚或被杀，但历代的臣子多敢于直言相谏，这是一个悠久的传统。

暴君秦始皇竟然被茅焦的一番言辞打动，还接回了太后，这么精彩的场面，《史记》不写，留给刘向的《说苑》来写，未免可惜了。当然，有可能秦始皇的表现太大度了，这个故事是伪造的，为司马迁所不齿，所以没有收入《史记》。

再回到原来的话题，《史记》记载和描写的对比性场面也很多很好。

例如项羽唱垓下歌和刘邦唱大风歌，便是精彩的对比性场面。清代牛运震《空山堂史记评注》卷二评论说："垓下歌,楚声之雄。两'虞兮',两'骓不逝',叠言有情。'可奈何''奈若何',深衷苦调,喑哑中有呜咽之神。项王夜饮悲歌一段,于兵戈抢攘中,写出风骚哀怨之致,真神笔。"而"大风歌亦楚声也,雄风霸气,悲壮激昂,真有笼络一世,顿挫千古之概"。

两个场面相比较,"叙项王败垓下,高祖还沛中,皆用'自为歌诗''泣数行下'字样。妙,有深情。盖项王身遭败亡,高祖去沛道病,旋亦遂崩,写其'歌诗''泣下',皆英雄气尽时也"。

这是从赞誉和歌颂《史记》善于做对比性描写的角度做比较。(笔者著《流民皇帝》从更高的层次上,将这两个场面和汉高祖与楚霸王临终的两个场面做比较,说明楚霸王只为私利,而汉高祖胸怀天下的不同人生境界和结局。)

《史记》的种种细节描写也都精彩,精彩之处也不胜枚举,本书在分析《史记》各种优点和成就时,实际上已经带到不少。而更妙的是索性不写的细节,有着很大的艺术力量。有一篇《两类传话人》的短文,分析和评论《史记》的这个妙处说:

搬弄是非、挑拨离间历来是小人之为,这些人居心叵测,所传之话或移花接木,或添油加醋,或无中生有,用不实之词挑起事端,中伤他人,制造混乱,为君子不屑。这样的小人生活中只是一小撮,更多见到的情况是:一些人所传之话与事实吻合或基本相符,但对此也应做具体分析，不宜一概肯定，关键要看传什么、怎么传。传的内容不同，传的方法不同，结果也就有天壤之别：有的传话功莫大焉，将相和中的传话就是这样；有的传话后果严重，把屈原推向汨罗江的那番传话即是如此。有些人本无恶意，就是以传话为乐，东家长西家短，从不考虑这样传话有无后果。须知：一句话可以使人笑，一句话也可以使人跳，说话是如此，传话也是如此。传话，要本着有利于大局的愿望，要传既有事实依据又有利于团结的话，而绝不能抱有不可告人的目的去传不利于团结的话，即使所传之话跟事实差不离。

传话，可要三思而传啊。①

《史记》对不可或缺的"传话人"采取缺席描写的方式，这种高明的不写之写，即是中国美学中的"大象无形"，是"不着一字，尽得风流"的美学原理的出色表现。

《史记》的这种高明写作手段，使《史记》取得了世界领先性的伟大成就，不仅当世独步，后世也难以超越。

第三节 雄深雅健——高明的语言艺术

《史记》的语言取得了极高的艺术成就，前人将其整体的艺术风格概括为四个字："雄深雅健"。其来源是《新唐书》卷一百六十八《柳宗元列传》："宗元少时嗜进，谓功业可就。

---

① 周本清：《两类传话人》，《新民晚报》2014 年 11 月 13 日。

既坐废，遂不振。然其才实高，名盖一时。韩愈评其文曰：'雄深雅健，似司马子长，崔、蔡不足多也。'"唐代文坛和古文运动的领袖韩愈评论另一位古文大家柳宗元的文章"雄深雅健，似司马子长"，同时也评论了《史记》的文章风格。

"雄深雅健"谓文章雄浑而深沉，典雅而有力。这个评价准确而醒目，成为后世的公论，所以宋辛弃疾《沁园春·灵山齐庵赋时筑偃湖未成》词也说："我觉其间，雄深雅健，如对文章太史公。"

如果具体分析《史记》的艺术成就，大致可以分为叙事语言、议论语言、抒情语言和人物语言。其叙事语言自然、流畅、精练、生动、优美，变化多端，其议论、抒情和人物语言也具有以上的优点，但各有侧重。议论语言同时还有简洁、警醒等特点；抒情语言还有夸张、华丽等特点；而人物语言则比较有个性化，鲜明地展示了人物的性格，以及特定情况下的特定心理，等等。

《史记》的语言，在技巧上，继承了《春秋》的"春秋笔法""片言折狱"和"微言大义"等，娴熟运用了直笔和曲笔、实写和虚写、夸张和变形等等多种手法。

《史记》善于独铸伟词，有颇多独创性的佳词和妙句。同时还喜欢在叙述、描写和评论时，插入引言，如名著中的警句名言、古谚、格言、歌谣、民间语言和妙语，以增强语言的力量和色彩。

"春秋笔法""片言折狱"和"微言大义"

"春秋笔法"是孔子首创的记载历史、描述和评论的写法，也称"春秋笔削""微言大义"。《春秋》文字简短，相传寓有褒贬之意，后世称为"春秋笔法"，即文笔曲折而意含褒贬的写作手法，在文章的记叙之中委婉地表现出作者的思想倾向，而不是通过议论性文辞直接表达出来。史家讲求秉笔直书，但孔子却利用不太明显的字眼、词汇和文句等，通过细节描写、修辞手法和材料的筛选，委婉而隐晦地表达自己的主观看法，即暗暗将自己的主观看法编织其中，对历史人物和事件做评价。"春秋笔法"也指借用《春秋》为褒贬之意。

"春秋笔法"的出处，是《史记·孔子世家》："孔子在位听讼（审理诉讼案件），文辞有可与人共者，弗独有也。至于为《春秋》，笔（写）则笔，削（删）则削，子夏之徒不能赞一词。弟子受《春秋》，孔子曰：'后世知丘者以《春秋》，而罪丘者亦以《春秋》。'"

子夏，即卜（bǔ）商（前507年—？），名列"孔门七十二贤"和"孔门十哲"之一，为人"好与贤己者处"，以"文学"著称。发挥《春秋》微言大义的《公》《谷》二传都出于子夏的传授。

左丘明《左传》解释"春秋笔法"说："《春秋》之称，微而显，志而晦，婉而成章，尽而不污，惩恶而劝善，非贤人谁能修之？"

杜预《春秋左传注》解释"微而显"：文见于此，而起义在彼。"志而晦"：文字简约，含义隐晦。"婉而成章"：委婉，避讳。春秋为尊者讳，为亲者讳，为贤者讳。对尊者、亲者、贤者，不直接提出批评，而用婉转的方法表达褒贬。

但又能做到"尽而不污":客观详尽的记录,不偏离、歪曲、隐瞒。"惩恶而劝善":不仅记叙,还能用史实做出评价,使善者名垂青史,恶者遗臭万年。

"片言折狱",其出处为《论语·颜渊》:"片言可以折狱者,其由(之路)也与?"朱熹注:"片言,半言;折,断也。"谓其能用简单的几句话明确而正确地判决诉讼案件。后又指能用几句话就断定双方争论的是非,再发展为能用简洁的结论评论人物或事件的实质。

《论语》原话是孔子称赞他的弟子仲由(前542年-前480年,字子路)的名言。子路身强力壮,他为孔子驾车做侍卫,历经艰险。他尊师孝母,性情正直忠贞,言必信,行必果,所以得到孔子的高度评价。

到班固《汉书·艺文志》又进而提出"微言大义":"昔仲尼没而微言绝,七十子丧而大义乖。""微言",精微的言辞;"大义",本指《诗》《书》礼乐等经书的要义,"微言大义",用精当、精微而含蓄微妙、含义深远的言语,表达精微深刻深远的意义。

史公笔法,就是"春秋笔法"和"片言折狱""微言大义"的综合。具体使用时,还有直笔和曲笔、实写和虚写等多种方法。

《史记》各篇的"太史公曰"评论,都达到"片言折狱"和"微言大义"的高度水平。例如《萧相国世家》的"太史公曰":

　　　　萧相国何于秦时为刀笔吏,录录未有奇节。及汉兴，依日月之末光（喻指帝王），何谨守管籥（yuè，乐器名，这里喻指职责），因民之疾（痛恨）秦法，顺流与之更始。淮阴、黥布等皆以诛灭，而何之勋烂焉。位冠群臣，声施（yì，延续）后世，与闳（hóng）夭、散宜生等争烈（光明，显赫）矣。

闳夭和散宜生都是西周开国功臣，是文王"四友"中的两个。《汉书·古今人物表·上中仁人》："大颠、闳夭、散宜生、南宫适。"颜师古注，说他们是"文王之四友也"。西伯昌（姬昌）被纣囚禁羑里，他们与姜尚、太颠等，广求天下美女和奇玩珍宝，通过权臣费仲游说纣王，赎出了文王，共同辅佐西伯，后又辅佐武王灭商。

这是司马迁最后对萧何的总评。《汉书·萧何曹参传》基本照抄此段评论。

萧何在西汉统一天下后，被论功行赏，评为第一功臣。汉高祖刘邦曾问群臣："吾所以有天下者何？项氏之所以失天下者何？"高起、王陵对曰："陛下慢（简慢无礼）而侮人，项羽仁而爱人。然陛下使人攻城略地，所降下者因以予之，与天下同（同享、共享）利也；项羽妒贤嫉能，有功者害（忌妒，嫉恨）之，贤者疑之，战胜而不予人功，得地而不予人利，此所以失天下也。"大家都赞赏高祖的英明伟大和宽宏大度。但是高祖非常谦虚，他说："公知其一，未知其二。夫运筹策（谋求，计谋）帷帐（军帐，幕府）之中，决胜于千里之外，吾不如子房；镇国家，抚百姓，给馈饷（粮饷），不绝粮道，吾不如萧何；连百万之军，战必胜，攻必取，吾不如韩信。

此三者，皆人杰也，吾能用之，此吾所以取天下也。项羽有一范增而不能用，此其所以为我擒也。"

高祖"论功三杰"，认为萧何、张良和韩信的功劳最大，三位皆人杰，吾能用之，此吾所以取天下者也。不少读者和专家都因此以为刘邦没有本事，全靠他们三人和群臣打天下。而司马迁《萧相国世家》最后却说萧何"于秦时为刀笔吏，录录未有奇节。及汉兴，依日月之末光"，谨守职责，才获得耀眼的功勋。萧何本来并不是出色的人物，是依附刘邦，在刘邦的余光照耀下才能立功。为什么依靠的仅仅是"末光"（余光）？因为刘邦的光芒要遍及众人，刘邦封赏的文武功臣即有一百四十三人，还有异姓王多人，他们大多出身底层，清代赵翼《廿二史札记·汉初布衣将相之局》指出：

> 汉初诸臣，惟张良出身最贵，韩相之子也。其次则张苍，秦御史；叔孙通，秦待诏博士。次则萧何，沛主吏掾（掌一县吏事的小吏，秩百石以下）；曹参，狱掾（典狱长）；任敖，狱吏；周苛，泗水卒吏；傅宽，魏骑将；申屠嘉，材官。其余陈平、王陵、陆贾、郦商、郦食其、夏侯婴等，皆白徒（没有任何官方职务的平民）。樊哙，则屠狗者（以屠狗为业），周勃则织薄曲（养蚕工具）吹箫给丧事者（常为人吹箫，别人办丧事时做吹鼓手），灌婴则贩缯（丝织品）者，娄敬（即刘敬）则挽（拉）车者。一时人才皆出其中，致身将相，前此所未有也。

这些底层小民都随着刘邦建功立业，是刘邦，领导他们取得了胜利，夺得并大治天下。萧何与刘邦的关系，萧何建立灿烂功勋的基础，司马迁一言以蔽之曰"依日月之末光"。为什么依附余光就能建立功勋？此因"夫高祖起微细，定海内，谋计用兵，可谓尽之矣"。(《刘敬叔孙通列传》篇末赞语)(韩兆琦注："可谓尽之"，可以说是到家了，以言其"谋计用兵"之精妙，无以复加。①)刘邦以他的伟力，达到最高水平的政治和军事指挥能力，带领大家赢得了治国平天下的伟大胜利。

这一段萧何的评论，内涵丰富，"春秋笔法""片言折狱"和"微言大义"的手法交织其中，值得深思和体味。

高明多样的语言技巧和手法

《史记》的语言既朴素又华美，自然而生动，尤其是用语变化多端、用词精当巧妙，需要细心体会，才能认识其好处。

用语变化多端，有时直截精炼，有时则交叠重复。例如钱锺书最赞赏的例子是《项羽本纪》"诸将皆从壁上观，楚战士无不一以当十，楚兵呼声动天，诸侯军无不人人惴恐。于是已破秦军。项羽召见诸侯将，入辕门，无不膝行而前"。其妙处是"叠用三无不字，有精神；《汉书》去其二，遂乏气魄"。(《考证》引陈仁锡评)这便是重复叠用之妙，看似累赘啰唆，实则渲染气氛，隐含气魄，《汉书》将其删去，删去即失神气。钱锺书批评《汉书》："倘病其冗复而

---

① 韩兆琦译注：《史记》，中华书局，2010，第6107页。

削去'无不'，则三叠减一，声势随杀……经籍不避'重言'……盖知删一'无不'，即坏却累叠之势。"也即气势受到损害了。

钱锺书又举例"《袁盎晁错列传》记错父曰：'刘氏安矣！而晁氏危矣！吾去公归矣！'叠三'矣'字，纸上如闻太息，断为三句，削去衔接之词，顿挫而兼急迅错落之致。《汉书》却作：'刘氏安矣而晁氏危，吾去公归矣！'索然有底情味？"①

钱锺书总结说："马迁行文，深得累叠之妙。"

又如评《项羽本纪》"鸿门宴"一段："范增曰：'唉！竖子不足与谋，夺项王天下者必沛公也。吾属今为之虏矣！'按上文增召项庄曰：'因击沛公于坐杀之。不者，若属且为所虏。'始曰'若属'，继曰'吾属'，层次映带，神情语气之分寸缓急，盎现字里行间。不曰'将'，而曰'今'，极言其迫在目前。"②

"若属"和"吾属"，"将"和"今"，语言的细微变化，有力表达了语气的缓急。若非细察，一笔带过，就不能领略《史记》语言的精妙。

钱锺书还总结《史记》独创性的语言，达到"自铸伟词"的高度，本书第五章第三节论述钱锺书的《史记》的精彩评论时，再做详论。

《史记》用词精当巧妙，具有非凡的力量。

---

① 钱锺书：《管锥编（第一册）》（第二版），中华书局，1986，第272—273页。
② 同上书，第276页。

《史记·外戚世家》记载汉文帝窦皇后，在汉高祖时代作为贫民少女，无父无母，只有一弟，两人相依为命。不想她被征入宫中当宫女，与弟弟仓促相别，后因机遇高升为皇后。其弟窦广国，四五岁时起，被拐卖和转卖了十几家，最后成为奴隶。他在山中为主人家做炭时遇到山崩，百余人中只有他活了下来，事后他为自己占了一卦，结果显示数日后可封侯，于是他辗转来到长安，恰巧听说新皇后姓窦，老家在观津，便上书认亲。姐弟重逢，相见时相貌已依稀难辨，窦广国受到反复盘问：

> 窦皇后言之于文帝，召见，问之，具言其故，果是。又复问他何以为验？对曰："姊去我西时，与我决于传舍中，丐沐沐我，请食饭我，乃去。"于是窦后持之而泣，泣涕交横下。侍御左右皆伏地泣，助皇后悲哀。(《史记·外戚世家》)

近代古文大家林舒（林琴南），对《史记》的这段记叙，极为欣赏，他结合其中的"丐""请"这两个关键词，分析姐弟临别的场景，生动而细腻：

> 呜呼！史公之写物情，挚矣！今试瞑目思窦姬在行时，迨将入代（应是进京），而稚弟恋姊如母，依依旅灯明灭之中，囚首丧面。窦姬知此行定无可相见之期，计一身与稚弟相聚一晷刻间，即当尽一晷刻手足之谊，不能不向从者丐沐而请食。下一"丐"字、"请"字，可

见杂沓之中，车马已驾，纷纷且行，窦广国身随其姊在行中，直一赘旒，不丐且不得沐，不请且不得食。沐已饭已，匆匆登车，亦不计弟之何属。此在情事中特一毫末耳，而施之文中，觉窦皇后之深情，窦广国身世之落漠，寥寥数语，而惨状悲怀，已尽呈纸上。(《春觉斋论文·述旨三》)

姐弟重逢相见相认时，窦皇后拉住弟弟痛哭起来，涕泪纵横流下，"侍御左右皆伏地泣，助皇后悲哀"，林琴南又评论说：

悲哀宁能助耶？然舍却"助"字，又似无字可以替换。苟令窦皇后见之，思及"助"字之妙，亦且破涕为笑。求风趣者，能从此处着眼，方得真相。(《春觉斋论文·应知八则·风趣》)

此语不仅"风趣"，还显现出司马迁看透人情世故、世态炎凉的本质，以及对侍者心理的深度理解。皇后周围的侍女、太监等，平时"助"皇后快乐，帮皇后解闷，现在"助"皇后悲哀，都是奉承，都是"帮闲"，也即"帮忙"。后世豪门，迎亲时，有大队人马相随，还吹吹打打，制造喜庆气氛，"助"喜。人死时，雇一个哭丧队，抬着棺材招摇过市，旧上海和江南谓之"大出丧"，如《红楼梦》描写秦可卿的备及哀荣，丧礼队伍庞大，一路哭丧，已达极致，就是"助"皇后悲哀的翻版。

一个"助"字，便有力透纸背的千钧之力，司马迁的炼字功夫，真是炉火纯青，大象无形。

司马迁在《史记》中自创了许多格言和警句。如《项羽本纪》——"大行不顾细谨，大礼不辞小让"，《楚世家》——"众怒不可犯。众怒如水火，不可救也"，《五帝本纪》——"非好学深思，心知其意，固难为浅见寡闻道也"。

精彩纷呈的警言妙语

司马迁除了自己独创性的伟词和精美语言，还善于借鉴古人和民间的智慧，运用引言（古谚、名言和格言）和民间语言、歌谣、妙语，以大力加强自己的语言力量。

司马迁喜欢运用名家名言来说明问题，如《范睢蔡泽列传》太史公曰："韩子称'长袖善舞，多钱善贾'，信哉是言也！"这是引《韩非子·五蠹》的名言，总结了认识人的才能的经验。

《魏世家》中，魏文侯要安排宰相时，请教李克，也有引用："先生（李克）尝孝（教导）寡人曰'家贫则思良妻，国乱则思良相'。"这是传中人物引用当时和当事人的妙语。

《外戚世家》记载当时的谚语说："美女入室，恶女之仇。"褚少孙说："美女者，恶女之仇，岂不然哉！"又转述《传》曰："女无美恶，入室见妒；士无贤不肖，入朝见忌。"这是运用经书的格言以及据此转化为谚语的名言，作为宫廷中险恶环境的写照和警告。

《佞幸列传》谚曰："'力田不如逢年，善仕不如遇合'，固无虚言。非独女以色媚，而士宦亦有之。昔以色幸者多矣。"

《李斯列传》："慈母有败子，而严家无格虏。"这是李斯上书秦二世《行督责书》中引《韩非子·显学篇》中的警句。

第四节　千里神合——小说家的学习典范

《史记》记载的内容和描写手段丰富多彩，理所当然地成为后世学习和仿效的典范。由于小说是叙事体文学作品，因此小说家学习《史记》最为自觉，成绩卓著。

《游侠列传》和武侠小说

众所周知，《史记·游侠列传》高度赞扬游侠精神，栩栩如生地记载和描绘了大侠的性格、事迹和风范，成为后世武侠小说的源头。

自司马迁《史记》之后，到唐代兴起侠义文学：有游侠诗，著名的如王维的《少年行》和李白的《侠客行》《白马篇》等；有侠客小说，还有理论文章，唐代宰相李德裕的《豪侠论》中写道："夫侠者，盖非常之人也。虽然以诺许人，必以节义为本。义非侠不立，侠非义不成，难兼之矣。"首次"侠义"并提，并做强调。

唐代的豪侠小说，著名的有《虬髯客传》《无双传》等，女侠红线女（《红线传》）、谢小娥（《谢小娥传》）、聂隐娘（《聂隐娘》）等，芳名远播，流传千古。此后明代《水浒传》是豪侠小说的经典之作。

清代侠义小说兴盛，而其往往与公案小说结合，成为公案侠义小说，例如《施公案》《彭公案》，尤以晚清描写包公手下展昭等的《三侠五义》（又名《七侠五义》）最为著名。以女侠十三妹为主角的《儿女英雄传》则别出心裁，为人所称赞。

民国时期武侠小说达到高峰，名家名作林立。最有名的有平江不肖生、还珠楼主。平江不肖生的《江湖奇侠传》中的一段情节，改编为京剧连台本戏和电影《火烧红莲寺》后，极为火爆，后者甚至造就万人空巷的市场效果。还珠楼主的《蜀山剑侠传》，气魄宏大，想象力极为丰富，情节怪异，想落天外，令人赞叹。

20世纪50年代起，港台的新派武侠小说达到空前的高峰，出现了梁羽生、金庸和古龙三大家。其中金庸的武侠小说风靡全国，盛极一时，据其改编的电视剧、电影也持久风靡华人世界。

中国武侠小说自古至今，越来越风行，20世纪上半期平江不肖生、还珠楼主等的旧派武侠长篇巨著和下半期金庸、古龙、梁羽生等的新派武侠长篇杰作，都继承了《史记·游侠列传》的精神。

当代武侠电影如《藏龙卧虎》《叶问》等，一直极受欢迎。据唐代至清代武侠小说改编的电视连续剧，也盛行不衰。

武侠小说描写的主要活动场景，从《水浒传》的山头和绿林，发展到江湖。张文江在分析范蠡扁舟一叶，浮于五湖的结局时说：

> 扁舟有文学色彩，而江湖也有文学色彩。《国语·越
> 语下》写越王勾践灭吴回来，到了五湖，范蠡就不跟他
> 回去了，"遂乘轻舟，以浮于五湖，莫知其所终极"。《国
> 语》的"五湖"是一个地理或山水概念，《史记》的江
> 湖是个社会或文化概念。司马迁的改动有其思想性，其
> 语来自《庄子·大宗师》："泉涸，鱼相与处于陆，相以
> 湿，相濡以沫，不如相忘于江湖。"江湖既泛指天南地北、
> 五湖四海，也暗含和朝廷的庙堂文化的对立。也就是这
> 样的江湖概念，启发了后来的武侠小说。对于武侠小说
> 的写作来讲，武功怎么打其实都是细枝末节，而要紧在
> 于后面驱动的思想。有人问金庸，古今中外你最佩服的
> 人是谁，金庸不假思索地回答，古人是范蠡，今人是吴
> 清源。[①]"江湖"描述的是社会的广阔、复杂、多层次，
> 如果用西方的观念来比拟，最接近的是哈耶克所谓的"大
> 社会"（the Great Society）。古龙说，有人的地方就是江
> 湖。甚至还可以进一步说，人心就是江湖。[②]

《史记》对后世武侠小说的引领和影响是多方面的。

后世小说对《史记》的继承，成绩最大的是《夷坚志》
和《水浒传》，而金圣叹甚至认为《水浒传》不仅学习《史

---

① 金庸：《崇高的人生境界》，载吴清源著《天外有天：一代棋
圣吴清源传》，北京燕山出版社，1996。

② 张文江：《范蠡讲记》。

记》，也有超过《史记》的成绩，并做了精彩深入的理论总结。

《夷坚志》有意继承《史记》的自信

后世的野史和带有实录性质的笔记著作，多以继承《史记》为志愿。其中，宋代洪迈的《夷坚志》就是作者有志于继承《史记》的名著。

洪迈（1123—1202），字景卢，别号野处，乐平（今属江西）人，其父兄都是著名的学者、官员。洪迈七岁时，其父洪皓使金，遭金人扣留。他随兄洪适、洪遵攻读，天资聪颖，"博极载籍，虽稗官虞初，释老傍行，靡不涉猎"。十岁时，随兄洪适避乱，往返于秀（今浙江嘉兴）、饶（宋朝州名，在今江西，州治鄱阳湖）二州之间。在衢州（今浙江衢江区）白渡，见破壁间题有二诗，其中一首咏"油污衣"云："一点清油污白衣，斑斑驳驳使人疑。纵使洗遍千江水，争似当初不污时。"洪迈读后，爱而识之。人赞其翩翩少年之时，便性格高洁，不同凡俗。

洪皓得罪秦桧，一直不得重用，一生投闲置散。绍兴十五年（1145年），洪皓已自金返国，正出知饶州；洪迈此年中进士，授两浙转运司干办公事，因受秦桧排挤，出为教授福州。洪迈便不赴任而至饶州侍奉父母，至绍兴十九年（1149年）才赴任。二十八年（1159年）归葬父后，召为起居舍人、秘书省校书郎，兼国史馆编修官、吏部员外郎。三十二年（1162年）春，金世宗完颜雍遣使议和，洪迈为接伴使，力主"土疆实利不可与"。朝廷欲遣使赴金报聘，迈慨然请行。于是洪迈以翰林学士的名义，充贺金国主登位使。至金国燕京，金人要迈行陪臣礼。迈初执不可，既而金锁使馆，自旦及暮，不给饮食，三日乃得见。金大都督怀中提议将迈扣留，因左丞相张浩认为不可，乃遣还。洪迈回朝后，殿中御史张震弹劾迈"使金辱命"，论罢之。

乾道二年（1166年）起，先后知吉州（今江西吉安）、赣州（今江西赣州）、建宁府（今福建建瓯），淳熙十一年（1184年）知婺州（今浙江金华）。洪迈在诸州任上时，重视教育，兴建学馆，建造浮桥，士人百姓安居乐业。在赣州时，治理骄横郡兵，查办出头闹事的什五长两人，押送浔阳，在市上斩首。邻郡辛卯年间闹饥荒，洪迈支援其粮食。在建宁，有个因小事杀人而持刀越狱的富人，长时间拒捕，洪迈将他抓获治罪，施黥刑后流放岭外。在婺州大兴水利，共修公私塘堰及湖泊八百三十七所。婺州军不讲军纪、闹事，洪迈用计谋逮捕四十八人，绳之以法，同伙者互相唆使，一哄而上包围并拥挤洪迈的轿子，洪迈处变不惊，说："他们是罪人，你们为什么要参与？"众人害怕不敢上前而散去。洪迈抓了带头作恶的两人，并在市上斩首示众，其余处以黥刑和鞭打不等，于是无人敢无理取闹。孝宗听说此事后对辅臣说："没想到书生处理事情也能随机应变。"

后孝宗召对，洪迈对于淮东抗金边备要地的守卫，提出了具体的加强措施，孝宗甚为嘉许，提举佑神观兼侍讲，同修国史。迈入史馆后修《四朝帝纪》，又进敷文阁直学士。淳熙十三年（1186年）拜翰林学士。光宗绍熙元年（1190年）任焕章阁学士，知绍兴府。光宗因浙东百姓被和市所困扰，命洪迈去纠正。洪迈上任后核对查实欺诈瞒骗四万八千三百多户。次年上章告老，进龙图阁学士。嘉泰二年（1202年）以端明殿学士致仕。卒赠光禄大夫，谥文敏。

洪迈著作宏富，撰有笔记名著《容斋随笔》等书。

《列子·汤问》中记叙:《山海经》中的故事是大禹看到的，伯益定的名称，夷坚听说后记载下来。《夷坚志》的书名由此而来。可见洪迈自称"夷坚"，寓意此书是他像夷坚一样记录的类似《山海经》的故事集。

书名如此，可是洪迈明确表示自己的志向是学习和继承《史记》。洪迈《夷坚丁志·序》中说:

> 凡甲丁四书，为千一百有五十事，亡虑三十万言。
>
> 若太史公之说,吾请即子之言而印焉。彼记秦穆公、赵简子，不神奇乎? 长陵神君、圯下黄石，不荒怪乎? 书荆轲事，证侍医夏无且，书留侯容貌，证画工；侍医、画工，与前所谓寒人、巫隶何以异? 善学太史公，宜未有如吾者。[1]

他自认为"善学太史公，宜未有如吾者"，非常自信和自负。钱锺书反驳说:"洪迈《夷坚丁志·序》至举《史记》记秦穆公、赵简子、长陵神君、圯下黄石等事，为己之道听途说，'从事于神奇荒怪'解嘲，几以太史公为鬼董狐!

---

① 洪迈:《夷坚志（第二册）》（第2版），中华书局，2006，第537页。

马迁盖知而未能悉见之行者。"①

　　尽管现当代文学史家认为《夷坚志》是笔记小说，甚至是志怪小说，但作者本人和古近代读者则认为其是实录之作。

　　古人对《夷坚志》的评价很高，与他同时代的著名诗人陆游（1125—1210）对此书评价非常高，特撰《题夷坚志后》诗云："笔近反离骚，书非支诺皋。岂惟堪史补，端足擅文豪。驰骋空凡马，从容立断鳌。陋儒哪得议，汝辈亦徒劳。"《四库全书总目》认为小说家唯《太平广记》为五百卷，然卷帙虽繁，乃搜集众书所成者，"其出于一人之手而卷帙遂有《广记》十之七八者，唯有此书"。

　　洪迈在熟背经典之后，还能博览群书；任职地方，在繁忙的政事之余，还能不断著书。他还兴建教育、水利、造桥，造福百姓，恰当处置特发事件，有力打击骄兵恶吏。他忠孝两全，学问渊博、见识高远、能力卓著，又能广览博闻，从中年起，开始杂采古今奇闻琐事，长年坚持观察历史、世情、民情和民俗文化，不断收集大量资料，从而写出《夷坚志》这部巨著。作者以一人之力，一代见闻，成此巨著，贡献巨大。因此，洪迈立志学习、继承《史记》，确有成绩。

　　《夷坚志》虽然学习《史记》，但洪迈不是呆板照搬，而是根据所处社会和时代活学《史记》。与《史记》记载帝王将相不同，《夷坚志》记叙和描写的多是下层社会中的人

---

　　①　钱锺书：《谈艺录（第一册）》，中华书局，1986，第252—253页。

物和故事，其中多涉人的命运，尤其是仕途前程，有时还牵涉战事。

　　研究家盛赞《夷坚志》是洪迈所经历的宋代社会生活、宗教文化、伦理道德、民情风俗的一面镜子，书中诸凡梦幻杂艺、冤对报应、仙鬼神怪、医卜妖巫、忠臣孝子、释道淫祀、贪谋诈骗、诗词杂著、风俗习尚，等等，无不收录，为后世提供了丰富的宋代社会历史资料。从小说发展史上看，《夷坚志》又是宋代志怪小说发展到顶峰的产物，是自《搜神记》以来中国小说发展史上的又一座高峰。《夷坚志》当时即有很大影响，《醉翁谈录》记叙当时的"说话"艺人"《夷坚志》无有不览"。《夷坚志》对后世更是产生了极大的影响，明拟宋市人小说，有不少取材于其中，仅凌濛初的"二拍"的正话、入话出于《夷坚志》的，即有三十余篇。

　　《夷坚志》众多精彩的篇章，从多个角度反映了当时的社会生活的面貌。例如丙志卷十三《蓝姐》：

　　　　绍兴十二年（1142年），京东人王知军者，寓居临江新淦之青泥寺。寺去城邑远，地迥多盗，而王以多赀闻。尝与客饮，中夕乃散，夫妇皆醉眠。俄有盗入几三十辈，悉取诸子及群婢缚之。婢呼曰："主张（掌握）家事，独蓝姐一人，我辈何预也。"蓝盖王所嬖，即从众中出，应曰："主家凡物皆在我手，诸君欲之，非敢惜。但主公主母方熟睡，愿勿相惊恐。"秉席间大烛，引盗入西偏一室，指床上箧笥曰："此为酒器，此为彩帛，此为衣衾。"付以钥，使称意自取。盗拆被为大复（将被子折开，作为大包袱），取器皿蹴踏置于中，烛尽又继之。大喜过望，凡留十刻许乃去。去良久，王老亦醒，蓝始告其故，且悉解众缚。明旦诉于县，县达于郡，王老戚戚成疾。蓝姐密白曰："官何用忧，盗不难捕也。"王怒骂曰："汝妇人何知，既尽以家赀与贼，乃言易捕何邪！"对曰："三十盗皆著白布袍，妾秉烛时，尽以灺（蜡烛）泪污其背，但以是验之，其必败。"王用其言，以告逐捕者。不两日，得七人于牛肆中，展转求迹，不逸一人。所劫物皆在，初无所失。汉张敞传所记，偷长以赭污群偷裾而执之，此事与之暗合。婢妾忠于主人，正已不易得。至于遇难不慑怯，仓卒有奇智。虽编之列女传不愧也。

蓝姐面对约有三十人的群盗，镇定自若，冷静应对。一面保护主人家不受侵害，一面假装害怕而爽气地引领强盗，方便其偷盗。她知道一味硬顶，并不能阻止群盗的抢劫，居处不大也不可能藏匿财物。所以她索性手持蜡烛，亲自引盗畅快自取。她的言行麻痹了群盗，她得以暗中用烛油点污群盗穿的白布袍。最终凭借这样的记号，群盗被一网打尽，财物全数索回。

此篇中蓝姐的做法，与《天方夜谭》（又名《一千零一夜》）中《阿里巴巴与四十大盗》中的女仆马尔吉娜的做法相似，效果一样，堪为双璧。

《水浒传》和明清小说以《史记》榜样

明清小说，多以《史记》为榜样，钱锺书指出：

> 它（指后世新兴的文学体裁）一方面强调自己是崭新
> 的东西，和不相容的原有传统立异；而另一方面要表示
> 自己大有来头，非同小可，向古代也找一个传统作为渊
> 源所自。例如西方十七八世纪批评家要把新兴的长篇散
> 文小说遥承古希腊、罗马的史诗……明、清批评家把
> 《水浒》《儒林外史》等白话小说和《史记》挂钩……
> 仿佛野孩子认父母，暴发户造家谱……在文学史上屡
> 见不鲜。它会影响创作，使新作品从自发的天真转而为
> 自觉的有教养、有师法……①

钱锺书强调小说借用《史记》的名头，自抬身价。而
金圣叹在明末刻印的《金批水浒》(《贯华堂第五才子书水浒传》)
则在将《水浒传》比拟《史记》的同时，强调了《水浒传》
超过了《史记》。

金圣叹认为《水浒传》的方法虽然学自《史记》，但青
出于蓝而胜于蓝，比《史记》更高明。他在《读〈水浒〉之
法》中说：

> 《水浒传》方法，都从《史记》出来，却有许多胜似
> 《史记》处。若《史记》妙处，《水浒》已是件件有。

———————
① 钱锺书：《七缀集》，生活·读书·新知三联书店，2019，第
2—3页。

某尝道《水浒》胜似《史记》，人都不肯信，殊不知某却不是乱说。其实《史记》是以文运事，《水浒》是因文生事。以文运事，是先有事生成如此如此，却要算计出一篇文字来，虽是史公高才，也毕竟是吃苦事。因文生事即不然，只是顺着笔性去，削高补低都由我。

　　他指出《水浒传》比《史记》高明，是因为《史记》以文运事，而《水浒传》则因文生事。

　　以文运事和因文生事，有三层意思：第一层次，表达了文学著作和历史著作在写作上的基本区别。第二层次，"因文生事"高于"以文运事"，表现为"事文分立"，事与文是可以分离的两个成分。第三层次，"因文生事"高于"以文运事"，更体现为"文"超越"事"，引导"事"，创造"事"。史书的"文"，为"事"服务，"事"是主导，而"文"是从属，是工具，故而"以文运事"；而在小说中，"文"是主导，"事"是从属，"事"为"文"服务，故而"因文生事"。

　　在具体描写上，金圣叹举例说明《水浒传》学自《史记》的精彩之处。例如评论杨志比武：

　　一段写满校场眼睛都在两人身上，却不知作者眼睛乃在满校场人身上。作者眼睛在满校场人身上，遂使读者眼睛不觉在两人身上。真是自有笔墨未有此文也。此段须知在史公《项羽纪》"诸侯皆壁上观"一句化出来。（第十二回夹批）

这是指《项羽本纪》记叙项羽破釜沉舟，只留三日粮，激励部下义无反顾地与秦军主力决一死战而大获全胜、气势逼人的壮烈事迹。

在金圣叹看来，有时《水浒传》的一些奇恣笔法甚至还超过《史记》，例如《水浒传》描写林冲：

> 此回多用奇恣笔法。如林冲娘子受辱，本应林冲气忿，他人劝回，今偏倒将鲁达写得声势，反用林冲来劝，一也。阅武坊卖刀，大汉自说宝刀，林冲、鲁达自说闲话；大汉又说可惜宝刀，林冲、鲁达只顾说闲话。此时譬如两峰对插，抗不相下，后忽突然合笋，虽惊蛇脱兔，无以为喻，二也。还过刀钱，便可去矣，却为要写林冲爱刀之至，却去问他祖上是谁，此时将答是谁为是耶！故便就林冲问处，借作收科云："若说时，辱没杀人。"此句虽极会看书人，亦只知其余墨淋漓，岂能知其惜墨如金耶！三也。白虎节堂，是不可进去之处，今写林冲误入，则应出其不意，一气赚入矣，偏用厅前立住了脚，屏风后堂又立住了脚，然后曲曲折折来至节堂，四也。如此奇文，吾谓虽起史迁示之，亦复安能出手哉！（第六回总批）

认为《水浒传》的以上描写奇恣笔法，即使司马迁也写不出。这个评价是奇高的。

在金圣叹看来，有时《水浒传》在事件的叙述和描写方面甚至也胜过《史记》，例如：

（圣叹归纳梁山义军到江州劫法场，相救宋江的共有）三路人马：第一路，梁山泊来的共计一十七人，（看他许多大将）领带着八九十个悍勇壮健小喽啰。（看人许多手下人）第二路，浔阳江上来接应的九筹好汉，（看他又是许多大将）也带四十余人，（看他亦有许多手下人）都是江面上做私商的火家，撑驾三只大船，前来接应。第三路是黑旋风李逵。夹批特地指出："看他单是一个人。上文结叙山泊、江上两枝人马，可称雄师。此单是李逵一个，亦不可不称雄师。笔墨之妙，史迁未及。"（第四十回）

钱锺书带着非常赞同和赞赏的语气，引述金圣叹的论点，举了《金批水浒》和《史记》做例子，为金圣叹提出的"《水浒传》方法，都从《史记》出来，却有许多胜似《史记》处。若《史记》妙处，《水浒》已是件件有"这个重要观点提供了例证。他还正面肯定小说与史书的写作颇有相通之处。（参见拙著《金圣叹文艺美学研究》中的《钱锺书的金圣叹评论述评》。①）

在《管锥编》第一册《史记会注考证五八则》之《五项羽本纪》"用字重而非赘"一节，钱先生说：

"诸将皆从壁上观，楚战士无不一当以十，楚兵呼声动天，诸侯军无不人人惴恐。于是已破秦军项羽召见诸侯将，入辕门，无不膝行而前"；《考证》："陈仁锡曰：

---

① 周锡山：《金圣叹文艺美学研究》，上海人民出版社，2016。

'叠用三无不字，有精神；《汉书》去其二，遂乏气魄。'"
按陈氏评是，数语有如火如荼之观。贯华堂本《水浒》
第四四回裴闍黎见石秀出来，"连忙放茶""连忙问道"
"连忙道：'不敢！不敢！'""连忙出门去了""连忙
走"；殆得法于此而踵事增华者欤。马迁行文，深得累
叠之妙，如本篇末写项羽"自度不能脱"，一则曰："此
天之亡我，非战之罪也"，再则曰："令诸君知天亡我，
非战之罪也"，三则曰："天之亡我，我何渡为！"心已
死而意犹未平，认输而不服气，故言之不足，再三言之
也。又如《袁盎、晁错传》记错父曰："刘氏安矣！而
晁氏危矣！吾去公归矣！"叠三"矣"字，纸上如闻太
息，断为三句，删去衔接之词，顿挫而兼急迅错落之致。
《汉书》却作："刘氏安矣而晁氏危，吾去公归矣！"索
然有底情味？[1]

　　这一段引文和评论，更是将《金批水浒》和《史记》
名篇的精彩描写直接比较，用《水浒传》的精彩片段，证
《史记》文字，不仅"用字重而非赘，而且还'深得累叠
之妙'"。

　　后世对《史记》的继承颇多。例如《史记》记载汉王
刘邦的名臣王陵，其母被项羽抓去后自杀，要其子铁心在
刘邦处效力。《三国演义》中的徐庶之母被曹操抓去后自杀
的情节，明显对此有所借鉴。

---

　　① 钱锺书：《管锥编（第一册）》（第二版），中华书局，1986，
第272—273页。

第五章　江河万古史公书：《史记》的传播 与接受

《史记》完成后，司马迁珍藏不宣，在宣帝时期由其外孙杨恽向外公开，由此广传于天下。

第一节　"藏之名山，传之其人"，《史记》的横空出世与风行天下

司马迁著《史记》，"仆诚已著此书，藏之名山，传之其人，通邑大都"（《报任安书》）。在他生前，只能"藏之名山"，司马迁秘藏此书是怕遭到禁毁。

《史记》的横空出世

《汉书·司马迁传》记叙："迁既死后，其书稍出。宣帝时，迁外孙平通侯杨恽祖述其书，遂宣布焉。"杨恽认真阅读外祖父留下的《史记》巨著，懂得这部伟作的巨大价值，他及时上书汉宣帝，献出《史记》，公开发行，从此天下人才得以共享这部伟大的史著。

可是当时的书籍是竹上刻字，抄录和传播都非常困难，到东汉班彪和班固父子时，他们经过仔细而认真的研究，在《汉书》中首先指出《史记》已有缺失。《史记》的缺失

情况，本书引言已有介绍。

《史记》已有小部分散佚，幸好在整体上保存至今，最重要的缺失仅有《武帝本纪》。

《史记》风行天下和流传日本

《史记》成为历代文人必读之书，自南北朝开始便有详尽注释，至唐代正式形成《史记》学，后世的《史记》以三家注本（南朝刘宋裴骃的《史记集解》、唐司马贞《史记索隐》、唐张守节《史记正义》）风行天下，明代以后评点本流行。《史记》今作为"二十四史"中的一部典范之作，被公认为是中国文化中的最基本的经典著作之一。

《史记》很早就传到日本，日本已有一千多年的《史记》研究史，国外《史记》研究以日本的成就最大。

日本的《史记》研究成果极多，注释、翻译、考证、汇集资料和研究等品种齐全、书文众多。日本学者对《史记》评价极高，他们的研究范围广阔，兼有深度和新意。日本的《史记》研究，成就最高、影响最大的是泷川资言《史记会注考证》，钱锺书《管锥编》即以此书作为研究《史记》的版本依据。

第二节　继承发展：《汉书》《资治通鉴》和《新五代史》

《汉书》和《资治通鉴》是继承《史记》的最成功之作，《新五代史》是大文学家欧阳修认真继承《史记》的名著。

《汉书》对《史记》的继承与发展

　　《史记》的第一继承者是班固，他撰写的《汉书》是有志于继承《史记》并给以发展的史学经典。说他是第一继承者，是指他完成了完整地继承《史记》的成果《汉书》，但他并不是最早的继承者，最早的继承者是他的父亲班彪。

　　班彪（3—54），字叔皮，东汉扶风安陵（今陕西咸阳）人。他是第一个批评《史记》的史家和学者。《后汉书·班彪传》载："武帝时，司马迁著《史记》，自太初以后，阙而不录，后好事者颇或缀集时事，然多鄙俗，不足以踵继其书。彪乃继采前史遗事，傍贯异闻，作后传数十篇，因斟酌前史而讥正得失。其略论曰：……（《史记》）采经摭传，分散百家之事，甚多疏略，不如其本，务欲以多闻广载为功，论议浅而不笃。其论术学，则崇黄老而薄'五经'；序货殖，则轻仁义而羞贫穷；道游侠，则贱守节而贵俗功：此其大敝伤道，所以遇极刑之咎也。"他因《史记》的汉代史只写到武帝太初年间，而有不少人续写的后传则内容粗陋而论议浅薄，所以他致力于编写汉史，同时给《史记》以严厉的批评。班彪未及完成他补写和继续汉史的计划便去世，其子班固主动接下这个任务。

　　班固（32—92），字孟坚，东汉扶风安陵（今陕西咸阳）人，东汉著名史学家、文学家。班固出身儒学世家，其父班彪、伯父班嗣，皆为当时著名学者。在家庭的熏陶下，班固"年九岁，能属文诵诗赋，及长，遂博贯载籍，九流百家之言，无不穷究。所学无常师，不为章句，举大义而已。性宽和容众，不以才能高人，诸儒以此慕之"。（《后汉书·班固传》）

十六岁入太学，已精通儒家经典及历史。建武三十年（54年），班彪去世，班固从京城迁回老家居住，开始在班彪《史记后传》的基础上，撰写《汉书》，前后历时二十余年，于建初中基本修成。

汉和帝永元元年（89年），大将军窦宪率军北伐匈奴，班固随军出征，任中护军，行中郎将，参议军机大事，大败北单于后撰下著名的《封燕然山铭》。后窦宪因擅权被杀，班固受株连，死于狱中，时年六十一岁。

班固一生著述颇丰。作为史学家，他撰写的《汉书》是继《史记》之后中国古代又一部重要史书；他又是辞赋家，名列"汉赋四大家"之一，《两都赋》开创了京都赋的范例，列入《文选》第一篇；他还是经学理论家，他编辑撰成的《白虎通义》，集当时经学之大成，使谶纬神学理论化、法典化。

《汉书》又称《前汉书》，是中国第一部纪传体断代史，"二十四史"之一，又与《史记》《后汉书》《三国志》并称为"前四史"。《汉书》继承《史记》，在一定程度上又可与《史记》媲美，历代研究家给班固和《汉书》以极高评价，公认其可与《史记》并列，为我国史学史和文学史上的辉煌巨著。比较《汉书》与《史记》，两书于事件叙述、人物刻画等各方面自具特色，多有引人入胜处，但《汉书》的语言风格已开始走向艰涩古奥，整体上显示文学向史学的回归趋势。

《史记》是通史，其记事上起黄帝，下至汉武，历时约三千年。《汉书》是断代史，专写西汉，其记事上起汉高祖元年（前206年），下至王莽地皇四年（23年），共二百三十年。

《汉书》所记载的时代与《史记》有所重叠，汉武帝中期以前的汉朝西汉历史，两书都有记述。《汉书》的这一部分，多用《史记》旧文。班固继续撰写武帝后期至西汉末年的历史。因武帝以后历史属新撰，故详后而略前，其中最重要的是汉昭帝和汉宣帝时期"昭宣中兴"的历史。

《汉书》大量使用《史记》旧文的原因，笔者认为一是班固没有新的资料可以补充《史记》，更可能是因为司马迁当年看到的资料，到班固的时代不少已经散佚了，班固看到的资料可能比司马迁更少；而且司马迁时代，西汉开创者的直系后裔和当时的不少重要人物都还活着，司马迁可以听到他们直接讲述事实和传闻，班固没有这个优势，于是班固只能袭用《史记》提供的资料。二是班固尊重和钦佩司马迁，他认为司马迁的文笔极好，他自感自己无力超越，也做不到各呈千秋，所以不再重写。但由于思想的差异和材料取舍标准不尽相同，班固移用《史记》原文时也有增删改动。

班固对《史记》佚失的或未予记载的汉武帝时期的史料做了一些补充，续写了汉武至西汉末的历史。汉武帝以后的史事记载，显示了班固本人的功力。班固《汉书》除了吸收班彪的遗书和当时十几家读《史记》书的资料外，还采用了大量的诏令、奏议、诗赋、天文历法书，以及类似起居注的《汉著记》与班氏父子的目睹和耳闻。不少原始史料，班固都是全文录入书中，因此在这些地方，比《史记》更显得有史料价值。

《汉书》中关于李陵战败的详细描写，震惊千古，但当代史家和学者未予重视。对于《史记》记叙、《汉书》续写的这场汉匈之战，当代学者也未予重视。这是一场波澜壮阔的战争，甚至在一定程度上可以说是决定人类命运的伟大战争。

《汉书》包括纪十二篇，表八篇，志十篇，传七十篇，共一百篇，共八十万字。到了唐代，《汉书》的注释者颜师古认为《汉书》卷帙繁重，便将篇幅较长者分为上、下卷或上、中、下卷，成为现行本《汉书》一百卷，一百二十篇。

在全书体例上，《汉书》开创了"包举一代"的纪传体断代史体例。

在编写体例上，《汉书》将《史记》的"本纪"省称"纪"，"列传"省称"传"，"书"改曰"志"，取消了"世家"，汉代勋臣世家一律编入传。这些变化和创举，被后来的一些史书沿袭下来。

《汉书》中的"纪"共十二篇，是从汉高祖至汉平帝的编年大事记。其写法虽与《史记》略同，但不称"本纪"，如《高帝纪》《武帝纪》等。由于《汉书》始记汉高祖立国元年，故将本在《史记》中"本纪"的有些人物，如项羽等，改置入"传"中；又由于东汉不承认王莽建立的政权——新朝，故将王莽置于"传"中，并贬于传末。

《汉书》中的"表"共八篇，多依《史记》旧表，而新增汉武帝以后的沿革。前六篇为记载汉初同姓诸侯王的《诸侯王表》，记载异姓诸侯王的《异姓诸侯王表》，记载汉高祖至汉成帝的《功臣年表》等，借由记录统治阶级来达到尊汉的目的。后二篇为《汉书》所增《百官公卿表》

《古今人物表》。《百官公卿表》则详细介绍了秦汉时期的官制。

《古今人物表》，从太昊帝记到吴广，把历史上的著名人物，以儒家思想为标准，分为四类九等，表列出来；可是此表有"古"而无"今"，因此引起了后人的讥责。而对《百官公卿表》，后人则非常推崇。这篇表首先讲述了秦汉分官设职的情况，以及各种官职的权限和俸禄的数量，然后用分为十四级、三十四官格的简表，记录汉代公卿大臣的升降迁免。篇幅简练地把当时的官僚制度和官僚的变迁清晰展现出来。

《汉书》中的"志"共分十篇，专记典章制度的兴废沿革。由于《汉书》已用"书"为大题，为免混淆，故改《史记》中的"书"为"志"。

《汉书》十"志"，以《史记》八"书"的基础而做发展：将《史记》的《礼书》《乐书》改为《礼乐志》，将《律书》《历书》改为《律历志》；将《天官书》改为《天文志》，将《封禅书》改为《郊祀志》，将《河渠书》改为《沟洫志》，将《平准书》改为《食货志》。又新增《刑法志》《五行志》《地理志》《艺文志》。各志内容多贯通古今，而不专叙西汉一朝的历史。如《天文志》保存上古至汉哀帝元寿年间大量有关星运、日食、月食等的天文资料。《沟洫志》则记述上古至汉朝的水利工程，并说明治理水文的策略。《食货志》则详述上古至汉代的经济发展情况，上卷谈"食"，即农业经济状况；下卷论"货"，即商业和货币的情况。新增的《刑法志》概述上古至西汉时期的刑法，第一次系统地叙述了法律制度的沿革和一些具体的律令规定，还点出汉文帝、汉景帝用刑之重，更指出汉武帝进用酷吏而导致的恶果。《五行志》集有关五行灾异之说而编成，保存了大量的自然史资料。《地理志》详述战国、秦、西汉时期的领土疆域、郡国行政区划、历史沿革和户口数字，以及封建世系、形势风俗、名门望族和帝王的奢靡等，还记录了当时的各地物产、经济发展状况、民情风俗。《艺文志》考证了各种学术别派的源流，记录了存世的书籍，它是我国现存最早的图书目录。

《汉书》中的"列传"共七十篇，以记载西汉一朝为主。仍依《史记》之法，以公卿将相为列传，同时以时代顺序为主，先专传，次类传，再次为边疆各族传和外国传，最后以乱臣贼子《王莽传》居末，体系分明。

《汉书》列传中有关文学之士的部分，多记载其有关学术、政治的内容，如《贾谊传》记有《治安策》;《公孙弘传》记有《贤良策》等，这些《史记》都未收录。

列传中的类传有《儒林传》《循吏传》《游侠传》《酷吏传》等，此外又新增《外戚传》《元后传》《宗室传》，也为《史记》所无。

四夷方面，有《匈奴传》《西南夷两粤朝鲜传》《西域传》等三传。

最后一篇"列传"为《叙传》，仿"太史公自序"之意，述其写作动机、编纂、凡例等。

"列传"各篇后均附以"赞"，即仿《史记》篇末"太史公曰"的体例，说明作者对人或事的批评或见解。

至于《汉书》对《史记》重复部分的改动和增删，是由于作者思想和材料取舍标准的不同，以及语言使用的审美水平差异，对此历代学者都有详尽的研究，形成"班马异同"课题。当代学者则总结历代的研究，形成了自己的见解，发表了众多论著。今据安平秋等著《史记通论》所归纳的，《汉书》在继承、发展《史记》成就的基础上，比《史记》有改进之处有六条：

　　其一，《汉书》的体例比《史记》更为严整、更为统一。如《史记·吕后本纪》只写了吕氏集团的兴亡史，名虽为"纪"，实际上只是"传"。而《汉书·吕后纪》则补写了全国大事，真正成立"纪"体。同时增加了《惠帝纪》，增详了《景帝纪》。

　　其二，《汉书》记载汉代的典章制度更为详细具体。例如《汉书·外戚传》开头增加一段文字叙述汉代后宫的制度与官阶。

　　其三，《汉书》多收经世文章。例如《吕后纪》《文帝纪》《景帝纪》等加进了许多皇帝的诏令和群臣的上书；在《贾谊传》收进了《治安策》；在《晁错传》收入《削藩》《贤良对策》《论贵粟》，在《董仲舒传》加入《贤良三策》等。这些文章不仅有助于读者认识当时国家的情势，也突出了作品主人公的思想与人格。尤其是《史记·屈原贾生列传》只收贾谊的《吊屈原赋》和《鵩鸟赋》，贾谊成为一个牢骚满腹的"怀才不遇"的文人；而《汉书》收入其《治安策》，凸显他是一个政治思想家。

　　其四，《汉书》补充了许多重要的史实。如司马迁是把汉文帝当作一个理想的皇帝来写的，毫无保留地热情歌颂他废除肉刑，《汉书》则指出其名为德政，其实杀人更多的本质。《史记·酷吏列传》一般地谈到汉武帝晚年法之残酷，而《汉书》则在《公孙贺传》里写出了一连串宰相皆不得其死，以至于再让谁当宰相，谁就吓得趴在地上叩头求饶，生动有力地记叙了当时的情景。又如《汉书·匈奴传》增加了对匈奴民族的前身猃狁与周宣王发生战争的情景的叙述，并引用《诗经》中的篇章加以说明。《史记·匈奴列传》竟然只字不提周宣王讨伐猃狁的史实。

其五，班固驳正了司马迁的一些偏颇之见。例如《史记·贾生列传》说绛、灌诸老臣"排挤"贾谊，同情贾谊的"怀才不遇"，而《汉书》则说，贾谊的许多意见在当时或稍后几乎都被皇帝采纳了，说贾谊"虽未至公卿，非不遇也"。再如晁错削藩，汉景帝顶不住"清君侧"的压力，背信弃义地杀了晁错。司马迁评论说："语曰：'变古乱常，不死则亡。'岂错等谓耶？"《史记》中的议论失衡，没有比这篇更为严重的了。而班固则说："错虽不终，世哀其忠。"这显然就平允公道得多了。又如司马迁说郦况协助周勃、陈平从吕禄手中骗来北军的兵符的做法是"卖友"，而班固则说："为安社稷、救君亲，不得云'卖友'。"

其六，《汉书》的文字虽然没有《史记》那么生动，但它简洁整饬，叙事明晰。例如《史记·魏其武安侯列传》里有一段文字是：

窦婴守荣阳，监齐赵兵，七国兵已尽破，封婴为魏其侯。诸游士宾客争归魏其侯。孝景时每朝议大事，条侯、魏其侯，诸列侯莫敢与亢礼。孝景四年，立栗太子，使魏其侯为太子傅。孝景七年，栗太子废，魏其数争不能得。魏其谢病，屏居蓝田南山之下数月。

《汉书》记此事的同一段文字说：

婴守荣阳，监齐赵兵。七国破，封为魏其侯。游士宾客争归之。每朝议大事，条侯魏其侯，列侯莫敢与亢礼。四年，立栗太子，以婴为傅。七年，栗太子废，婴争不能得，谢病，屏居蓝田南山下数月。

明代王懋对此评论说："文不满百字，《汉书》删去三十余字不嫌简，此减字法也。"

又如《司马相如传》写卓王孙请司马相如到他家做客时说："至日中，谒司马长卿，相如谢病不能往。临邛令不敢尝食，自往迎相如。相如不得已，强往，一座尽倾。"既然如此"不得已"，那么到了宴会上也就不应该再有什么过分积极的表现了，但事实却不是如此，当人们邀请司马相如鼓琴时，司马相如"为鼓一再行。是时卓王孙有女文君新寡，好音，故形如缪与令相重，而以琴心挑之"。前后的表现完全矛盾，实不可解。到了《汉书》中，班固更换了一个字，将其改为："相如为不得已而强往。""为"者，"伪"也。原来前面的"不得已"，乃是故意装的，假撇清！实际上他早就迫不及待要去"勾引"卓文君了。这个"为（伪）"字怎么能省？

《汉书》改动后的短处，也可归纳为六条：

其一是正统气、儒学气大大地增强了。司马迁对汉代统治者是有许多批判的，而对于汉景帝和汉武帝的批判尤其厉害。而班固则"为尊者讳，为王者讳"，还指责司马迁不能"依五经之语言，问圣人之是非"。这种地方集中反映了两人的思想分歧。司马迁不完全以"圣人"孔子的思想作为判断是非的标准，有时是值得肯定的，而班固的见识却往往不及司马迁。

其二是《史记》有比较强烈的反天道、反迷信思想，而《汉书》则相对迂腐。

其三是对待下层人民的态度，《史记》重视下层人民，一是为许多下层人物立传，如刺客、游侠、日者、滑稽、医生和商人等；二是有些传主虽是王侯将相，但助成他们一生功业的仍是下层人物，如侯嬴、朱亥、毛遂、冯谖等；三是对陈涉的评价高得出奇："桀、纣失其道而汤、武作，周失其道而春秋作，秦失其政而陈涉发迹。"竟然把陈涉列入他心目中的大"圣人"行列。到了《汉书》里，一部分固有的写下层人物的类传不见了；陈胜、项羽也都被从"世家"与"本纪"里拉下来合为一篇。还指责司马迁"序游侠则退处士而进奸雄"，司马迁所歌颂的朱家、郭解等是"以匹夫之细，窃杀生之权，其罪已不容于诛矣"。

其四是《史记》的爱憎感情、主观色彩异常突出，而到《汉书》里则往往变成不动声色的"客观"叙述了。

其五是《汉书》比《史记》的生动性大大降低，在文学性上大踏步地后退了。例如《史记·郦生陆贾列传》写郦食其在被齐王田广杀害前，还有与齐王的一段对答，以见其狂放豪迈的性格。班固写《郦陆朱刘叔孙传》时，将其通通删去，遂使人物毫无生气地索然而终。

其六是《汉书》有些地方对《史记》因袭得不合理。如《史记·留侯世家》篇末太史公曰："学者多言无鬼神，然言有物。至如留侯所见老父予书，亦可怪矣。高祖离困者数矣，而留侯常有功力焉，岂可谓非天乎？上曰：'夫运筹策帷帐之中，决胜千里外，吾不如子房。'余以为其人计魁梧奇伟，至见其图，状貌如妇人好女。盖孔子曰：'以貌取人，失之子羽。'留侯亦云。"这些都是司马迁个人的感想，而《汉书·张良传》最后也同样说这段话，难道班固刚好也有与司马迁相同的思想过程？

以上是《史记通论》的归纳，代表了当代史学界的研究水平。其中，"《史记》有比较强烈的反天道、反迷信思想"这个观点不准确。《史记》不信天道，但信天命；不信鬼魅，但信卜筮。

此外，《汉书》删节或改动《史记》，《汉书》喜用古字古词，两书各有特点，但改坏的也不少。钱锺书对此颇有批评，例如：

> "诸将皆从壁上观，楚战士无不一以当十，楚兵呼声动天，诸侯军无不人人惴恐。于是已破秦军。项羽召见诸侯将，入辕门，无不膝行而前"；《考证》："陈仁锡

曰:'叠用三无不字,有精神;《汉书》去其二,遂乏气魄。'"按陈氏评是,数语有如火如荼之观。……马迁行文,深得累叠之妙,如本篇末写项羽"自度不能脱",一则曰:"此天之亡我,非战之罪也。"再则曰:"令诸君知天亡我,非战之罪也。"三则曰:"天之亡我,我何渡为!"心已死而意犹未平,认输而不服气,故言之不足,再三言之也。又如《袁盎、晁错列传》记错父曰:"刘氏安矣!而晁氏危矣!吾去公归矣!"叠三"矣"字,纸上如闻太息,断为三句,削去衔接之词(asyndeton),顿挫而兼急迅错落之致。《汉书》却作:"刘氏安矣而晁氏危,吾去公归矣!"索然有底情味?……《汉书·项籍传》作"诸侯军人人惴恐""膝行而前";盖知删一"无不",即坏却累叠之势,何若迳删两"无不",勿复示此形之为愈矣。《后汉书·班彪传》载其论《史记》曰:"刊落不尽,尚有盈辞",修词不净处,不知属"盈辞"抑否耶?……《容斋随笔》卷一谓《史记·卫青传》"校尉李朔一节五十八字,《汉书》省去二十三字,然不若《史记》为朴赡可喜";虞兆隆《天香楼偶得》则驳《随笔》谓"非定论",又谓《汉书》仅省去二十一字。周君振甫曰:"洪、虞两家计字衡文,均摭华而未寻根也。马之胜班,非以其行文之'朴赡',乃以其记事之翔实。马历举'以千五百户封……''以千三百户封……'等,班则悉删封侯户数,而于'赐爵关内侯,食邑各三百户',独仍马之旧,削多存少,羌无义例。马记诸将皆全具姓名,班则有所谓'骑将军贺'者'中郎将缩'者,不知

297

谁氏子矣。"殊足平停洪、虞之争。①

总之对《汉书》改动《史记》的文字之优劣，历来争议很多，但大多认为《汉书》这样的改动失败之处居多。

《资治通鉴》对《史记》的继承与发展

司马光（1019—1086），字君实，陕州夏县（今属山西）人。其主编的《资治通鉴》与《史记》并列为中国史学的不朽巨著，司马光与司马迁也被合称为史家"两司马"。

《资治通鉴》是司马光和他的助手刘攽、刘恕、范祖禹、司马康等人编纂的一部规模空前的编年体通史巨著。全书二百九十四卷，约三百多万字，所记历史断限，上起周威烈王二十三年（前403年），下迄后周显德六年（959年）。

《资治通鉴》的内容以政治、军事和民族关系为主，兼及经济、文化和历史人物评价，目的是通过对事关国家盛衰、民族兴亡的统治阶级政策的描述，来警示后人。

《资治通鉴》自成书以来，历代帝王将相、文人骚客、各界要人争读不止。点评批注《资治通鉴》的帝王、贤臣、鸿儒及现代的政治家、思想家、学者不胜枚举。对《资治通鉴》的称誉，除《史记》之外，几乎没有任何一部史著可与其比美。

清代顾炎武在《日知录·著书之难》中高度评价《资治通鉴》和马端临《文献通考》，称赞这两部著作"皆以一

---

① 钱锺书：《管锥编（第一册）》（第二版），中华书局，1986，第272—274页。

生精力成之，遂为后世不可无之书"。王鸣盛认为"此天地间必不可无之书，亦学者必不可不读之书""读十七史，不可不兼读《通鉴》。《通鉴》之取材，多有出正史之外者，又能考诸史之异同而裁正之。昔人所言，事增于前，文省于旧，惟《通鉴》可以当之"。曾国藩评价说："窃以为先哲惊世之书，莫善于司马文正公之《资治通鉴》，其论古皆折衷至当，开拓心胸。"梁启超说："司马温公《通鉴》，亦天地一大文也。其结构之宏伟，其取材之丰赡，使后世有欲著通史者，势不能不据以为蓝本，而至今卒未有能愈之者焉。温公亦伟人哉！"

司马迁的《史记》是一部纪传体通史，叙事范围为黄帝到汉武帝；而司马光的《资治通鉴》是一部编年体通史，叙事范围为战国到五代。两书重合的历史时期是从战国到汉武帝。

司马迁著《史记》，"仆诚已著此书，藏之名山，传之其人，通邑大都"（《报任安书》）。"传之其人"：给有志治世的志士仁人阅读和研究。司马光则明确是给皇帝看。受众范围虽然不同，但司马光也是期望皇帝有志治世，目的在于有志治世是一样的。

司马迁自诉《史记》写作的目的："近自托于无能之辞，网罗天下放失旧闻，略考其行事，综其终始，稽其成败兴坏之理。"（《报任安书》）司马光的《资治通鉴》是为皇帝编写历史教材，也以天下历史兴亡的经验总结为目的，与《史记》的大方向是一致的。

《资治通鉴》与《史记》记载重合的历史阶段，尤其是反秦战争、楚汉战争和西汉初年至武帝中期的历史,《资治通鉴》采用了《史记》的不少材料。

《史记》是纪传体史书,以全方位、各阶层人物传记为主,刻画人物偏重渲染细节,以突出其性格、品格和精神;《资治通鉴》则是一本给皇帝总结政治经验、做警示作用的历史教材,是"专取关国家盛衰,系生民休戚,善可为法,恶可为戒者,为编年一书,使先后有伦,精粗不杂"的"相砭书"("讲的正是内幕"),主要记叙历史中的宏大事件和关键事件,着重于重大施政行为和重大谏言,因此司马光在参考《史记》和其他史料的基础之上,恢复《左传》的编年体体裁,做删繁就简的剪裁。

《史记》对于同一事件、同一人物的相异资料,用"互见"法,分散用在不同篇目的传记中,避免互相矛盾;《资治通鉴》采用"考异"法,放在一起互做比较。

《史记》每篇篇末都有"太史公曰",发表评论和议论;《资治通鉴》在历史阶段告一段落时发表分析和评论。

《资治通鉴》全书的历史评论皆由司马光撰写,共有228条史论,其中119条是"臣光曰",引前人史论99条。所引前人史论,以班固最多,共15条;司马迁最少,只有2条。

《资治通鉴》引司马迁史论,第一条在卷一,取自《史记·魏世家》篇中的叙述语言:战国时期魏之不分灭,"君终,无适子,其国可破也",强调嫡长制的价值。另一条即《史记·项羽本纪》太史公曰,指责项羽"奋其私智而不师古",荒谬地以"天亡我,非用兵之罪"自解。

《资治通鉴》史论还针对《史记》的言论，做出相反的结论。例如对于"战国四豪"春申、孟尝、平原、信陵，司马迁诸传和《太史公自序》既揭示其为争权夺利而养士的本质，也认为其礼贤下士有利于国，且弘扬了尊重人才的风气。而《资治通鉴》卷六，司马光引用扬子论四豪，仅指责其"立私党"之罪，并无褒词。荆轲刺秦王，《史记·刺客列传》"太史公曰"赞其"义"能"名垂后世"，《资治通鉴》卷七"臣光曰"则讥荆轲为"愚""不可谓之义"，正面驳斥《史记》。对韩信之死，《资治通鉴》卷十二"臣光曰"引"太史公曰"后，指责韩信怀"市井之志"，其死完全是咎由自取，等等。

《新五代史》对《史记》的继承与发展

《新五代史》是"二十四史"中的一部，是宋代名列"唐宋八大家"之一的大文豪欧阳修的著作。

欧阳修于嘉祐五年（1060年）完成《新唐书》的修撰之后，在宋初薛居正监修的官修《旧五代史》的基础上，重新修撰《新五代史》这部私人著作。

《新五代史》七十四卷，分本纪、传、考、世家、年谱和附录六个部分。全书记载了从朱温篡夺唐朝政权，建立梁，中经后唐、后晋、后汉、后周，这五个朝代，到赵匡胤篡夺后周政权，建立宋朝，共六十余年的历史。

《新五代史》历来受到文学和历史研究者的重视和好评，甚至被赞誉为"深得《史记》神髓"，是后代历史家中学习《史记》学得最好的一部史著。

《新五代史》学习《史记》的成功之处：

《新五代史》有着强烈的推重德行、弘扬正义、崇尚气节的倾向。欧阳修之子欧阳发说其父"作本记，用'春秋'笔法，虽司马迁、班固不如也""其于五代史，尤所留心褒贬，为法精密，发论必以'呜呼'。曰：'此乱世之书也！昔孔子作《春秋》，因乱世而立乱法，余述本纪，以治法而正乱君。'此其志也"。例如欧阳修《新五代史》卷五十四《冯道传》对冯道的鲜明评价，维护了儒家道德的传统。

《新五代史》有着大一统的思想，面对四分五裂的五代乱世，歌颂抗击契丹的英雄，如《王晏球传》记叙唐将王晏球大破契丹，写得虎虎有生气。谴责引狼入室、卖国求荣的败类，如割让燕云十六州的后晋"儿皇帝"石敬瑭；二次倒戈，引契丹入屠京师，使后晋灭亡的杜重威和张彦泽等。

《新五代史》标名立传的人物有四百多，其中有五十多人的故事比较生动，性格比较独特鲜明。由于五代战乱频仍，杀伐惨重，是个绝望和悲哀的时代，所以这些人物多以悲剧告终。

欧阳修作为一代文学大家，文笔俊秀，议论风生，如其《伶官传序》为一代名文，是后世学习古文的典范文章。"盛衰之理，虽曰天命，岂非人事哉！原庄宗之所以得天下，与其所以失之者，可以知之矣……岂得之难而失之易欤？抑本其成败之迹，而皆自于人欤？《书》曰：'满招损，谦得益。'忧劳可以兴国，逸豫可以亡身，自然之理也。故方其盛也，举天下之豪杰，莫能与之争；及其衰也，数十伶人困之，而身死国灭，为天下笑。夫祸患常积于忽微，而智勇多困于所溺，岂独伶人也哉？"用铿锵的音节、生动的语言、流转的语气，总结历史经验，是历代学子背诵的名篇。

附带要提及的是，《新五代史》和《资治通鉴》关于冯道的评价。

《新五代史》卷五四《冯道传》记叙冯道身处乱世，沉浮自如，历五朝八姓，历仕唐、晋、汉周四朝九君，竟能长保贵显荣禄。此传开篇，即引《管子》："礼义廉耻，国之四维。四维不张，国乃灭亡。"从亡国的高度、政治的层面，斥责冯道"无廉耻"。司马光《资治通鉴》卷二九一"臣光曰"引欧阳修此论，又补充说冯道"大节已亏"，"为臣不忠，虽复才智之多，治行之优，不足贵矣"，乃"奸臣之尤"。且不但是冯道个人之过，"时君亦有责焉"。

陈寅恪先生在《赠蒋秉南序》中说："欧阳永叔学韩昌黎文，晚撰《五代史记》，作'义儿''冯道'传，贬斥势利，尊崇气节，遂一匡五代之浇漓，返之纯正。"范文澜《中国通史简编》贬斥冯道是五代时文官中丑恶的代表，"是这个时期的特产，是官僚的最高典型"是官僚中最无可救药者，"哀莫大于心死，冯道就是心死透了的人"。

对冯道的贬斥似乎成为千年定评。实际并不如此，直接承续五代的北宋一朝，对冯道的评价基本上是正面的。成书于宋初、由时任宰相的薛居正领衔编撰的《旧五代史》固然批评冯道："然事四朝，相六帝，可得为忠乎！夫一女二夫，人之不幸，况于再三哉！"但在记叙中，则是将其写成了道德的完人、大臣的表率。明朝的李贽也颇赞冯道。20世纪末，谭其骧教授也提出了异议，认为冯道在其所处的极其恶劣的政治社会环境中，洁身自好，为官廉洁，勉力保护百姓，极为不易。他要学生适当时撰文，为冯道维护公道。

于是其学生葛剑雄教授在《读书》发表《乱世的两难选择——冯道其人其事》长文，认为冯道走了一条"曲线救国"的道路，他为了天下苍生而"以人类的最高利益和当地人民的根本利益为前提，不顾个人的毁誉，打破狭隘的国家、民族、宗教观念，以政治家的智慧和技巧来调和矛盾、弥合创伤，寻求实现和平和恢复的途径"。

《新五代史》（点校二十四史修订本）的整理者、五代史著名研究家陈尚君教授在修订本出版前夕，发表文章说：

> 冯道的作为并没有违反儒臣立身的基本原则。欧阳修在百年以后，为了建构宋代士人的道德高地，将仅仕一朝或历仕数朝视为评价人物的根本原则，因此而斥冯道为无耻之尤者，实在是脱离时代、强人所难的苛评。当然，冯道绝非完人，他的学养因为《兔园策》的披露而稍显不足，为郭威去请湘阴王刘赟知他不足知人，对周世宗的轻视更显出他的怕硬欺软。《旧五代史》本传赞以孔子相比当然有些不伦，但也不是不讲道德底线、不择手段谋取个人利益的政客。身处乱世，他勤勉一生，

在可能的范围内，尽了自己的努力。①

历史是复杂的，要正确认清和评价历史人物与历史事件极为不易。学习《史记》也极为不易，学得好更是非常不易的。

《史记》是历代史家学习的典范，众多文人学者也表达了对《史记》的向往。如清初的明遗民李世熊，面对鼎革，极想奋笔写史，其《与魏和公》称："后当有如司马太史者描写生气，照耀千载。某虽老，犹能私笔逸事，载诸箧衍，以俟将来也。"②其友康熙二十四年（1685年）《答李化舒》亦云："恨世无班、马、欧、苏，使扬厉幽芳，令神气溢流，倾动寰宇。"③

《史记》激励和启发了后人的创作，作用巨大。

第三节　汗牛充栋：盛况不衰的历代"史记学"研究

《史记》问世至今的两千多年来，研究成果极多。宋代著名学者王应麟首先提出"《史记》之学"，并认为"《史记》之学"形成于唐代（《玉海》卷四十六《唐十七家正史》）。

---

① 陈尚君：《五代：政治文化转型的关键时期——五代十国之我见》，《文汇报》2015年6月26日。

② 李世熊：《寒支集》，《四库禁毁丛刊》第89册，北京出版社，1997，第483页。

③ 同上书，第48页。

历代《史记》的传播和研究概况

《史记》流传到东汉，开始产生研究成果，较早的有班彪和班固父子。

班固对《史记》的赞赏，先重复其父的观点："然自刘向、扬雄博极群书，皆称迁有良史之材，服其善序事理，辨而不华，质而不俚。"紧接着他发表自己的观点："其文直，其事核，不虚美，不隐恶，故谓之实录。"这是班固对《史记》的最基本和最高的评价，他认为《史记》是"实录"，也即"信史"，成为对《史记》的最基本的定论。

班固和其父班彪对《史记》的批评，颇有保守的倾向；但是班固高度评价《史记》是"实录"的论点，成为后世信奉的权威性的观点，无人有争议。而班固继承其父而发表的批评："论大道则先黄、老而后六经，序游侠则退处士而进奸雄，述货殖则崇势利而羞贱贫。"这三句话被称作他批评的"史公三失"，也成为流传后世的名言，并引起自魏晋至明清经久不衰的争议。

班固的《汉书·司马迁传》最后给司马迁以总结性的评价："呜呼！以迁之博物洽闻（博学广闻），而不能以知（智慧）自全（保全自己），既陷极刑，幽而发愤，书亦信矣。迹其所以自伤悼，《小雅》巷伯之伦。夫唯《大雅》'既明且哲，能保其身'，难矣哉！"

南朝宋史学家范晔（398—446）记叙东汉历史的《后汉书》，是二十四史中成就很高的一部。《后汉书》既是东汉的历史著作，所以西汉司马迁不属于此书记载和评论的范围，此书通过评论班彪和班固的《史记》评论，来评论《史记》和班氏父子评论《史记》的得失。

> 论曰：司马迁、班固父子，其言史官载籍之作，大
> 义粲然著矣（其主旨都是十分清楚的）。论者咸称二子有良
> 史之才。迁文直而事核，固文赡而事详。若固之序事，
> 不激诡，不抑抗，赡而不秽，详而有体，使读之者亹亹
> 而不厌，信哉其能成名也。彪、固讥迁，以为是非颇谬
> 于圣人。然其论议常排死节，否正直，而不叙杀身成仁
> 之为美，则轻仁义，贱守节愈矣。固伤迁博物洽闻，不
> 能以智免极刑；然亦身陷大戮，智及之而不能守之。呜呼，
> 古人所以致论于目睫也！（《后汉书·班固传》）

《后汉书》引用即赞同评论者称二人都有良史之才的观点。他比较马班两人的异同说：司马迁文辞正直而且叙事真实，班固文辞丰富而且叙事详尽。像班固的陈述史实，不毁誉过当，不随波逐流，丰富而不杂，详细而有条理，使人读而不厌，他能成名也是理所当然的。范晔对《汉书》做了充分的肯定。

接着评论班氏父子的《史记》评论："班彪、班固批评司马迁，认为他的是非观与圣人很不相合。但他们的议论常常排斥为坚守道义而死去的人，否定正直的行为，不去叙述杀身成仁这样的美德之事，就显得有些轻视仁义，过分鄙薄守节之人了。"对班氏父子对司马迁的批评做了反批评。

最后针对班固批评司马迁不能自保，他自己也不能自

保的人生结局，说："班固感伤司马迁博闻强记、知识丰富，却不能免予受刑，但他自己也身受杀戮，智慧虽与司马迁相同，却依然不能自保。呜呼，这就是古人之所以对眼睛看不到睫毛而发表议论的原因吧！"

范晔对班氏父子关于司马迁错误评论的批评是颇有道理的，他还批评班固讥评司马迁不能自保，而他本人也死于狱中，结局相同。

班固与大将军窦宪关系密切，永元四年（92年）窦宪因擅权和密谋叛乱事发被革职，后自杀。班固受株连，被捕入狱，同年死于狱中，年六十一岁。

巧的是，范晔批评班固，他自己也被处死，与班固的结局相同。此因范晔一生狂狷不羁，颇不满于朝廷，晚年终于发作到了顶点，加入了彭城王谋反阵营。元嘉二十二年末（446年初），同党徐湛之上表首告，供出了所有谋反同党及往来檄书信札，谋反失败。不久，范晔等被处死，连坐从诛的还有其弟广渊、其子范蔼等。范晔死时才四十八岁，比班固还短命。

两汉盛世，是中国古代无与伦比的辉煌时代，可是为两汉写史的三位大史家都遭受牢狱之灾，两人死于非命。相比之下，司马迁实得善终，强于批评他的班固，还有范晔。

自魏晋至清代，关于《史记》的研究著作、论文或评论汗牛充栋，数量极多。最著名的注疏有《史记集解》（南朝宋裴骃著）、《史记索隐》（唐司马贞著）和《史记正义》（唐张守节著），与《史记》合印，合称"三家注"。

明代出现了多种著名的评点本，有杨慎《史记题评》、唐顺之《荆川先生精选批点史记》、茅坤《史记钞》、归有光《归震川评点史记》、钟惺《钟伯敬评史记》等。明代又出现了多种评语荟萃的著作，著名的有凌稚隆《史记评林》、焦竑等《史记萃宝评林》、陈仁锡《史记评林》、葛鼎和金蟠《史记汇评》、邓以赞《史记辑评》、朱子蕃《百大家评注史记》和陈子龙、徐孚远《史记测义》等。

清代研究《史记》的专著和文章的作者达三百多人。有清一代《史记》的考证和评论著作，名著即有几十部。最著名的考证著作有王鸣盛《十七史商榷》、钱大昕《廿二史考证》和赵翼《廿二史札记》中的《史记》部分。评点著作有吴见思《史记论文》、吴汝纶《点勘史记》和姚苎田《史记菁华录》等。

20 世纪上半期的研究成果也非常多，考证、注释、评议专著也有几十部。著名的如李景星《史记评议》、朱东润《史记考索》、李长之《司马迁的人格与风格》等。众多史学大师和著名学者，如梁启超、王国维、鲁迅、朱自清、吕思勉、范文澜等皆有著作或论文。20 世纪下半期至今，出现了一批新的名家，出版了多种研究专著、论文和《史记》注释评论本、《史记全译》等。

20 世纪的《史记》研究，由于西方现代科学的研究方法传入，产生了大量的专著和论文，名家和名作林立，蔚为大观。其中最重要或影响最大的文化大家王国维、鲁迅和钱锺书的《史记》研究，值得做简要介绍。

国学大师王国维证明和补充《史记》的记载

王国维（1877—1927），字静安，一字伯隅，号观堂，浙江海宁人。先后任北京大学国学门通讯导师（因胡适等人的极力推荐，北京大学四次敦请他出任教授，皆被其拒绝）、清华大学（时称清华学校）国学研究院导师，是 20 世纪中国国学第一大学者，人文—社会科学第一大学者，20 世纪世界学术史上的巨擘之一。

鲁迅对王国维的评价极高，认为要讲国学，"他（指王国维）才可以算一个研究国学的人物"。（《热风·不懂的音译》）郭沫若认为王国维的著作"领导着百万后学"。（《历史人物·鲁迅与王国维》）缪钺的评价更为具体："海宁王静安先生为近世中国学术史上之奇才。学无专师，自辟户牖，生平治经史，古文字，古器物之学，兼及文学史，文学批评，均有深诣创获，而能开新风气，诗词骈散文亦无不精工，其心中如具灵光，各种学术，经此灵光所照，即生异彩。论其方面之广博，识解之莹彻，方法之谨密，文辞之精洁，一人而兼具数美，求诸近三百年，殆罕其匹。"（《诗词散论·王静安与叔本华》）而陈寅恪先生对王国维著作的重大历史意义阐发得最充分，他因王国维说过"学术之发达，存乎其独立而已"的名言并终身实践，在《清华大学王观堂先生纪念碑铭》中说："来世不可知者也。先生之著述，或有时而不章。先生之学说，或有时而可商。惟此独立之精神，自由之思想，历千万祀，与天壤而同久，共三光而永光。"这些都是对王国维做出的至为精当的总体评价，成为权威性的意见。

笔者在《论王国维的伟大学术成就对当代世界的价值》中言及，已故国学大师姜亮夫曾赞美："陈寅恪先生广博深邃的学问使我一辈子也摸探不着他的底。"（《忆清华国学研究院》）而学界泰斗陈寅恪则赞美："（王国维）先生之学，博矣精矣，几若无涯岸之可望，辙迹之可寻。"其遗书"为吾国近代学术界最重要之产物也"。（《王静安先生遗书序》）陈寅恪在王国维挽词里讲"风义平生师友间"，在学问上将他作为师长看待。姜、陈的评价都是恰当的，由此可见王国维在20世纪学术界至高无上的地位。

王国维学贯古今、融会中西、博大精深，在中国文学、哲学、美学、艺术学、文化学、古文字学、历史学、教育学、敦煌学、文献学、图书馆学等多种学科取得领先性的成就，其学问和著作深广精新兼备，因此，王国维是20世纪中国现代学术最重要的开辟人和奠基者之一。他还是位成果颇多的翻译家和成就卓异的诗词创作家，取得了独创性的成就。

王国维影响最大的是文学美学研究和史学研究。他的《史记》研究共有三大贡献：一，研究司马迁之生平，发表《太史公行年考》。二，通过甲骨文研究，证实《史记·殷本纪》记载的商代历史的可靠性，从而使国际学术界承认的中国古代历史前推近千年；又由此可以推知《史记·夏本纪》记载的夏朝历史的可靠性。三，发表《鬼方昆夷玁狁考》和《殷周制度论》等著名论文，补充了《史记》未曾研究和总结过的重大历史问题。

《太史公行年考》是关于司马迁的简明年谱，探讨了他的生卒年代和生平事迹，是研究司马迁和《史记》的著名成果。司马迁的生卒年皆无从知晓，王国维《太史公行年考》说："史公卒年，绝不可考。……然视为与武帝相始终，当无大误也。"他认为他的生平大致与汉武帝相始终，这已成为一个权威性的观点。

王国维的甲骨文研究处于学界的前列，他的甲骨文研究是结合古文字和历史学而进行的。其中《古史新证》是他在清华国学研究院担任导师时撰写的经典讲课教材，也是用甲骨文和金文研究和论述上古、夏商历史的总结性的权威著作。

在第一章"总论"中，王国维针对当时因五四彻底反传统的思潮而大得其势的"疑古派"否定中国古代史书的真实性，从而彻底否定中国上古和夏商历史的思潮提出了强烈的批评，并提出了他自己首创的以"地下之新材料"（主要指甲骨卜辞和金文）印证"纸上之材料"（指古书记载）的"二重证据法"。他自信而坚定地说："吾辈生于今日，幸于纸上之材料外更得地下之新材料。由此种材料，我辈固得据以补正纸上之材料，亦得证明古书之某部分全为实录，即百家不雅驯之言（指《山海经》、屈原《天问》和《竹书纪年》等）亦不无表示一面之事实。此二重证据法惟在今日始得为之。虽古书之未得证明者不能加以否定，而其已得证明者不能不加以肯定可断言也。"在第四章之后，王国维又根据第三章和第四章"商诸臣"的内容，写了如下一段按语："右商之先公先王及先正见于卜辞者大率如此，而名字之不见于古书者不与焉。由此观之，则《史记》所述商一代世系，以卜辞证之，虽不免小有舛驳而大致不误。可知《史记》所据之《世本》全是实录。而由殷周世系之确实，因之推想夏后氏世系之确实，此又当然之事也。又虽谬悠缘饰之书如《山海经》《楚辞·天问》，成于后世之书如《晏子春秋》《墨子》《吕氏春秋》，晚出之书如《竹书纪年》，其所言古事亦有一部分之确实性。然则经典所记上古之事，今日虽有未得二重证明者，固未可以完全抹杀也。"这和"总论"前后呼应，高度肯定了自己的研究贡献，成为高于信古派和疑古派的"释古派"的理论宣言。

王国维以上论说的根据是他之前已发表的研究甲骨文和商殷史的名作《殷卜辞中所见先公先王考》和《殷卜辞中所见先公先王续考》。正是通过这两篇论文的精当研究，证明了《史记·殷本纪》的准确可靠和商朝历史的真实存在，并据此可以推断《史记》对夏朝历史的记载的可靠性，又因此而读通屈原《天问》，搞清屈原此文对商朝历史的记载，具有极为重要的学术价值。

《殷周制度论》论述殷商至西周的重大政治变革和文化转换，论证商朝王位的兄弟继承制度之弊病——容易发生争端和叛乱。而西周嫡长制度（王位传给嫡长子）的建立及其重大的历史意义和深远影响——君位的传承有了无可争议的制度依据，成为中国封建时代社会稳定的重要因素。此文成就卓著，影响巨大。

《鬼方昆夷獫狁考》是久负盛名的研究匈奴的论文。此文是继《史记·匈奴列传》之后，研究匈奴早期历史的最重要的文章。此文肯定《史记》"唐虞以上，有山戎、猃允、荤粥，居于北蛮"（《史记·匈奴列传》）"自三代以来，匈奴常为中国患害"（《史记·太史公自序》）的重要论点，理清商周时期的匈奴史的现存史料，论证匈奴在商时称为鬼方，周时则称戎狄的史实，弥补《史记》的不足。对于王国维此论及其所理解的《史记·匈奴列传》和有关的记载，持支持态度的有梁启超、陈寅恪、吕思勉、方壮猷、钱穆等一流史家，另有王钟翰主编的《中国民族史》[①]、白寿彝总主编的《中国通史》[②]、林幹《匈奴通史》[③]等专著，史学界大多数的学者赞同此说。

文学革命领袖鲁迅的《史记》评论

鲁迅（1881—1936），原名周樟寿，字豫才，后改名周树人，浙江绍兴人。

他有志于撰写一部中国文学史，但没有写成，仅有《汉文学史纲要》，也没有写完，只写了十篇，写到汉武帝时代为止，即《汉文学史纲要·第十篇　司马相如与司马迁》，其中论及司马迁和《史记》的仅千余字，首段说：

> 武帝时文人，赋莫若司马相如，文莫若司马迁，而一则寥寂，一则被刑。盖雄于文者，常桀骜不欲迎雄主

---

① 《中国民族史》由中国社会科学院民族学和人类学研究所、中央民族大学等专家合著，是国家社会科学"七五"规划重点项目，由中国社会科学出版社出版。

② 《中国通史》由全国众多高校的专家合著，是国家社会科学"六五"至"八五"规划重点项目，由上海人民出版社出版。

③ 林幹：《匈奴通史》，人民出版社，1986。

之意，故遇合常不及凡文人。

中间略述司马迁生平、司马迁列举古人发愤著书的佳例；宣帝时，其外孙杨恽祖述其书，遂宣布焉。还引用了班彪的批评意见，以及司马迁与任安书有云："仆之先人，非有剖符丹书之功，文史星历。假令仆伏法受诛，若九牛亡一毛，与蝼蚁何异。"接着鲁迅评论说：

> 恨为弄臣，寄心楮墨，感身世之戮辱，传畸人于千秋，虽背《春秋》之义，固不失为史家之绝唱，无韵之《离骚》矣。惟不拘于史法，不囿于字句，发于情，肆于心而为文，故能如茅坤所言，"读游侠传即欲轻生，读屈原、贾谊传即欲流涕，读庄周、鲁仲连传即欲遗世，读李广传即欲立斗，读石建传即欲俯躬，读信陵，平原君传即欲养士"也。

最后鲁迅说：

> 迁雄于文，而亦爱赋，颇喜纳之列传中。于《贾谊传》录其《吊屈原赋》及《服赋》(《鹏鸟赋》)，而《汉书》则全载《治安策》，赋无一也。《司马相如传》上下篇，收赋尤多，为《子虚》(合《上林》)，《哀二世》，《大人》等。自亦造赋，《汉志》云八篇，今仅传《士不遇赋》一篇，明胡应麟以为伪作。

鲁迅此文的第一段开首即说汉朝"武帝时文人，赋莫若司马相如，文莫若司马迁"，指出两司马是汉武帝时代地位最高的文学家。但是两人的身世遭遇"一则寥寂，一则被刑"，两人都是"雄于文者，常桀骜不欲迎雄主之意，故遇合常不及凡文人"。

此文最重要的是鲁迅评论《史记》"固不失为史家之绝唱，无韵之《离骚》矣"。又认为《史记》因"惟不拘于史法，不囿于字句，发于情，肆于心而为文"，故能如茅坤所言，《史记》有非常强烈的感染力。

茅坤（1512—1601），明文学家，字顺甫，号鹿门，归安（今浙江湖州）人。嘉靖进士，官至大名兵备副使。鲁迅的引文出自《茅鹿门先生文集》卷一《与蔡白石太守论文书》，但其中"立斗""养士"都引错了，原作是"力斗""好士"。

此文引的资料都是常见的，鲁迅本人的观点只有一个，即赞誉《史记》为"史家之绝唱，无韵之《离骚》"，成为当今评论《史记》的名言。可是他在此句前面加了"不失为"这个限定，减少了这句赞评的分量。

鲁迅其他文章谈及《史记》的仅有三处。如《热风·随感录五十八》：

> 慷慨激昂的人说，"世道浇漓，人心不古，国粹将亡，此吾所为仰天扼腕切齿三叹息者也！"
>
> 我初听这话，也曾大吃一惊；后来翻翻旧书，偶然看见《史记》《赵世家》里面记着公子成反对主父改胡服的一段话：

"臣闻中国者，盖聪明徇智之所居也，万物财用之所聚也，贤圣之所教也，仁义之所施也，《诗》《书》礼乐之所用也，异敏技能之所试也，远方之所观赴也，蛮夷之所义行也；今王舍此而袭远方之服，变古之教，易古之道，逆人之心，而怫学者，离中国，故臣愿王图之也。"

这不是与现在阻抑革新的人的话，丝毫无异么？后来又在《北史》里看见记周静帝的司马后的话："后性尤妒忌，后宫莫敢进御。尉迟迥女孙有美色，先在宫中，帝于仁寿宫见而悦之，因得幸。后伺帝听朝，阴杀之。上大怒，单骑从苑中出，不由径路，入山谷间三十余里；高颖杨素等追及，扣马谏，帝太息曰，'吾贵为天子，不得自由。'"

这又不是与现在信口主张自由和反对自由的人，对于自由所下的解释，丝毫无异么？别的例证，想必还多，我见闻狭隘，不能多举了。但即此看来，已可见虽然经过了这许多年，意见还是一样。现在的人心，实在古得很呢。[1]

鲁迅引用《史记·赵世家》和唐代李延寿撰《北史》卷十四《后妃列传》，前者的史实为赵武灵王十九年（前307年），赵国国君武灵王推行军事改革，改穿匈奴族服装，学习骑射。这一措施，曾遭到公子成的反对。后者为隋文帝独孤后的事。

---

[1] 本篇最初发表于1919年5月《新青年》第6卷第5号。鲁迅:《鲁迅全集》第一卷，人民文学出版社，2005，第368页。

鲁迅这里以《史记》中记载的史实作为例证，说明今古的人们，心理还是相同，驳斥有人所说的"人心不古"，讽刺"阻抑革新的人"，而并非评论《史记》。

《二心集·"硬译"与"文学的阶级性"》："中国的文法，比日本的古文还要不完备，然而也曾有些变迁，例如《史》《汉》不同于《书经》，现在的白话文又不同于《史》《汉》；有添造……"①

这里是鲁迅将《史记》和《汉书》，与《尚书》做比较，说明随着时代的变迁，文法也有变化。这个观点，对于《史记》来说，并无什么深意，仅拈来做例而已。

《且介亭杂文二集·杂谈小品文》开首鲁迅指出小品文的特点，"第一是在篇幅短""但篇幅短并不是小品文的特征。一条几何定理不过数十字，一部《老子》只有五千言，都不能说是小品。这该像佛经的小乘似的，先看内容，然后讲篇幅。讲小道理，或没道理，而又不是长篇的，才可谓之小品。至于有骨力的文章，恐不如谓之'短文'，短当然不及长，寥寥几句，也说不尽森罗万象，然而它并不'小'"。然后说："《史记》里的《伯夷列传》和《屈原贾谊列传》除去了引用的骚赋，其实也不过是小品，只因为他是'太史公'之作，又常见，所以没有人来选出，翻印。"②

《史记》在这里也不过仅拈来做例而已，并无什么深意。

---

① 鲁迅:《鲁迅全集》第四卷，人民文学出版社，2005，第204页。

② 鲁迅:《鲁迅全集》第六卷，人民文学出版社，2005，第431页。

综上所述，鲁迅虽然反传统，对于中国古代文化持严峻的批判态度，但对于《史记》在文学史上的崇高地位是肯定的，对于《史记》的艺术成就也是肯定的。

鲁迅虽然对《史记》缺乏深入全面的研究，但"史家之绝唱，无韵之《离骚》"的评语，影响巨大，读书人几乎无人不晓；而他叱骂汉高祖刘邦为"无赖"，也影响深远，所以他成为《史记》评论中极为重要的一家。

文化昆仑钱锺书的《史记》精彩评论

钱锺书（1910—1998），字默存，江苏无锡人。他学贯中西，博大精深，被誉为"文化昆仑"。

钱锺书的名著《管锥编》，研究古代经典十种，其第四种为《史记》研究，用的是《史记会注考证》。《史记会注考证》是日本著名汉学家泷川资言研究《史记》的集大成的权威著作。

泷川资言（1865—1946），通称泷川龟太郎，号君山，日本汉学家，1865 年出生于日本岛根县，为藩士之子。其父长年为小学教员，精修汉学。泷川资言自幼学习汉文。1915 年 8 月，泷川资言来到中国上海。1922 年前后，开始利用日本各种卷子本作《史记》校注，撰《史记会注考证》。此书于 1932—1934 年由日本东方文化学院东京研究所出版，1955—1957 年再版，受到中国史学界和世界汉学界高度评价。

钱锺书以此书作为他研究《史记》的底本，按照其对名家名著多有批评的一贯作风，开首即评论《史记会注考证》

说:"泷川此书，荟蕞之功不小，挂漏在所难免，涉猎所及，偶为补益，匪吾思存也。"[1]在论述时，也不时指出泷川的失误或错误，并做了纠正，或提出不同的意见。

《管锥编》共五册[2]，第一册评论四部经典著作，共有《周易正义》二七则（第1—56页）、《毛诗正义》六〇则（第57—160页）、《左传正义》六七则（第161—248页）和《史记会注考证》五八则（第249—395页）。全书395页中，《史记》研究共有146页，占的篇幅是最多的。

《管锥编》中的《史记》研究共五十八篇，其第一篇为《裴骃集解序》，其他五十七篇全论《史记》正文。其中最后一篇是《太史公自序》，其他五十六篇，按照《史记》原书的顺序，依次评述本纪六篇（《五帝本纪》《周本纪》《秦始皇本纪》《项羽本纪》《高祖本纪》《吕后本纪》）、书三篇（《礼书》《律书》《封禅书》）、世家十一篇（《宋微子世家》《赵世家》《孔子世家》《陈涉世家》《外戚世家》《齐悼惠王世家》《萧相国世家》《留侯世家》《陈丞相世家》《绛侯周勃世家》《五宗世家》），列传三十六篇。

列传三十六篇，除了四六《匈奴列传》、五三《大宛列传》是民族史，五七《货殖列传》谈经济，其他三十三篇都是人物列传。三十三篇人物列传中，类型人物有三四《刺客列传》、五一《儒林列传》、五二《酷吏列传》、五四《游侠列传》、五五《佞幸列传》、五六《滑稽列传》，共六篇；其他二十七篇皆为著名历史人物的传记。

---

[1]　钱锺书:《管锥编（第一册）》（第二版），中华书局，1986，第249页。

[2]　钱锺书:《管锥编》（第二版），中华书局，1986。

《管锥编》关于《史记》的论述，每篇皆以《史记》为主，并将其他中西史著、文章、诗歌、评论和小说、戏曲中同类内容和有关资料、观点荟萃在一起，展示中西古今相似的内容，做比较或互证，给读者以完整全面的知识，钱锺书则做要言不烦的提示、总结或褒贬。

综观钱锺书的《史记》论述，他的总体评价共有四则。

第一，《史记》为我国史学之始，其载笔取材的标准，成为后世史家继承的原则和方法。

> "学者多称五帝尚矣。然《尚书》独载尧以来，而百家言黄帝，其文不雅驯，缙绅先生难言之。……轶事时见于他说，余择其宫尤雅者。"按《封禅书》："其语不经见，缙绅者不道";《大宛列传》:"故言九州山川，《尚书》近之矣；至《禹本纪》《山海经》所有怪物，余不敢言也。"此三则足征马迁载笔取材之旨，亦即为后世史家立则发凡。黑格尔言东土惟中国古代撰史最伙，他邦有传说而无史。然有史书未遽即有史学，吾国之有史学，殆肇端于马迁欤。[①]

这是说《史记》三次强调古代属于传说的不经之谈，不予采用，这样的"载笔取材之旨""为后世史家立则发凡"，即定下了规范的标准，所以《史记》不仅是历史著作，也创立了中国的史学。

---

① 钱锺书:《管锥编（第一册）》(第二版)，中华书局，1986，第251—252页。

第二，《史记》记载史实非常谨慎。

> 《论语·述而》："子不语怪、力、乱、神"，《庄子·齐
> 物论》："六合之外，圣人存而不论"；皆哲人之明理，
> 用心异乎史家之征事。屈原《天问》取古来"传道"即
> 马迁"不敢言"之"轶事""怪物"，条诘而件询之，剧
> 类小儿听说故事，追根穷底，有如李贽《焚书·童心说》
> 所谓"至文出于童心"，乃出于好奇认真，非同汰虚课
> 实。……《孟子·尽心》论《武成》曰："尽信书则不如
> 无书"，又《万章》记咸丘蒙、万章间事："有诸？""信乎？"，
> 孟子答："齐东野人之语也"，"好事者为之也"。①

钱锺书赞成《论语》和孔子不谈怪力乱神，《庄子》说
圣人对于"六合"（东南西北和天地）之外的事情"存而不论"，
即不否决也不承认。而屈原《天问》所讲到的事情，奇怪
而荒诞，属于司马迁"不敢言"的范围。如果一件件一条
条询问，就等于小孩听故事，追根究底，是"童心"式的
好奇和认真，而不是淘汰虚妄彰显真实的态度。应该遵循
《孟子》"尽信书则不如无书"的原则，善于辨别"好事者
（喜欢多事的人）为之"的"齐东野语"（没有根据的荒唐的话）。

> 马迁奋笔，乃以哲人析理之真通于史家求事之实，
> 特书大号，言：前载之不可尽信，传闻之必须裁择，似

---

① 钱锺书：《管锥编（第一册）》（第二版），中华书局，1986，
第 251 页。

史而非之"轶事"俗说（quasi-history）应沟而外之于史，"野人"虽为常"语"，而"缙绅"未许易"言"。孟子开宗，至马迁而明义焉。其曰"不敢言"者，小心也，亦谦词也，实则大胆而敢于不言、置之不论尔。①

钱锺书赞扬《史记》"以哲人析理之真"与"史家求事之实"相结合，强调"前载之不可尽信"；"传闻"必须正确选择，看上去像历史，实际不真实的遗闻、轶事、俗说，不能作为历史记载。钱锺书还分析司马迁说对这些不经之谈、前人不真实的记载，采取"不敢言"的态度，既是小心谨慎，也是谦虚的说法，实际上是大胆地"敢于不言""置之不论"。

接着引前人的言论，作为佐证。刘知幾《史通·采撰》看到司马迁所采纳的"皆当代雅言，事无邪僻"；李因笃赞《史记》不"好奇轻信"（《受祺堂文集》卷一《策》之六《史法》）。即司马迁虽然"好奇"，但绝不轻信前人的记载。

以《五帝本纪》黄帝的事迹来观察，《封禅书》"或曰：'黄帝得土德，黄龙地蟥见。'"《本纪》只说"有土德之瑞，故号黄帝"；《封禅书》"申公曰：'黄帝且战且学仙，……百余岁然后得与神通。……有龙垂胡髯，下迎黄帝，黄帝上骑。'"《本纪》只说"黄帝崩，葬桥山"。原来说的"黄帝一面打仗一面学神仙，一百多年后得与神仙相通，天上有条胡须下垂的龙，下来迎接黄帝，黄帝骑上龙"，此类荒诞

---

① 钱锺书：《管锥编（第一册）》（第二版），中华书局，1986，第252页。

不经的故事全都删削不用。

又如《刺客列传》记赵襄子"使持衣与豫让，豫让拔剑三跃而击之"；《战国策》还记载"衣出血，襄子回车，车轮未周而亡"，《史记》删去"衣出血"之类的情节，"恐涉怪妄"，即恐怕涉及怪妄之事（司马贞《索隐》）。

钱锺书也指出《史记》于"怪事""轶闻"，固未能芟除净尽，如刘媪交龙、武安谢鬼，时复一遭。并批评："洪迈《夷坚丁志·自序》至举《史记》记秦穆公、赵简子、长陵神君、圯下黄石等事，为己之道听途说，'从事于神奇荒怪'解嘲，几以太史公为鬼董狐、马迁盖知而未能悉见之行者。虽然，其于乙部之学，不啻如判别清浑之疏凿手，'史之称通'，得不以斯人为首出哉！"①

第三，司马迁《史记》很有创识。

钱锺书引《佞幸列传》：

"谚言：'力田不如逢年，善仕不如遇合'，固无虚言。非独女以色媚，而士宦亦有之。"按此传亦征马迁创识，别详《毛诗》卷论《驷铁》。特拈出"士宦"者，盖以害于其政，故着之史策。《汉书·佞幸传·赞》始曰："柔曼之倾意，非独女德，盖亦有男色焉"，终曰："王者不私人以官，殆为此也"；即马迁之旨。②

---

① 钱锺书：《管锥编（第一册）》（第二版），中华书局，1986，第251—253页。

② 同上书，第375页。

《史记·佞幸列传》揭示了有些君王不仅好女色，也好男色，有些善于阿谀奉迎而面容姣好的青少年男子得到了君王的宠爱。上引论述中，钱锺书特地提到《管锥编》第一册《毛诗》卷论《驷铁》篇。在此篇中，钱锺书汇聚众多"媚于天子"之评论资料，尤其是《墨子·尚贤》中、下两篇反复论"王公大人"于"面目姣好则使之""爱其色而使之"。钱先生指出："盖古之女宠多仅于帷中屏后，发踪指示，而男宠均得出入内外，深闺广廷，无适不可，是以宫邻金虎，为患更甚。《史记》创《佞幸列传》之例，开宗明义曰：'非独女以色媚，而士宦亦有之。'亦征心所谓危，故大书特书焉。"①

近年也有"姿本"一说，谓不管男女，凡面容姣好者，在职场容易得到支持或赏识。这是社会世相的一个总结。而司马迁早就关注到这个现象，并专门为官场和宫廷中得势的佞幸之臣作传，所以钱锺书誉此为"马迁创识"。

司马迁《史记》创识甚多，他为刺客、游侠、医生、卜者作传并有评论，皆是创识，而其《货殖列传》关注和总结古代经济发展的规律，更是创识。因此钱先生对《货殖列传》发表了极高评价。

第四，《史记》的写作手段高明。

钱锺书梳理了《史记》精彩高明的写作方法，并作分析。

---

① 钱锺书：《管锥编（第一册）》（第二版），中华书局，第121—122页，1986。

1. 善用累叠词句。

钱锺书分析和评论《史记》的"马迁行文,深得累叠之妙":

> "诸将皆从壁上观,楚战士无不一以当十,楚兵呼声动天,诸侯军无不人人惴恐。于是已破秦军。项羽召见诸侯将,入辕门,无不膝行而前";《考证》:"陈仁锡曰:'叠用三无不字,有精神;《汉书》去其二,遂乏气魄。'"按陈氏评是,数语有如火如荼之观……马迁行文,深得累叠之妙,如本篇末写项羽"自度不能脱",一则曰:"此天之亡我,非战之罪也",再则曰:"令诸君知天亡我,非战之罪也",三则曰:"天之亡我,我何渡为!"心已死而意犹未平,认输而不服气,故言之不足,再三言之也。又如《袁盎、晁错列传》记错父曰:"刘氏安矣!而晁氏危矣!吾去公归矣!"叠三"矣"字,纸上如闻太息,断为三句,削去衔接之词(asyndeton),顿挫而兼急迅错落之致。《汉书》却作:"刘氏安矣而晁氏危,吾去公归矣!"索然有底情味?

又分析上面第一段引文:倘病其冗复而削去"无不",则三叠减一,声势随杀;苟删"人人"而存"无不",以保三叠,则它两句皆六字,此句仅余四字,失其平衡,如鼎折足而将覆𫗧,别须拆补之词,仍着涂附之迹。……《汉书·项籍传》作"诸侯军人人惴恐""膝行而前";盖知删一"无不",即坏却累叠之势,何若迳删两"无不",勿复示此形之为愈矣。[①]

2. 首创"搭天桥"法。

将前后远隔百十年的人物和事件联系在一处，将同时期而地方相隔千百里的事情映带相连的方法，称为"搭天桥"法。

"管仲卒，……后百余年而有晏子焉。"按明、清批尾家所谓"搭天桥"法，马迁习为之。叶大庆《考古质疑》卷二、周密《齐东野语》卷一〇皆更举《孙子、吴起列传》之"孙武死后百余年有孙膑"及《屈、贾列传》之"自屈原沉汨罗后百有余年，汉有贾生"；叶氏又举《滑稽列传》之"其后百余年，楚有优孟"，斥其"颠倒错谬"，谓当曰："其前百余年"。均漏却《刺客列传》："其后百六十有七年而吴有专诸之事。……其后七十余年而晋有豫让之事。……其后四十余年而轵有聂政之事。……其后二百二十余年秦又有荆轲之事"；略同《滑稽列传》："其后百余年，楚有优孟。……其后二百余年秦有优旃"。皆事隔百十载，而捉置一处者也。亦有其事同时而地距千百里，乃映带及之者，如《春申君列传》："尽灭春申君之家；而李园女弟初幸春申君，有身而入之王，所生子者，遂立为楚幽王。是岁也，秦始皇立九年矣，嫪毐亦为乱于秦，觉夷其三族，而吕不韦废。"此则全用《战国策·楚策》四之文，只删一字（"觉

<hr/>

① 钱锺书:《管锥编（第一册）》（第二版），中华书局，1986，第 272—273 页。

夷三族")移一字（"幽王也，是岁秦始皇立"）。记楚事而忽及秦事，一似节外生枝。盖吕不韦乃《法言·渊骞》所谓"穿窬之雄"，托梁换柱，与黄歇行事不谋而合，身败名裂，又适相同，载笔者瞩高聚远，以类相并，大有浮山越海而会罗山之观，亦行文之佳致也。参观《诗经》论《卷耳》。①

3. 自铸伟辞。

这是对《史记》独创性的语言的最高评价。例如：

"聂政曰：'老母在，政身未敢以许人也。'"按此语全本《战国策·韩策》二。《游侠列传》言郭解"以躯借交，报仇藏命"，《货殖列传》亦言侠少"借交报仇"，则马迁自铸伟词。《水浒》第一五回："阮小五和阮小七把手拍着脖项道：'这腔热血只要卖与识货的！'""许身""卖血"似皆不如"借躯"之语尤奇也。②

《史记》的语言成就胜过《汉书》。钱锺书多次做"马班"比较，并举"马之胜班"之例，还批评《汉书》妄改《史记》。③

钱锺书关于《史记》的具体评论，精义甚多，今略作

---

① 钱锺书：《管锥编（第一册）》（第二版），中华书局，1986，第308—309页。

② 同上书，第328页。

③ 同上书，第274、336、376页。

归纳。

1.历史事件的同类先例和同类记载与描写的资料
汇集。

《管锥编》善于将中西同类先例和同类记载与描写的资
料汇集在一起,组成蔚为大观的资料荟萃,使读者大开眼
界,并从中寻求规律或奥义。《管锥编》的《史记》研究也
是如此。

例如,项羽作战英勇,其"破釜沉舟"的必胜勇气,
追本溯源,古已有之:

> "乃悉引兵渡河,皆沉船,破釜甑,持三日粮,以
> 示士卒必死,无一还心。"按太公《六韬·必出》:"先
> 燔吾辎重,烧吾粮食";又《太平御览》卷四八二引太
> 公《犬韬》:"武王伐殷,乘舟济河,兵车出,坏船于河中。
> 太公曰:'太子为父报仇,今死无生。'所过津梁,皆悉
> 烧之";《孙子·九地》:"帅与之期,如登高而去其梯,
> 焚舟破釜,若驱群羊而往",杜牧注:"使无退心,孟明
> 焚舟是也"(见《左传》文公三年,杜预注:"示必死");《晋
> 书·蔡谟传》上疏:"夫以白起、韩信、项籍之勇,犹发梁、
> 焚舟、背水而阵。今欲停船水渚,引兵造城,前对坚敌,
> 后临归路,此兵法之所戒也",又《苻健载记》:"起浮
> 桥于盟津,……既济焚桥";《宋书·王镇恶传》率水
> 军自河直至谓桥,弃船登岸,诸舰悉逐急流去,乃抚士
> 卒曰:"去家万里,而舫乘衣粮并已逐流,唯宜死战";《新
> 五代史·梁臣传》之九燕兵攻馆陶门,葛从周"以五百

骑出战，曰：'大敌在前，何可返顾！'使闭门而后战"。
用意金同。古罗马大将（Fabius Maximus）行师，亦既
济而焚舟楫，使士卒知有进无退。[1]

不仅项羽之前已有此类战例，以证此非项羽发明也非
项羽所独有之勇气，还列举后世之例和西方之例，这便在
一定程度上消去了项羽头上无与伦比的战争英雄的光环。

又如项羽不甘心于兵败，要与刘邦单独决斗：

> "项王谓汉王曰：'天下匈匈数岁者，徒以吾两人耳。
> 愿与汉王挑战决雌雄，毋徒苦天下之民父子为也。'汉
> 王笑谢曰：'吾宁斗智，不能斗力"；《集解》："李奇曰：'挑
> 身独战，不复须众也'"；《考证》："李说是。"按杜甫《寄
> 张山人彪》云："萧索论兵地，苍茫斗将辰"："挑身独战"
> 即"斗将"，章回小说中之两马相交、厮杀若干"回合"
> 是也。赵翼《陔余丛考》卷四〇尝补《池北偶谈》引《剧
> 谈录》，援征史传中斗将事。余观《穀梁传》僖公元年，
> "公子友谓莒挐曰：'吾二人不相说，士卒何罪！'屏去
> 左右而相搏。"窃谓记斗将事莫先于此，其言正与项羽
> 同；后世如《隋书·史万岁传》窦荣定谓突厥曰，"士
> 卒何罪过，令毅之？但当遣一壮士决胜负耳"，莫非此意。
> 西方中世纪，两国攻伐，亦每由君若帅"挑战""斗将"
> （single combat），以判胜负，常曰"宁亡一人，毋覆全师"，

　　[1]　钱锺书：《管锥编（第一册）》（第二版），中华书局，1986，
第 271—272 页。

"免兆民流血丧生"（Better for one to fall than the whole army）即所谓"士卒何罪"。①

冷兵器时代，两人单独决斗，阵上两将决战，是最为常见的，后世的《三国演义》等小说中经常有这样的描写。钱先生在这里列举古代和西方的例子，还揭示最早的出处，富于知识性和趣味性，甚便读者。

2. 世态洞悉曲传，洞明人情世故。

司马迁识透了人情世故和世间曲折，《史记》提供了无数的佳例。

例如，良医面对不治之症，出于安慰病人及其家属的心理之需要，和避免刺激病人和家属，或畏惧病人的权势，说一些必要的假话。

> "行道病，病甚，吕后迎良医。医入见，高祖问医，医曰：'病可治。'"按《汉书·高祖纪》下作："上问医曰疾可治不？医曰可治。"宋祁谓旧本无"不医曰可治"五字。窃意若句读为："上问医曰：'病可治不？'医曰：'可治。'"则五字诚为骈枝，可以点烦；然倘句读为："上问，医曰：'疾可治！' ——不医曰'可治'"，则五字乃班固穿插申意，明医之畏诏至尊，不敢质言，又于世态洞悉曲传矣。《周书·艺术传》高祖寝疾，柳升私问姚僧垣曰："至尊贬膳日久，脉候何如？"对曰："天子

———————
① 钱锺书：《管锥编（第一册）》（第二版），中华书局，1986，第 277—278 页。

上应天心，或当非愚所及；若凡庶如此，万无一全！"《北齐书·方伎传》武成以己生年月托为异人而问魏宁，宁曰："极富贵，今年入墓！"武成惊曰："是我！"宁变词曰："若帝王自有法。"盖医、卜、星、相之徒于大富贵人休咎死生，恐触讳撄怒，为自全计而不肯直言。《左传》成公十年、昭公元年秦先后使医缓、医和诊视晋侯，皆面告曰："疾不可为也！"岂二医之质率，抑古道之敦朴欤？又岂本国之君威不足以慑邻国之宾萌，而奉使以来之行人更可无避忌欤？《红楼梦》一〇回贾蓉妻秦氏病，请张先生治之，因问："还治得治不得？与性命终久有妨无妨？"张对："总是过了春分，就可望全愈了。"亦"不医"之症而婉言曰"可治"也[1]。

最后以《红楼梦》中张友如医生诊治秦可卿后给贾蓉的回答做例证。笔者在《红楼梦的人生智慧》中也做过分析，张医生是暗示过了春分，秦可卿死日即到。[2]

又如《郦生陆贾列传》记叙陆贾与五个儿子约定："一岁中往来过他客，率不过再三过，数见不鲜，无久愿公为也。"《索隐》："谓时时来见汝也，不鲜，言必令鲜美作食，莫令见不鲜之物也……'公'，贾自谓也。"《考证》："刘敞

---

① 钱锺书：《管锥编（第一册）》（第二版），中华书局，1986，第281—282页。

② 周锡山：《〈红楼梦〉的人生智慧》（修订版），第五章第2节"良医哲士张友士和虎狼医生胡君荣的不同表现"，上海锦绣文章出版社，2013。

332

曰:'人情频见则不美,故毋久溷汝。'称子曰'公',当时常语,说见《晁错传》。"按《汉书·郦、陆、朱、刘、叔孙传》作"数击鲜,无久溷汝为也",师古注:"谓:'我至之时,汝宜数数击杀牲牢,与我鲜食,我不久住乱累妆也。'"

接着引顾炎武《日知录》等多人的著作,他们认为《史记》指出了"语为频烦则生厌,父子间亦宜少过往",多言多语以令人生厌,即使父子之间,也宜于少作来往。方苞又解释为"凡物数见则不见鲜好",即一样东西多见了就失去新鲜和美好的感觉了。

钱锺书则认为这些解释还没有到位。他认为:

> "鲜"者,"新好"之食也;"不鲜"者,"原"也,宿馔再进也。"不鲜"自指食不指人,而食之"不鲜"又由于人之"不鲜",频来长住,则召慢取怠;《汉书·楚元王传》穆生所云:"醴酒不设,王之意怠。"俗谚所云:"人无千日好,花无百日红。"陆贾知"数见""久溷"必致礼衰敬杀,人之常情,父子间亦不能免;特不言己之将成老厌物,而只言供食之将非新好物,举迹则不待道本,示果则无须说因,犹叶落而可知风,烟生而可知火。
>
> 周君振甫曰:"陆贾有五子,'十日而更',则每子一岁当番七次,而贾乃曰:'不过再三过';贾之'过',必'安车驷马',携侍者十人,命子'给人马酒食极欲',一子每岁如是供养贾者七十日,而贾乃曰:'无久圂'。在上者不自觉其责望之奢,而言之轻易,一若体恤下情、

所求无多，陆贾之'约'，足以示例。史迁直书其语，
亦有助于洞明人情世故矣。"得间发微之论，前人所未
道也。①

　　钱锺书体会陆贾自知老而不受欢迎，尽量不打扰儿子，
用巧妙的方法，分配诸子照顾自己，《史记》直接写出陆贾
的原话，"有助于洞明人情世故"。

　　钱锺书又进而指出，《史》《汉》意异，即《汉书》略
作改写后"语意大异"。《汉书》"数击鲜"，郑玄皆注"数"
为"速"。"数击鲜"者，"速击鲜"也；贾乃命其子速治新
好之食，己亦不勾留惹厌，客即去、快杀鸡耳。

　　钱锺书洞见人物的两重性格。例如项羽的典型的两重
性格：

　　　　"范增起，出，召项庄谓曰：'君王为人不忍。'"按
　　《高祖本纪》王陵曰："陛下慢而侮人，项羽仁而爱人……
　　妒贤嫉能，有功者害之，贤者疑之"；《陈相国世家》陈
　　平曰："项王为人恭敬爱人，士之廉节好礼者多归之；至
　　于行功爵邑重之，士亦以此不附"；《淮阴侯列传》韩信
　　曰："请言项王之为人也。项王喑恶叱咤，千人皆废；然
　　不能任属贤将，此特匹夫之勇耳。项王见人恭敬慈爱，
　　言语呕呕，人有疾病，涕泣分食饮；至使人有功，当封
　　爵者，印刓敝，忍不能予，此所谓妇人之仁也。"《项羽

────────────────

　　①　钱锺书：《管锥编（第一册）》（第二版），中华书局，1986，
第 343 页。

本纪》历记羽拔襄城皆坑之；坑秦卒二十余万人，引兵西屠咸阳；《高祖本纪》："怀王诸老将皆曰：'项羽为人慓悍滑贼，诸所过无不残灭。'"《高祖本纪》于刘邦隆准龙颜等形貌外，并言其心性："仁而爱人，喜施，意豁如也，常有大度"。《项羽本纪》仅曰："长八尺余，力能扛鼎，才气过人。"至其性情气质，都未直叙，当从范增等语中得之。"言语呕呕"与"喑恶叱咤"，"恭敬慈爱"与"慓悍滑贼"，"爱人礼士"与"妒贤嫉能"，"妇人之仁"与"屠坑残灭"，"分食推饮"与"玩印不予"，皆若相反相违；而既具在羽一人之身，有似两手分书、一喉异曲，则又莫不同条共贯，科以心学性理，犁然有当。《史记》写人物性格，无复综如此者。谈士每以"虞兮"之歌，谓羽风云之气而兼儿女之情，尚粗浅乎言之也。①

钱锺书将《史记》评论项羽外表是妇人心肠，而内心凶恶歹毒的语句集中在一起，做鲜明对比，以见此人的本质；最后揭示项羽对虞姬的虚情假意和恶毒心肠，是十分深刻的。

即使像汉文帝这样的明君，钱锺书也指责他赞李广，口惠而实不至。②

有不少杰出人才，工于谋人，拙于卫己：

---

① 钱锺书：《管锥编（第一册）》（第二版），中华书局，1986，第275页。

② 同上书，第351页。

"余独悲韩子为《说难》，而不能自脱耳。"按《孙子、吴起列传》："语曰：'能行之者，未必能言；能言之者，未必能行。'孙子筹策庞涓明矣，然不能蚤救患于被刑。吴起说武侯以形势不如德，然行之于楚，以刻暴少恩亡其躯。悲夫！"《白起、王翦列传》："白起料敌合变，出奇无穷，声震天下，然不能救患于应侯。"皆工于谋人，拙于卫己；马迁反复致意于此，智不如葵之感深矣。参观前论《始皇本纪》。①

当今有学者总结和分析此种现象，"因为有创造力，所以容易忽略防卫；因为正直，所以容易轻信别人；因为热情，所以不够沉稳；因为重情重义，所以情感脆弱"。

韩非被李斯陷害，孙膑遭庞涓暗算，皆因对方是同门师兄弟而放松警惕；吴起和白起，则忠于职守、投身事业，不计利害，心无旁骛，且过分信任其君主，受到迫害，情况是不同的，但轻信而忽略防卫，则是他们共同的弱点。

还有一些狡狯的将领，释敌养寇，挟以自重；有一些大才则功高震主：

项羽使武涉往说韩信曰："足下所以得须臾至今者，以项王尚存也。当今二王之事，权在足下；足下右投则汉王胜，左投则项王胜。项王今日亡，则次取足下。"

----

① 钱锺书：《管锥编（第一册）》（第二版），中华书局，1986，第311页。

蒯通说韩信曰:"立功成名,而身死亡,野兽已尽,而猎狗烹";韩信曰:"果若人言:'狡兔死,良狗烹;高鸟尽,良弓藏;敌国破,谋臣亡。'天下已定,我固当烹。"按《韩信、卢绾列传》臧衍见张胜曰:"公所以重于燕者,以习胡事也,燕所以久存者,以诸侯数反,兵连不决也。……公何不令燕且缓陈豨,而与胡和。事宽,得长王燕。"马迁论曰:"内见疑强大,外倚蛮貊以为援。"武、减二人之意,皆释致养寇,挟以自重也;说详《左传》卷襄公二十三年。"右投""左投"两语,可参观《季布、栾布列传》栾布曰:"当是之时,彭王一顾,与楚则汉破,与汉而楚破。"韩信临死语正如李斯狱中上书云:"若斯之为臣者,罪足以死固久矣。"即吴融《闲书》所谓"回看带砺山河者,济得危时没旧勋。"或唐谚所谓"太平本是将军致,不使将军见太平。"禅宗常用为机锋接引者也(如《五灯会元》卷八保福清豁又卷一六天衣义怀章次)。古罗马史家论暴君(Tiberius)诛大将(Silius)云:"臣之功可酬者,则君喜之;苟臣功之大,远非君所能酬,则不喜而反恨矣"。此言视《隋书·梁士彦等传·论》所谓功臣自贻伊戚,乃缘"贪天之功,以为己力,报者倦矣,施者未厌"(《北史》卷七三同),似更鞭辟入里。马基亚伟利亦曰:"苟为权首,必受其咎,此理颠扑不破。"又言为君者遇功臣必寡恩,盖出于疑猜云。①

---

① 钱锺书:《管锥编(第一册)》(第二版),中华书局,1986,第338—340页。

钱锺书总结古代常见的因功高震主而受害的历史现象，以及围剿敌人的狡猾将领往往故意放走即将被全歼的敌寇，"释敌养寇，挟以自重"，也给自己留一条生路。

更有一些弃暗投明的人，其事可喜，然后竟然其人可憎：

> 如《史记·季布、栾布列传》记项羽将丁公逐窘高祖，事急，高祖顾曰："两贤岂相厄哉！"丁公遂私释之；及项王灭，丁公来归，高祖以徇军中曰："丁公为项王臣不忠，使项王失天下者，丁公也，后世为人臣者无效丁公！"遂斩之。盖知其因我背人，将无亦因人背我也，居彼而许我，则亦未必为我而罝人也。古希腊大将（Antigonus）、罗马大帝（Julius Caesar），论敌之不忠其主而私与己通者，皆曰："其事可喜，其人可憎。"（he loved treachery but hated a traitor.）正汉高于丁公之谓矣。[1]

丁公原是项羽部将，他在围攻刘邦时，刘邦难以逃脱，就恳请他放自己一马。丁公放了他，项羽灭亡后，丁公来投奔刘邦，刘邦杀了他，并向军中解释说，丁公当年背叛项羽，就是丁公这样的人使项羽失去天下，杀他，是惊怵后世当臣子的不要学他。

钱锺书在分析《史记》"世态洞悉曲传，洞明人情世故"方面，精彩的观点很多，例如"世事初无固必也""成败论

① 钱锺书：《管锥编（第一册）》（第二版），中华书局，1986，第 341 页。

人",等等。

3. 世态炎凉

司马迁为李陵失败投降所面临的世态炎凉而愤怒，奋起为其辩护，惨遭宫刑，他自己也受尽了世态炎凉之苦。《史记》关于世态炎凉的记载非常多，而感慨也非常之深。钱锺书还将后世和西方的同类事迹类比。

例如《苏秦列传》"苏秦笑谓其嫂曰：'何前倨而后恭也？'嫂委蛇蒲服，以面掩地而谢。"这便是"前倨后恭"这个著名成语的出处。

又如按《高祖本纪》"太公拥彗等迎门却行"，而高祖曰："始大人常以臣无赖，今某之所业孰与仲多？"《南史·沈庆之传》："庆之既通贵，乡里老旧素轻庆之者，后见皆膝下而前，庆之叹曰：'故是昔时沈公！'"正苏秦所叹"此一人之身，富贵则亲戚畏惧之，贫贱则轻易之"；而"故是昔时沈公"又即俗谚之"苏秦还是旧苏秦"也。世态炎凉，有如践迹依样；盖事有此势，人有此情，不必凿凿实有其事，——真有其人。[1]

钱锺书读书仔细，选例丰富而精当。但也有未曾举到的人情势利和世态炎凉的精彩记载，如《汲郑列传》太史公曰：

夫以汲、郑之贤，有势则宾客十倍，无势则否，况众人乎！下邽（guī）公有言，始翟公为廷尉，宾客阗（充

---

① 钱锺书：《管锥编（第一册）》（第二版），中华书局，1986，第314页。

满）门；及废，门外可设雀罗。翟公复为廷尉，宾客欲往，翟公乃大署（题写）其门曰："一死一生，乃知交情。一贫一富，乃知交态（结交的状况，指交情的真伪深浅）。一贵一贱，交情乃见（同'现'，显现）。"汲、郑亦云，悲夫！

这段言论所反映的人情势利和世态炎凉的状况，非常有代表性。而太史公引用的翟公的门上告示，概括世态，显示"患难见真交"的极度可贵，比西谚"A friend in need，is a friend indeed"（需要时的朋友，是真正的朋友）表达得更为完整和深入。

世态炎凉常见的一个现象是狱吏对犯人之凶恶，哪怕是对落难入狱的高官也极为凶恶：

"吾（丞相周勃）尝将百万军，然安知狱吏之贵乎？"按《汉书·贾、邹、枚、路传》路温舒上书详陈汉高以来狱事之烦、吏人之酷，至曰："秦有十失，其一尚存，治狱之吏是也。"马迁曾下于理，弃槛棰楚，目验身经，《报任少卿书》痛乎言之，所谓"见狱吏则头抢地，视徒隶则心惕息"者。然此篇记周勃系狱事，仅曰"吏稍侵辱"，记周亚夫下吏事，仅曰"侵之益急"，《韩长孺列传》亦只曰："蒙狱吏田甲辱安国。"均未尝本已遭受，稍事渲染，真节制之师也。将创巨痛深，欲言而有余怖耶，抑以汉承秦失，积重效尤，"被刑之徒比肩而立"，狱吏之"深刻残贼"，路人皆知，故不须敷说圜墙况

340

味乎？①

世态炎凉这一类中，还有"贫贱之交，难以处置""苟富贵，无相忘"与"贫贱之交，相处之难"。如果发达后，不理贫贱之交，要遭人谴责，但接待和照应贫贱之交，则往往也会遭受尴尬和伤害。

钱锺书举例说：

　　"（陈胜在）辍耕之垄上，帐恨久之，曰：'苟富贵，毋相忘！'"，按《外戚世家》记薄姬"少时与管夫人，赵子儿相爱，约曰：'先贵毋相忘！'"，又记卫子夫"上车，平阳主拊其背曰：'行矣，强饭，勉之！即富贵，毋相忘！'""即"可作"若"解（见前论《赵世家》），即"苟"义，而此处又无妨作"立即"解。盖皆冀交游之能富贵，而更冀其富贵而不弃置贫贱之交也。《后汉书·宋弘传》光武帝引谚曰："贵易交。"《唐摭言》卷二王泠然《与御史高昌宇书》曰："倘也贵人多忘，国士难期。"《全唐文》卷二一四陈子昂《为苏本与岑内史启》曰："然亲贵盈朝，岂忘提奖？"盖人既得志，又每弃置微时故旧之失意未遇者也。二事皆人情世道之常。②

富贵以后不要忘记贫贱之交，尤其是帮助过自己的人，

　　①　钱锺书：《管锥编（第一册）》（第二版），中华书局，1986，第303页。
　　②　同上书，第294页。

但得志后抛弃贫贱时的朋友故交，也非常常见。然而天下的事情是复杂的：

> 然伙涉为王，初未失故。同耕者遮道而呼，涉即载与偕归；客自"妄言轻威"，致干罪谴，乃累涉亦被恶名。《西京杂记》卷二记公孙弘起家为丞相，旧交高贺从之，怨相待之薄，曰："何用故人富贵为！"扬言弘之矫饰，弘叹曰："宁逢恶宾，不逢故人！"是则微时旧交，正复难处，富贵而相忘易交，亦有以哉。[①]

陈胜的故友，素质差，陈胜热情接待他们后，他们乱说话，甚至揭短、"翻底牌"，损害陈胜的威严，陈胜无法忍受，谴责他们，又害得陈胜的声名受累。公孙弘的旧交怪怨他招待得不够道地，在外讲他的坏话。钱锺书因此感慨："微时旧交，正复难处。"因此富贵后放弃旧友，另交新友，也是有道理的。

4. 批评《史记》的错误、失误和不足

钱锺书对《史记》是非常崇敬和赞赏的，《管锥编》将《史记》作为古代最重要的经典来研究，但也多次揭示其错误或不足，提出批评或纠正。

例如司马迁偏爱屈原、韩非子和司马相如等人，全录其文，而不录别人的文章。

[①] 钱锺书：《管锥编（第一册）》（第二版），中华书局，1986，第294—295页。

"至其书世多有之，是以不论，论其轶事。"按《司马穰苴列传》："世既多《司马兵法》，以故不论，着穰苴之列传焉。"《孙子·吴起列传》："世俗所称师旅，皆道《孙子十三篇》《吴起兵法》。世多有，故弗论，论其行事所施设者。"此可与前论《绛侯世家》参证，所谓世所周知，皆从省略。马迁于老、庄。孟、荀之书亦然。然《司马相如列传》于相如著作"采其尤著公卿者"，似自违其例。夫贾谊、司马相如词赋，当时亦必"多有"，或缘近代词章，行世未久，录之以示论定之意，许其江河万古耶？韩非著书，明云"学者多有"，即《说难》戚戚焉于心，何须全录？屈原之书，想属"多有"，既"与日月争光"，是垂世行远，已成定案，顾又不惜全篇累牍载之．此中义例，当得善于横说竖说者披郤导窍，自惭未达也。[①]

《史记》立下一个原则：传主的作品，凡世上多有流传的，一律不再抄录。《史记》不录《司马兵法》《孙子十三篇》和《吴起兵法》等，但"自违其例"，全录司马迁自己特别喜欢的诗人作家的流传很广的作品。

《史记》的记载和描写时有漏洞。例如《项羽本纪》中"鸿门宴"一段：

"张良入谢曰：'沛公不胜杯杓，不能辞。'"《考

---

① 钱锺书：《管锥编（第一册）》（第二版），中华书局，1986，第 309 页。

证》:"董份曰:必有禁卫之士,诃讯出入,沛公恐不能
辄自逃酒。且疾出二十里,亦已移时,沛公、良、哙
三人俱出良久,何为竟不一问?……羽范增欲击沛公,
惟恐失之,岂容在外良久,而不亟召之耶?此皆可疑者,
史固难尽信哉!"按董氏献疑送难,入情合理。《本纪》
言:"沛公已出,项王使都尉陈平召沛公。"则项羽固未
尝"竟不一问"。然平如"赵老送灯台,一去更不来",
一似未复命者,亦漏笔也。《三国志·蜀书·先主传》
裴注引《世语》曰:"曾请备宴会,蒯越、蔡瑁欲因会取
备,备觉之,伪如厕,潜遁出。"孙盛斥为"世俗妄说,
非事实"。疑即仿《史记》此节而附会者。"沛公起如
厕",刘备遂师乃祖故智;顾蒯、蔡欲师范增故智,岂
不鉴前事之失,而仍疏于防范、懈于追踪耶?钱谦益《牧
斋初学集》卷八三《书〈史记·项羽、高祖本纪〉后》
两首推马之史笔胜班远甚;如写鸿门之事,马备载沛公、
张良、项羽、樊哙等对答之"家人絮语""娓娓情语""誰
诿相属语""惶骇偶语"之类,班胥略去,遂尔"不逮"。
其论文笔之绘声传神,是也;苟衡量史笔之足征可信,
则尚未探本。此类语皆如见象骨而想生象,古史记言,
太半出于想当然(参见《左传》卷论杜预《序》)。马善设身
处地、代作喉舌而已,即刘知几恐亦不敢遽谓当时有左、
右史珥笔备录,供马依据。然则班书删削,或识记言之
为增饰,不妨略马所详;谓之谨严,亦无伤耳。马能曲
传口角,而记事破绽,为董氏所纠,正如小说戏曲有对
话栩栩欲活而情节布局未始盛水不漏。李渔《笠翁偶集》

卷一《密针线》条尝评元人院本作曲甚工而关目殊疏，
即其类也。①

上述批评，既指出鸿门宴事件的记载多处有可疑的漏
洞，缺乏真实性；同时也指出"文笔之绘声传神"固可赞赏，
"马善设身处地、代作喉舌"，即虚构人物的对话，添油加醋，
真实性大为可疑。

另如，项羽在四面楚歌、垓下兵败之时：

> "项王乃悲歌慷慨。……美人和之。"按周亮工《尺
> 牍新钞》三集卷二释道盛《与某》："余独谓垓下是何
> 等时，虞姬死而子弟散，匹马逃亡，身迷大泽，亦何暇
> 更作歌诗！即有作，亦谁闻之而谁记之软？吾谓此数语
> 者，无论事之有无，应是太史公'补笔造化'，代为传
> 神。"语虽过当，而引李贺"笔补造化"句，则颇窥"伟
> 其事""详其迹"（《文心雕龙·史传》）之理，故取之。②

项羽、虞姬和当时帐篷里的那些他最亲信的人，既然
没有一个人活下来，当时的歌舞景象何能让后人知晓，司
马迁凭何根据记载和描写的这个故事？而且当时也无闲暇
时间发生这个故事，钱锺书认为周亮工看穿了司马迁为了
神化项羽、强化项羽的传奇性而"笔补造化""代为传神"，

---

① 钱锺书：《管锥编》（第一册，第二版），中华书局，1986，
第275、276页。

② 同上书，第278页。

伪造了这个故事。

钱先生在评论《史记》时，连带论述的一些问题，也给人以很大的启发，例如批评有些著作"有心翻案，不能自圆其说"[1]，而有时"依样葫芦，犹胜画蛇添足"[2]，等等。

第四节　文无十全：《史记》的失误举隅

阅读、学习和研究经典著作，要能抓住其要点，既要看到其成就，又要发现其不足和错误。这才能理解得比较深，研究得比较透。凡阅读、学习和研究经典著作，总要能看出其不到之处，才算是真懂得此书。我们对于《史记》也应该如此。

《史记》是伟大的史著，取得了辉煌的伟大成就，但天下的人事绝无十全，《史记》也有颇多错误和失误。前人已经有多种书文，整理和总结了《史记》的错误和失误。例如清牛运震《空山堂史记评注校释》附《史记纠谬》，提出的史实错误如：

> 《司马穰苴列传》："至常曾孙和，因自立为齐威王。"
> 此文误也。和自立为齐太公，其孙乃称威王耳。
>
> 《李斯列传》：二世责问李斯语，本纪亦载其文，

---

① 钱锺书：《管锥编》（第一册，第二版），中华书局，1986，第338页。

② 同上书，第369页。

而辞稍不同，此太史公不及整顿处，宜删其一。

指出其评价错误如：

《孙吴列传》："起贪而好色""起为人节廉而自喜名"。一传之中，称起者互异，必有一误。

《白起王翦列传》：王翦长于用兵，为秦并国拓地功亦至矣。太史公责以不能建德固本，此自王者宰相之事，翦何与焉？以此责翦，亦殊太过。

《史记》的失误可以分为三类：史实失误、判断失误和评价失误。

史实失误

《史记》记载的有关商朝的史实错误有两则比较著名。

其一，《史记·殷本纪》商王的次序有一个错误。王国维纠正了。

《史记》依据何种原始文献传录殷商帝王世系，现已无法确知。但商王世系的真实和准确性，由于河南安阳殷墟甲骨文的发现与研究，已经得到确认。1917年，王国维发表了著名的《殷卜辞中所见先公先王考》和《殷卜辞中所见先公先王续考》，通过对甲骨文中相关卜辞的缀合释读，考证出自上甲（即《史记》中的微）至示癸（即《史记》中的主癸）的原来世次,应当是:上甲、报乙、报丙、报丁、示壬、示癸。《史记》中报丁的时代误置在报乙之前，王国维对此做了纠正。

其二，伊尹放太甲于桐宫的结局之误。

成汤去世之后，王位经过两世的更替，又传到了他的嫡长孙太甲。太甲处事之昏乱，达到"暴虐""乱德"的地步。这时成汤的旧臣伊尹还在世，辅佐新王行政令。伊尹只得把太甲放逐到桐宫软禁起来，"伊尹摄行政当国"，自己做了不称帝王却管着帝王事务的摄政王，让诸侯给他朝贡。"太甲居桐宫三年，悔过自责""伊尹乃迎帝太甲而授之政"。三年以后，幽闭在桐宫里的太甲终因悔过自新，而获得了伊尹的谅解，并被迎归，重新执政。

这个故事中，大臣伊尹摄政磊落无私，君王太甲知过善改，成为三代君臣理想关系的典范。

可是魏晋时代出土、相传是战国时代魏国人所作的编年体史书《竹书纪年》中，保存着与《史记》记载大相径庭的两条商代史料：

> 仲壬崩。伊尹放大甲于桐，乃自立。
> 伊尹即位，放大甲七年，大甲潜出桐，杀伊尹。[①]

大甲的"大"，即"太"的本字，所以大甲就是太甲。依照《竹书纪年》的记载，史实与《史记》所记完全不同：伊尹放逐太甲后篡位自立，而太甲被关了七年后，设法逃出桐宫，杀了伊尹，夺回王位。这就刺破了他们君臣融洽关系的美好景象，暴露了血腥杀戮的真相。

---

① 王国维：《古本竹书纪年辑证》，周锡山编校《王国维集》（第四册），中国社会科学出版社，2008，第4页。

《竹书纪年》可以订正《史记》错误的记载很多。司马迁在他的时代，所能看到的许多史料早已散佚，今日只能依据《史记》的记载，让我们看到大量的系统的史实。那么司马迁是否会因放弃不当，致使许多史料未能采入《史记》，而丢失了许多珍贵的史实呢？关于这个问题，我们无从了解。

但我们有时还是可以找到疑问之处的，例如《史记》对中华民族最早的远祖伏羲、女娲，皆不予记载，理由是古代的不少传说"不雅驯"。王国维针对《史记》远古记载的这个失误，纠正说："史实之中，固不免有所缘饰，与传说无异；而传说中，亦往往有史实之素地：二者不易区别，此世界各国之所同也。""即百家不雅驯之言，亦不无表示一面之事实。"[①]指出神话、传说，即使荒诞不经，里面也保存了当时史实的痕迹或孑遗。司马迁当时留存的传说和记载必多于今日，《史记》放弃，就都流失了。这可以说是《史记》的一个失误。

钱穆的《先秦诸子系年考辨》(1935年)，被顾颉刚誉为不朽之作，也几度受到陈寅恪的推崇。陈寅恪非常赞赏的《先秦诸子系年考辨》的优点是基于《竹书纪年》有许多重大的发现，改正了《史记》的不少错误。

例如，此书的《苏秦考》指出：第一，《史记》记载在苏秦身上的事情，多数都是苏秦死后之事。第二，不存在张仪与苏秦为好友之事，更不存在苏秦送张仪入秦国的可

---

① 王国维：《古史新证》，周锡山编校《王国维集》(第四册)，中国社会科学出版社，2008，第71、72页。

能。第三，苏秦的事迹，可考的只有仕燕、到齐国避罪、为反间计被齐王所杀。第四，苏代的事迹令人费解，忽前忽后。第五，合纵攻秦之事皆在秦昭王、齐湣王、燕昭王、赵惠文王时，且只有五国攻秦，并无六国攻秦之事，而且这事发生时苏秦已经死了。苏氏家族可能精通纵横之学，所以人们将其家族之事都算到苏秦一人身上了。苏秦事迹中的重要疑点和可能的情况，钱穆基本上排查到了。在钱穆考证的基础上，唐兰、杨宽、徐中舒进一步探索，比较一致地认为，苏秦实际上生活于张仪之后。

《史记》记载张仪、苏秦是同时代之人，是好友，在七国中施展合纵连横之术。苏秦死后，有弟苏代活跃于世。《史记》的记载是错误的：《史记》把张仪、苏秦的顺序错为苏秦、张仪，把五国伐秦错成了六国合纵，还推早了 45 年（前333—前288）。

1973 年长沙马王堆西汉墓的出土物中有一件《战国纵横家书》，此帛书共二十七章，其中前十四章的内容全与苏秦有关，或是苏秦的书信，或是苏秦的游说之辞。这些都是司马迁所没有看到过的材料。至此，苏秦的事迹真相大白。司马迁《史记》记载的苏秦事迹中既有弄错的，又有假造的。从出土材料来看，苏秦的一生，主要是为燕昭王在齐国做间谍活动。苏秦的年辈要比张仪晚得多，张仪约死于公元前 309 年，苏秦要晚死二十五年左右。这些在钱穆、唐兰、杨宽、徐中舒等人的研究成果中得到了证实。

史实错误中，最大的原因是采用了伪造的史料。

上面谈及司马迁《史记》记载的苏秦事迹中既有弄错

的，又有假造的。假造这种事，司马迁是不会干的，《史记》是信史，他是误信和采信了假造的、伪造的史料。其中最严重的错误是王世贞（明代）和钱锺书批评《史记·廉颇蔺相如列传》中伪造了蔺相如的英勇事迹。

《史记·廉颇蔺相如传》并不记载蔺相如的一生，只介绍他的来历："蔺相如者，赵人也，为赵宦者令缪贤舍人。"然后记叙他一生中的三件事：完璧归赵、渑池会逼令秦王击缻、维护"将相和"而折服廉颇使之负荆请罪。

史学界公认，蔺相如是太史公所景仰的杰出历史人物之一，因而在这篇传记中大力表彰、热情歌颂他的大智大勇，通过完璧归赵、渑池会逼令秦王击缻两事，有声有色地描绘了他面对强权的大无畏精神和临危不惧的机智与果敢；渑池会结束以后，由于相如功劳大，被封为上卿，位在廉颇之上，廉颇不服，要羞辱相如，相如因"强秦之所以不敢加兵于赵者，徒以吾两人在也。今两虎共斗，其势不俱生。吾所以为此者，以先国家之急而后私仇也"，而一再忍让，太史公通过此事赞誉蔺相如在"廉蔺交欢"事件中的高尚品格。

其中最有名的是"完璧归赵"，后世已作为成语而家喻户晓。对于"完璧归赵"这件千古闻名的事件，王世贞特作《蔺相如完璧归赵论》这篇有名的史论，发表异见。文章说：

蔺相如之完璧，人皆称之，予未敢以为信也。夫秦以十五城之空名，诈赵而胁其璧。是时言取璧者情（实

情、本意）也，非欲以窥赵也。赵得其情则弗予，不得
其情则予；得其情而畏之则予，得其情而弗畏之则弗予。
此两言决耳，奈之何既畏而复挑其怒也？

　　且夫秦欲璧，赵弗予璧，两无所曲直也（双方无所
谓曲直是非）。入璧而秦弗予城，曲在秦；秦出城而璧归，
曲在赵。欲使曲在秦，则莫如弃璧；畏弃璧，则莫如弗
予。夫秦王既按图以予城，又设九宾，斋而受璧，其势
不得不予城。璧入而城弗予，相如则前请曰："臣固知
大王之弗予城也。夫璧非赵璧乎？而十五城秦宝也。今
使大王以璧故而亡其十五城，十五城之子弟，皆厚怨大
王以弃我如草芥也。大王弗予城而绐（欺骗）赵璧，以
一璧故而失信于天下，臣请就死于国，以明大王之失信。"
秦王未必不返璧也。今奈何使舍人怀而逃之，而归直于
秦？是时秦意未欲与赵绝耳。令（假如）秦王怒，而僇
（通"戮"，杀戮）相如于市，武安君（秦国大将白起的封号）
十万众压邯郸，而责璧与信，一胜而相如族（灭族），再
胜而璧终入秦矣。吾故曰："蔺相如之获全于（保全）璧
也，天也（那是上天的保佑）！"

　　若其劲（强劲，果敢）渑池，柔（忍让，退让）廉颇，
则愈出而愈妙于用。所以能完赵者，天固曲全之哉！

当今学者认为王世贞《蔺相如完璧归赵论》从当时的
形势大局着眼，分析秦赵两国强弱关系，指摘蔺相如看似
高明实则智短而失策，其侥幸成功，带有极大的偶然性。
本文开始即抓住和氏璧事件的本质方面，撇开令人眼花缭

乱的具体过程，不牵涉蔺相如个人品德优劣，根据当时的实际形势，分析并推出论断。作者也不用事后旁观者清的认识去苛求古人，而是允许赵国对秦的实情本意有"得"与"不得"的两种选择；对秦的威胁有"畏"与"弗畏"的不同反应。又分析赵国的"得"与"不得"，"畏"与"弗畏"，都无可非议，批评蔺相如"既畏之而复挑其怒"的自相矛盾的做法。又推断无论蔺相如如何智勇，而做出可能招致"武安君十万众压邯郸"的事，也是不足取法的。作者以严密的逻辑推理与卓越的史识做翻案文章。

钱锺书则更彻底地否定了《史记》此文。他认为"此亦《史记》中迥出之篇，有声有色，或多本于马迁之增饰渲染，未必信实有征。写相如'持璧却立，倚柱，怒发上冲冠'，是何意态雄且杰！后世小说刻画精能处无以过之。"[①]认为其中蔺相如出色的表现是司马迁虚构的，是不可能真实的。而对渑池之会，批评更加严厉：

> 赵王与秦王会于渑池一节，历世流传，以为美谈，至谱入传奇。使情节果若所写，则樽俎折冲真同儿戏，抑岂人事原如逢场串剧耶？武亿《授堂文钞》卷四《蔺相如渑池之会》深为赵王危之，有曰"殆哉！此以其君为试也！"又曰："乃匹夫能无惧者之所为，适以成之，而后遂啧然叹为奇也！"其论事理甚当，然窃恐为马迁所弄而枉替古人担忧耳。司马光《涑水纪闻》卷六记澶

① 钱锺书：《管锥编（第一册）》（第二版），中华书局，1986，第 319 页。

渊之役，王钦若谮于宋真宗曰："寇准以陛下为孤注与虏搏耳！"武氏斥如行险侥幸，即亦以其君为"孤注"之意矣。[1]

这个论断是严厉批评司马迁未能掌握历史事件的发生形势和必然趋向，将其极度赞誉的历史人物的重要经历做了虚构，缺乏真实性——在秦赵两国的强弱极度不对称的情况下，蔺相如完璧归赵和渑池之会的出色表现是不可能发生的，将国家间激烈的冲突写得犹如儿戏！赵国国王绝对不可能让自己作为蔺相如"孤注一掷"的砝码！

王世贞的批评着眼于蔺相如的言行不智，司马迁的歌颂是错误的；而钱锺书则严厉批评"马迁所弄"，指责司马迁虚构或者说伪造了蔺相如的故事。

司马迁在《报任安书》中说得很清楚，他"网罗天下放失旧闻，略考其行事，综其终始"，依此写成《史记》。他在这个过程中，有时因有些"旧闻"极其有趣、精彩，而未辨真假，造成失误。因此，是否钱锺书因平生多疑而误读《史记》呢，还是被誉为文化昆仑的钱锺书看穿了司马迁为了追求精彩动人而虚构故事呢？对于此类错误的批评，往往还不能成为定论，颇有讨论的余地。

此处史实失误中，虚构细节和对话，是一个严重的错误。当代不少学者认为《史记》中所记故事和人物对话发生时，司马迁不可能在场，所以有些细节和对话也一定是

---

① 钱锺书:《管锥编（第一册）》（第二版），中华书局，1986，第319—320页。

虚构的。

　　笔者认为，司马迁本人不会虚构此类情节和对话，很可能是他听来的传闻有虚构的嫌疑。但也可能不是虚构，例如刘邦和项羽看到秦始皇时的自言自语有可能是他们自己后来向别人介绍或透露的。这样的情况，可能很多。而在几十年、几百年流传下来的逸闻逸事中，在传说的过程中，有人无意或有意改变、改编或添造了事实或对话，这是常见的现象。

　　有的记载错误，是可以修正的。笔者在拙作《汉匈四千年之战》中，指出了《史记》一个失误：

　　　　司马迁《史记·匈奴列传》说："匈奴，其先祖，夏后氏之苗裔也，曰淳维。"说夏灭亡后，夏桀的儿子淳维带着夏桀的众妾逃到匈奴，成为匈奴的祖先。可是《史记·太史公自序》又说："自三代以来，匈奴常为中国患害。""三代"，即夏商周三代的简称。那么匈奴在夏代已经存在，并侵害夏朝。也即在夏桀的儿子之前，匈奴已经存在。因此，司马迁的这两种说法就显得自相矛盾了。我认为实际情况是，淳维不是匈奴的唯一祖先，更不是最早的"先祖"，而是后世匈奴的祖先之一。

判断失误

　　《史记》的议论、论述和判断失误，也受到不少批评。

　　例如钱锺书赞同金朝王若虚，批评司马迁关于项羽重瞳的判断失误：

"吾闻之周生曰：'舜目盖重瞳子，又闻羽又重瞳子。'羽岂其苗裔耶？何兴之暴耶！"按舜之重瞳，何待"闻之周生"？故周生语少不能减于两句也。《滹南遗老集》卷一二指斥《史记》议论之谬，有曰："陋哉此论！人之容貌，偶有相似。商均、舜之亲子，不闻其亦重瞳，而千余年之远，乃必重瞳耶？舜玄德升闻，岂专以异相之故而暴兴？后世状人君之相者，类以舜重瞳为美谈，皆迁启之也。后梁朱友敬自恃重瞳当为天子，作乱伏诛，亦本此之误也。悲夫！"王若虚论文每苦拘虚，而说理多明允可取，此其一例。[①]

　　另如《史记》记叙和歌颂季札，栩栩如生地描绘了这位政治家、思想家、外交家、文艺评论家的风采。季札是吴太伯十九世孙、吴王寿梦第四子，诸樊、余祭、夷昧之弟。诸樊即位前让位于季札，季札力辞。诸樊死前授命传位于其弟余祭，欲兄弟相传以至季札，季札坚决推辞，《史记》将此作为季札品德高尚、富有远见卓识的行为。笔者认为实际情况恰恰相反。这位洞察多国政治现状的季札，却不能预见和预判自己祖国吴国的未来走向，他推辞君位，将吴国推向了灭亡。如果他继承王位，不就可以避免夫差掌权和腐败、失国了吗？《史记》对季札的判断失误，包含着对吴国发展趋向的判断失误。

---

　　①　钱锺书：《管锥编（第一册）》（第二版），中华书局，1986，第 278 页。

评价失误

评价失误，尤其是对重要人物和重大事件的评价失误，是重大失误。《史记》的重大失误有两个，其一是对汉高祖评价的失误，其二是对汉武帝及他发动的汉匈战争中有关人物的评价失误。

《史记》对刘邦的伟大历史贡献和巨大才华的记载和评价，在写作处理上有重大失误，要重视。当代史家和文学家多错以为刘邦无能，全靠韩信打天下，又因之而认为韩信功高震主，刘邦处心积虑地除掉这位彪炳史册的特大功臣。他们对《史记》的正确评价都视而不见。

《史记》评论刘邦"夫高祖起微细，定海内，谋计用兵，可谓尽之矣"（《刘敬叔孙通列传》篇末赞语），给汉高祖的军事指挥水平以最高评价：高祖从低微的平民起事，平定了天下，谋划大计，用兵作战，可以说极尽能事了，也即达到最高水平了。

本书前文已指出此因刘邦承担汉军的最高指挥重任，接连获胜，《史记》对刘邦战绩的记载和评论，忠于事实和史实，并无不当，但是因方式不当，使读者误解。给刘邦的极高评价，并未放到专门记叙刘邦的《高祖本纪》中，而是安排在《萧何世家》和其他部分，造成众多《史记》专家也不知道司马迁的这些评价。而司马迁没能写好和正确评价汉武帝及其重要大臣卫青等，则是重大失误。

朱东润《中国传叙文学之变迁》批评司马迁没能写好汉武帝：

史家对于所写的时代，根本不能明了，于是一切的叙述，都经过一种歪曲。这种情形，在《史记》里很容易看到。司马迁对于汉武帝一朝的史迹，充满了怨愤，因此也就不能理解。本来武帝这一朝，在中国史上是一个划时代的时期……但是像司马迁那样地不去了解所写的时代，不能不算一件少有的事。

《史记·匈奴传》赞说："尧虽贤，兴事业不成，得禹而九州宁。且欲兴圣统，唯在择任将相哉，唯在择任将相哉！"这里我们看出他的讽刺，所以在《平津侯传》和《平准书》里，对于公孙弘、桑弘羊都有深刻的不满。尤其是他对于卫青、霍去病的批评，更常常从字外看到。

……

以第一等的人才，当着民族存亡的关头，领导民族抗战的事业，偏偏遇着一个不能理解的史家，认为好大喜功，认为将相无人，实在是历史上的奇事。司马迁对于当时的认识，既然不够，于是认定卫青、霍去病阿谀顺旨，以和柔自媚于主上，当然两人底列传，也止写成了这么可怜相的篇幅。幸亏《武帝本纪》失去了，后来拿着半篇《封禅书》权行代用，否则要是司马迁底原本具在，那么不仅是武帝底生平会写得全不对题，连带地也更加降低了《史记》底价值。[1]

朱东润先生以上的批评是严厉的，但也是符合事实的。

---

[1] 朱东润：《〈史记〉及史家底传叙》，载陈尚君整理《中国传叙文学之变迁》，复旦大学出版社，2016。

汉武帝是汉匈战争英明的最高统帅，他本人即具第一等的相才、第一等的将才。他负责设计和指挥全局，卫青和霍去病只是具体战役的领兵和指挥的将军。

笔者还认为《史记》对卫氏家族的良好品质和巨大历史贡献的记载和评价，处理不当。首先是记载不够详尽，其次与汉高祖的记载和评论一样，对卫青和卫氏家族的记载和评论，因方式不当，未起效果。卫青的战绩只有一次具体记载。给卫青的极高评价，放在《淮南王列传》中（《汉书》放在《蒯伍江息夫传》中），不能引起读者注意，学者也大多失察，未能给卫氏家族以正确和充分的评价。

《汉武帝传》[1]首先提供正确评价，但还不够全面，未能将卫皇后的重孙子汉宣帝归入其中。（笔者拙著《汉匈四千年之战》[2]将大汉贤后卫子夫及其弟卫青、外甥霍去病及霍去病同父异母弟霍光，尤其是卫皇后与汉武帝生的太子刘据的孙子汉宣帝〔汉匈战争第二阶段的英明统帅和建立昭宣中兴的英明皇帝〕，统称为"卫氏家族"，梳理其对汉朝和汉匈战争的巨大贡献，读者可以参阅。拙著《流民皇帝——从刘邦到朱元璋》[3]专列一章"汉高祖刘邦——中国第一成功的皇帝"，梳理《史记》记载的史实，论述汉高祖刘邦是中国历史上最伟大、功绩最大的皇帝。《汉匈四千年之战》则论述卫青是中国历史上最完美、功勋最大的将军。）

总之，《史记》是一部无与伦比的伟大史著，即使这样

---

① 杨生民:《汉武帝传》，人民出版社，2001。

② 周锡山:《汉匈四千年之战》，上海画报出版社，2004 年；上海锦绣文章出版社，2012。

③ 周锡山:《流民皇帝——从刘邦到朱元璋》，上海画报出版社，2004 年；上海锦绣文章出版社，2012。

一部看似完美的巨著，错误和失误也很多，甚至有的还是重大失误，可见著书立说之极度不易。

不仅是《史记》，世界上所有的伟大作家和伟大著作，例如莎士比亚的戏剧、托尔斯泰的《战争与和平》和高尔基《母亲》等①，都有错误和重大失误。

《史记》的漏洞和留下的疑问

撰写本书，笔者更进一步感到，学习历史不易，读懂《史记》不易。当今学者和读者对《史记》记叙和评论的人物有着极大的误解。尤其是对秦末汉初三巨头秦始皇、楚霸王和汉高祖刘邦，以及对韩信的评价，对汉武帝与卫青等人的评价，争议很大。人们对《史记》的记载之理解颇有问题，误解很多。

像项羽在巨鹿之战，"诸将皆从壁上观。楚战士无不一以当十，楚兵呼声动天，诸侯军无不人人惴恐。于是已破秦军，项羽召见诸侯将，入辕门，无不膝行而前，莫敢仰视。项羽由是始为诸侯上将军，诸侯皆属焉"。司马迁的如椽之笔写出项羽的巨大勇气和卓越功勋，千载之下，依旧令人钦佩。可惜，实际效果不大，项羽的这次战绩毫无震慑作用。秦朝灭亡，分封诸侯之后，各路诸侯并未被项羽吓破胆，而是马上集体反叛、围攻项羽。大家都不服项羽，都要独立为王，不怕项羽前来英勇杀敌。项羽面临群敌，虽

---

① 周锡山：《西方名著中的失误及其接受效应——从莎士比亚的重大失误谈起》，《外国文学研究》1992年第2期。

曾一一对付，竟然并未所向披靡、各个击破，而是顾此失彼，终于灭亡。

刘邦带领的起义军队进攻长安，与秦军主力决战，其艰辛不亚于项羽，《史记》没有具体记载，所以寂寂无闻。可是《高祖本纪》记载刘邦从未吃过败仗，战果累累。此时韩信尚未投汉，张良则有事外出，秦军主力的大部和最精锐的部队，不应在巨鹿，而应该守卫京师咸阳，但秦军不战而降，未曾血战，因知战而必败也。后来汉军从汉中回攻，果然轻易还定三秦（即秦中、关中，故秦全境），而后东进。人们都没有注意到秦军主力的大部加入了汉军，一起攻打项羽，最后抢得项羽尸首而封侯的主将，都是过去的秦将。"楚虽三户，亡秦必楚。"项羽和刘邦都是楚人。但刘邦以秦地（他原本应封秦王）为后方坚实根据地，东向灭楚；而灭掉项羽的又有大批编入汉军的秦军将士，以秦灭楚，汉得天下。天道轮回，莫此为甚。

在楚汉战争中，刘邦亲自指挥汉军与项羽在正面战场连年作战，战绩为五胜四败，消灭项羽军的大部和主力之后，将其团团围困在垓下。在楚汉战争中，项羽军再未有过巨鹿之战时的威风。他到临死还自诩"力拔山兮气盖世"，此句自吹之后，就一路哀叹名马不逝、美人不保——他既拔不动山，更未豪气盖世，所以诸侯反叛，支持他的少数诸侯迅即被汉军所灭，他也无力保护。他虽有匹夫之勇，临死前连杀多人，但他既然有此能耐，在冷兵器时代，靠将领对杀决定胜负，怎么会接连兵败，直至狼狈到这个地步的？他有这么大的杀伤力，为何会败多胜少？在败势不能扭转之时，项羽建议与刘邦单打独斗，刘邦忍不住笑了，拒绝道："吾宁斗智，不能斗力。"刘邦已经将最厉害的两位猛将曹参和灌婴拨给了韩信，为韩信去冲锋陷阵；那么楚汉双方每次决战时，是樊哙、郦商两将攻打项羽，最后灌婴在垓下彻底打垮项羽，其手下五将夺到项羽的尸首。项羽打不过灌婴、樊哙和郦商是毫无疑问的，这样的项羽，如果无人亲眼所见，人们甚至可以怀疑：巨鹿之战中项羽果然有这么厉害吗？因此与太平天国多位军事天才连年拼死决战，屡战屡败而最后艰难获胜的曾国藩不信和否定《史记》记载和渲染的韩信的高超谋略和战绩，也良有以也。

再具体看最后决战，《高祖本纪》记载：垓下之战，项羽战败突围逃走，楚军因此全部崩溃。汉王派骑将灌婴追杀项羽，一直追到东城，杀了八万楚兵，终于攻占了楚地。《项羽本纪》记载更详：

（唱了《垓下歌》之后）于是项王乃上马骑，麾下壮士骑从者八百余人，直夜（趁夜）溃围南出，驰走。平明，汉军乃觉之，令骑将灌婴以五千骑追之。项王渡淮，骑能属（跟上）者百余人耳。项王至阴陵，迷失道，问一田父（老农），田父绐（欺骗他）曰"左（向左边走）"。左，乃陷大泽中。以故汉追及之。项王乃复引兵而东，至东城，乃有二十八骑。汉骑追者数千人。项王自度不得脱。谓其骑曰："吾起兵至今八岁矣，身七十余战，所当者破，所击者服，未尝败北，遂霸有天下。然今卒困于此，此天之亡我，非战之罪也。今日固决死，愿为诸君快战，必三胜之，为诸君溃围，斩将，刈（yì，砍）旗，令诸君知天亡我，非战之罪也。"乃分其骑以为四队，四向（面向四方）。汉军围之数重。项王谓其骑曰："吾为公取彼一将。"令四面骑驰下，期山东为三处。于是项王大呼驰下，汉军皆披靡（避让），遂斩汉一将。是时，赤泉侯为骑将，追项王，项王瞋目而叱之，赤泉侯人马俱惊，辟易（倒退）数里，与其骑会为三处。汉军不知项王所在，乃分军为三，复围之。项王乃驰，复斩汉一都尉，杀数十百人，复聚其骑，亡其两骑耳。乃谓其骑曰："何如？"骑皆伏曰："如大王言。"……乃令骑皆下马步行，持短兵接战。独籍所杀汉军数百人。项王身亦被十余创（受伤十余处）。顾见汉骑司马吕马童，曰："若非吾故人乎？"马童面之，指王翳曰："此项王也。"项王乃曰："吾闻汉购我头千金，邑万户，吾为若德。"乃自刎而死。王翳取其头，余骑相蹂践争项王，相杀者数十人。最其后，郎中骑杨喜，骑司马吕马童，郎中吕胜、杨武各得其一体。

从这一段记载，可见指挥汉军的主将灌婴并不对阵项羽，而是让无名小将立功。小将率兵前赴后继，紧紧包围项羽，项羽只杀死了一个无名小将和一个都尉，其他都是士兵。无名小将和汉兵都不怕项羽，继续紧追不舍。刚才吓退的郎中骑将杨喜，并不逃跑，又追杀项羽至此，与骑司马吕马童，郎中吕胜、杨武等各争得一个肢体，皆封为侯。这五名无名小将，因为封侯，在《史记》中才有记载。而杨喜的第五代孙杨敞，就是司马迁的女婿！

已经兵败如山倒，还自吹八年中"身七十余战，所当者破，所击者服"，既如此，怎么现在会一败涂地？此前如不败给刘邦，会有今天吗？项羽最后精疲力尽而只得自杀，却讲得漂亮："吾闻汉购我头千金，邑万户，吾为若德。"

连农夫也骗项羽步入死路，可见项羽失尽民心，还自我安慰"天亡我，非用兵之罪也"，司马迁批评他"岂不谬（荒谬）哉"！

因此项羽临死前杀敌的景况，并不是威武，而是惨烈。司马迁将项羽的惨败写得非常了不起，妙笔生花，感动千古以来读者，如果冷静分析，诚属虚张声势。《史记》关于项羽的记载，"不隐恶"，但违背了"不虚美"的原则，给我们留下了疑问。

《史记》记载汉高祖虽波澜不惊，但极度歌颂刘邦"夫高祖起微细，定海内，谋计用兵，可谓尽之矣"，因此是"大圣"。给了他至高无上的评价，却是在不起眼的地方，不仅一般读者都不知道，专家也大多视而不见。高祖将功劳全都推给张良、萧何、韩信，从不归功于自己。众多专家、读者都因刘邦的自谦而以为刘邦自己没有本事，更没有功劳，全靠韩信等打天下，还有一些人骂他是骗子和无赖，骗来了天下；反倒去赞美毁灭城池宫殿、屠杀人民、摧残妇女、杀害领导、欺压下属的项羽，逼迫虞姬自杀甚或是亲自杀了虞姬的项羽，将这个真正的骗子和无赖吹捧为大英雄，为他失败而可惜。他在巨鹿之战时是一个英雄，后来怎么不英雄了？而且他的以上行径，是不是骗子和无赖，甚至是恶霸？（有兴趣的读者，除了本书，请参阅"历史新观察"书系三书①，其中对汉高祖、汉武帝和卫青等人，对秦始皇和楚霸王等人，有较为详尽的分析和评价。）

　　本书对《史记》中记载和歌颂的一些人物或事件，提出了疑问。例如竟然毫无孙子本人使用他的伟大兵法的实例；季札预见多国的前景，却对吴国正在发生的政变毫无感觉，等等。可见想读懂伟大的史著《史记》，必须长年反复思索，我们还要好好下功夫！

---

　　① 指的是拙作《流民皇帝——从刘邦到朱元璋》《临朝太后——从吕太后到慈禧》《汉匈四千年之战》。

附论 《史记》记载的楚汉战争真相和中西当代的奇葩反响

　　《史记》记叙的大量战争，多清晰而精当，但是对西汉最重要的两场战争——楚汉战争和汉匈战争——缺乏明晰、完整的记载和叙述。

　　对于楚汉战争，《史记》的记载是完整的，评价是正确的，但是叙述不当。刘邦的战绩在《高祖本纪》中有完整记载，但语言平淡寡味，所以未引起学者和读者的兴趣和重视。对高祖的极高评价，不起眼地放在不同的篇章中，许多学者尤其是现当代学者对其视而不见，一般读者一概不知。本书将此战重新梳理、叙述并做评论。

　　至于汉匈战争，以汉武帝为最高统帅，《史记》的评价有失误，本书前已论及。此战的过程极其丰富、复杂和曲折，为避免所占篇幅的比重过大，笔者另撰专书《汉匈四千年之战》(升级版《汉匈战争全史》)，本书从略。

　　《史记》记载的楚汉战争的最高统帅汉高祖刘邦，是功勋盖世的天才政治家和军事家，他的智慧和功勋，决定了战争的胜败。战争前因和过程奇妙而怪异，最后在汉军无名小将和无名小卒的追击和围攻下，一代霸王被迫凄惨自杀。战争结局及中西方当代奇葩的反响发人深省。本文严格按照《史记》记载，梳理真相并做评论。

公元前 206—前 202 年的楚汉战争，决定了中国的命运。刘邦获胜，建立了汉朝，出现了西汉盛世。又因汉朝以"汉"命名，从此中国的民族和文化，都是以"汉"冠名：汉人、汉字、汉文化、汉文化圈……

楚汉战争前因的真相

《史记·高祖本纪》和《汉书·高帝纪》中记载秦二世二年（前208年，在项羽于巨鹿之战摧毁秦军主力之后），楚怀王（楚义帝熊心，本是楚国贵族，在楚国灭亡后隐匿民间为人牧羊。项梁起事后，立熊心为楚怀王）决定进攻咸阳，消灭秦朝。楚怀王预先与各路将领约定："先入定关中者王之。"即先攻下咸阳的可以封为秦王。

秦始皇统一天下时，将天下的财富和六国王宫的美人都集中在咸阳，这对各路诸侯有极大的吸引力。可是当时秦军的兵力尚强，起义军失利的战况频繁发生，作为京城的咸阳及以东要塞又有重兵把守，所以众多将领都不敢先行入关，只有刘邦一个人敢于承当此任。刘邦表态要承担这个任务之后，项羽因要报秦军击破项梁军并杀害项梁之仇，又自恃勇武，愿与刘邦西进一起入关。从灭秦的主动性上看，项羽不如刘邦，而且还带有过分的私心。

面对刘邦和项羽都愿意进军关中的情势，楚怀王身边的诸多老将一致认为："项羽为人僄（轻狂）悍（凶狠、蛮横）滑（油滑、狡诈）贼（狡猾、不正派）（《汉书》作'慓悍祸贼'）。项羽尝攻襄城，襄城无遗类，皆坑之，诸所过无不残灭。且楚所进取，前陈王（指陈胜）、项梁皆败。不如更遣长者扶义而西，告谕秦父兄。秦父兄苦其主久矣，今诚得长者往，毋侵暴，宜可下。今项羽僄悍，今不可遣。独沛公素宽大长者，可遣。"于是不许项羽进军，独派刘邦西进。

《史记》明确写出起义军领导层能正确评价和使用项刘二人，他们认为狡诈、残忍、好杀、害民的是项羽。他们并不像不少当代史家那样，认为刘邦是狡诈之徒，项羽是忠厚老实的名将，却一致认为刘邦是一贯豁达大度、性情谨厚、富有信义和仁义的人（即"长者"），相信他能"扶义"而西，告谕秦都长少两辈人都不战而降。

老将们的看法和预见，是正确的。刘邦不负众望，自此年后九月聚集陈胜、项梁剩余的散卒，一路向西，仅用一年时间，于公元前207年十二月即完成攻下关中、不战而进入咸阳的战略任务和安定关中民心的重大责任。

民心的向背，决定着战争的胜负。项羽残暴成性，"僄悍猾贼"，他战胜章邯后，"夜击坑秦卒二十余万"，使大批秦民失去亲人，国家失去大量急需的强劳动力和捍卫北方边境的战士。项羽接着攻齐，胜之，"遂北烧夷齐城郭室屋，皆坑田荣降卒，系虏其老弱妇女。徇齐（疾速）至北海，多所残灭。齐人相聚叛之"。项羽打到哪里，就在哪里烧杀戮掠，残害人民，引起极大的民愤和反抗。而且他不懂战略，四处树敌，不懂正确选择攻击目标，往往失掉时机，浪费兵力。

后来在咸阳的结果，正如老将们预料的，刘邦进入咸阳，秋毫无犯，项羽则在咸阳军民和秦王已经投诚的情况下，竟然"引兵西屠咸阳，杀秦降王子婴，烧秦宫室，火三月不灭，收其货宝妇女而东"。繁华的京城咸阳被一举毁灭，屠城杀的又多是无辜百姓，秦民遭此毁灭性的打击，对项羽恨之入骨。

综上所述，楚汉战争前因的真相是刘邦得到进攻咸阳、灭秦的授命，项羽的同样要求遭到否决。刘邦顺利占领咸阳，灭秦。繁华的京城咸阳，是财富和美女的最大集中地，但刘邦听从张良、萧何的意见，不占用财富，不染指美女，只是派军护卫咸阳和秦宫，而他自己则带领汉军驻扎在咸阳城外的霸上。项羽贪图权力、财富和美女，妒忌刘邦灭秦和占领咸阳的功劳，妒忌刘邦独吞财富和美女，无理进攻咸阳，进攻刘邦。

楚汉战争开局的真相

为什么这场战争定名为楚汉战争，而不是汉楚战争？因为战争是由西楚霸王项羽发动的。有人说，从自己的封地汉中出发，还定三秦，攻下咸阳，然后东进，向项羽的楚国进攻，不是汉王刘邦发动的战争吗？错。

刘邦已经消灭秦朝，占领咸阳，完成了义军最高统帅部交给他的任务。按照约定，刘邦消灭秦朝，占领了秦的京城和领土，应该被封为秦王。项羽悍然破坏战后的和平局面，率军西进，进攻刘邦，想要进占咸阳。因此项羽是发动这场战争的侵略方。

《高祖本纪》记载项羽于巨鹿大破秦军主力后拥兵四十万，继刘邦之后入关，其过程是：项羽听说沛公已经平定了关中，非常恼火，就派黥布等攻克了函谷关。十二月中旬，到达戏水（咸阳边上的河流）。沛公的左司马曹无伤听说项羽发怒，想要攻打沛公，就派人去对项羽说："沛公要在关中称王，让秦王子婴做丞相，把秦宫所有的珍宝都据为己有。"曹无伤想借此求得项羽的封赏。项羽听后大怒，说："明天犒劳将士，给我打败沛公的军队。"这时项羽的兵力有四十万，号称百万；沛公的兵力有十万，号称二十万，实力抵不过项羽。亚父范增也劝说项羽赶快攻打沛公。在危急中，幸亏项伯要救张良，使他不至于与沛公一起送死，趁夜来沛公军营见张良，因而张良有机会让项伯向项羽说了一番道理（其中包括刘邦没有占据秦宫和夺走珍宝，而是驻军城外霸上），项羽这才作罢，不再马上攻打刘邦。次日刘邦带了百余名随从骑兵驱马来到鸿门见项羽，向他道歉。项羽说："这是沛公左司马曹无伤说的，不然我怎么会这样（指准备进攻和消灭刘邦）呢？"

沛公得到樊哙、张良的智勇相助，才能在鸿门宴得以脱身返回。回到军营，他立即杀了内奸曹无伤。

刘邦的力量与项羽相差悬殊，他避战，不与项羽对抗，还因关闭函谷关、抵拒项羽入关而道歉。项羽不战而占领了咸阳，其目的是夺占、独占秦宫的珍宝和美女。

接着项羽希望怀王封他为秦王，但怀王的答复是"如约"，即依照原来的约定执行。项羽见自己的要求被怀王否定，不愿继续听命于怀王，开始篡权。

项羽篡权的第一步是架空怀王，第二步是自行分封天下诸侯，项羽则自封为"西楚霸王"，定都彭城。当时义帝怀王已被项羽架空，大权旁落于项羽，无力阻止项羽分封。项羽一共分封十八个诸侯。他不执行"先入定关中者王之"的约定，自己不能在秦封王，就将秦朝故土和京城咸阳封给秦朝投降他的三个将军。项羽三分秦地，封立三个王，即雍王、塞王、翟王，号称三秦。其中悍将章邯为雍王，称王于咸阳以西，建都废丘。他将刘邦改封在巴、蜀、汉中地，且将刘邦的封国国号定为汉。

项羽做完这件事，心满意足，就衣锦还乡了。但是他临走前竟然"引兵西屠咸阳，杀秦降王子婴，烧秦宫室，火三月不灭，收其货宝妇女而东"，把繁华的咸阳杀烧成一个死城。他离开咸阳，不能享受秦宫，就把秦宫烧了，将宫内的"货宝妇女"劫走，东归彭城。

项羽篡权的第三步，在公元前206年阴历十月（阳历八月），他索性谋害了义帝，消灭了义军的最高统帅部，他彻底篡权，成为最高领袖。

公元前206年阴历五月，刘邦拜韩信为大将，挥师东出。汉元年（前206年）阴历十月，刘邦攻破咸阳，"还定三秦"。因楚义帝为项羽所弑，公元前205年阴历二月，刘邦公开声讨项羽，拉开了楚汉之争的序幕。刘邦认为天下共主即义帝已被杀，就下令废除秦社稷，建立汉社稷。于是将公元前206年作为汉元年。

因此，楚汉战争是项羽先发动的，他进攻刘邦，刘邦的力量不敌项羽，只能避战，接受项羽为最高首领，接受项羽的指派，到汉中去当汉王。接着他反击，因为是从汉中出来的，首先要攻下咸阳，才能东进。所以他先攻下咸阳，攻打三秦。三秦原本是应该封给刘邦的，所以说"还"（归还，返回原处）定三秦。刘邦攻打项羽封定的三秦，就是向项羽开战。由于项羽进军咸阳在先，刘邦主动退出咸阳，所以现在是刘邦展开了反击。

楚汉战争的汉军领袖——汉高祖刘邦面目的真相

刘邦是功勋盖世的天才政治家和军事家，是楚汉战争的最高指挥者，楚汉战争因他的英明指挥而获胜。

英明的领袖必须德才兼备。汉高祖刘邦获得楚汉战争的胜利，首先是他的品德好，他领导的汉营、汉朝，品德好。刘邦本人的优秀品德，只有《史记》做了历史记载，其中《高祖本纪》是最主要的一篇。《汉书·司马迁传赞》："其文直，其事核，不虚美，不隐恶，故谓之实录。"因此《汉书》武帝以前的人物和事件的记载，全部照录《史记》，关于刘邦的记载也如此。

《史记·太史公自序》说："子羽（项羽）暴虐（残酷暴虐），汉行（执行、实行）功德（建立功业，实行德政），愤发蜀汉，还定三秦；诛籍业帝（建立帝业），天下惟宁（天下安定），改制易俗（改革制度，更易风俗），作《高祖本纪》第八。"这是司马迁创作本篇的基本宗旨。

《史记》给刘邦的基本评价共两条，第一条是品德好。

《高祖本纪》对刘邦人品的基本评价，在全文开篇就鲜明记载：

> 高祖为人，隆准而龙颜，美须髯，左股有七十二黑子。仁而爱人，喜施，意豁如也。常有大度（《汉书·高帝

纪》"宽仁爱人，意豁如也。常有大度"。钱锺书《管锥编》的引文用句号，意为气量大，能容人。胸襟开阔，器量大。用逗号，与后句相连，意为平素具有干大事业的气度或志向），不事家人生产作业。

高祖这个人，司马迁用赞美的笔调描写他的外表：鼻梁高耸，一副龙的容貌，一脸漂亮的胡须，左腿上有七十二颗黑痣。又赞美他的内心：他仁厚爱人，喜欢施舍，心胸豁达。他平素具有干大事业的气度，不干平常人家生产劳作的事。

他"不事家人生产作业"，不干平常人家生产劳作的事，不是他一个人的特点。请问哪个帝王将相会做平常人家生产劳作的事？这是打工者、农民干的。可是刘邦出身于农民家庭，他的父亲、兄弟都要下地干活养活自己；吕雉虽然是富家女儿，嫁给刘邦后，为了生存，也只能下地干活。刘邦身处社会底层，农民家庭出身，不肯做体力劳动，不种地。司马迁说，原因是"常有大度"，指器量大，也可说平素具有干大事业的气度，他只做大事，所以不肯做平常劳动这种小事。

这个总体评价极高。刘邦对人大度，有干大事业的气度，所以气量极大，喜欢在金钱、财产方面施舍。仁厚爱人是对为人的最高评价。仁厚的最低标准是不搞阴谋诡计，不说假话，不害人；中等标准是对人真诚；最高标准是在具有前述优点的基础上，还进一步：将好处给人家。

因此，所有说刘邦虚伪、狡诈、损人利己、大杀功臣等的观点，都违背了《史记》的记载。我们只能根据《史记》

说话，我们没有资料可以反驳《史记》，同时要警惕有人误读、歪曲《史记》。

误读《史记》最著名的学者是鲁迅和郭沫若，其次还有受他们影响的季羡林等。

鲁迅说："汉的高祖，据历史家说，是龙种，但其实是无赖出身。"①

鲁迅及其追随者说刘邦是"无赖"，主要根据《史记·高祖本纪》："未央宫成，高祖大朝诸侯群臣，置酒未央前殿。高祖奉玉卮，起为太上皇寿，曰：'始大人常以臣无赖，不能治产业，不如仲力。今某之业所就孰与仲多？'殿上皆呼万岁，大笑为乐。"（《汉书·高祖本纪》作"亡赖""皆称万岁"）刘邦年轻时被父亲看不起，批评他"无赖"，且由刘邦自己追述之。看起来对刘邦的"无赖"评价，出自《史》《汉》，无可分辨，铁证如山！

实际恰恰相反。何谓"无赖"？《史记·高祖本纪》集解引晋灼曰："许慎曰：'赖，利也。'无利入于家也。或曰：江淮之间谓小儿多诈狡猾为'无赖'。"《汉书·高祖本纪》也照抄此注，并加一句"师古曰：'晋说是也。'"

《史》《汉》之注，共有两解，前解是针对刘邦此言的，《史》《汉》之注显用前解；而当今史家和论者则多用后解，又将"小儿"带有天真顽皮的"无赖"转认是成人的无赖，实已违背《史》《汉》原著及原注的原意，将刘邦看作现代语意中专指成人的"无赖"，即奸诈、刁滑、强横之徒，

---

① 鲁迅：《且介亭杂文·关于中国的两三件事》，《鲁迅全集》第六卷，人民文学出版社，2005，第10页。

进而再认定他为流氓，即不务正业、为非作歹的人，常有放刁、撒赖、施展下流手段等恶劣行为的卑劣之人。这真是颠倒黑白的错误观点。《史》《汉》原文谈的也是"治产业"，可见原是指的"治产业"的能力，并非指他的品格。

当代史家和文学研究家误解者多，当代古汉语领域也仅有《辞源》修订本能准确理解《史》《汉》的原文原注的原意。此书列出"无赖"的第一义及其例句为：

> 没有才能，无可依仗。《史记·高祖本纪》："始大人常以臣无赖，不能治产业，不如仲力。"①

这才是确解，"无赖"意为"无利入于家"，即在养家活口、"治产业"方面没有能力。

关于刘邦不是流氓无赖，笔者依据《史记·高祖本纪》的刘邦一生的记载，特撰《刘邦新论》②予以辨正，拙著《流民皇帝——从刘邦到朱元璋》③也有论述，此不赘述。

楚汉战争的性质是有德者刘邦领导着实行仁义的汉军大败和消灭了残害人民、行为狠毒的项羽。司马迁的文字极有分寸，他说"子羽"，不说"楚国"和楚军，就是把所有的罪孽放在项羽一人身上。而汉方，不说高祖一人，而是"汉"，指刘邦及其所领导的整体汉方和汉军。

---

① 《词源》（修订本）第三册，商务印书馆，1980，第1932页。
② 周锡山：《刘邦新论》，《社会科学论坛》2008年第11期。
③ 周锡山：《流民皇帝——从刘邦到朱元璋》（增订本），上海锦绣文章出版社，2012。

《史记》给刘邦的第二条评价是水平高。司马迁对刘邦的军事水平评价极高，给以最高的评价。司马迁在《史记·刘敬叔孙通列传》的篇末赞语称颂："夫高祖起微细，定海内，谋计用兵，可谓尽之（达到了极点，达到最高水平）矣。"

当代不少评论者错以为刘邦本人并无才华，全靠张良、韩信等打天下。而司马迁的这段评论对于刘邦作为政治、军事统帅的才华和功绩，给予最高评价（"尽之矣"），并在这个基础上再赞颂高祖懂得"三代之际，非一士之智也"，善于吸纳众臣之智，成一代之伟业。

司马迁甚至称颂刘邦是大圣，他在《史记·秦楚之间月表·序》中说："然王迹之兴，起于闾巷，合从讨伐，轶于三代，乡秦之禁，适足以资贤者（索隐：谓秦前时之禁兵及不封树诸侯，适足以资后之贤者，即高帝也。言驱除患难耳）为驱除难耳。故愤发其所为天下雄（索隐：指汉高祖），安在无土不王。（集解：白虎通曰：'圣人无土不王，使舜不遭尧，当如夫子老于阙里也。'）此乃传之所谓大圣乎？（索隐：言高祖起布衣，卒传之天位，实所谓大圣）岂非天哉，岂非天哉！非大圣孰能当此受命而帝者乎？"他赞誉刘邦是"所谓大圣"[1]，是最崇高的、学识或技能有极高成就的帝王，给以至高无上、公允确当的评价。当代论者可以不同意司马迁的评价，但在司马迁这种评价面前，说司马迁和《史记》对刘邦不甚恭敬，还讥讽和暗刺刘邦这样的观点，可以不攻自破了

作为刘邦才华极其出色的陪衬，《史记》指出，楚汉战

---

① 大圣，有两个含义，一是古谓道德最完善、智能最超绝、通晓万物之道的人，二是帝王。这里是二者的综合。

争的第一功臣"萧相国何于秦时为刀笔吏，录录未有奇节。及汉兴，依日月之末光，何谨守管籥，因民之疾秦法，顺流与之更始。淮阴、黥布等皆以诛灭，而何之勋烂焉。位极群臣，声施后世"。（《史记·萧相国世家》）以日月作为皇帝和皇后的象征，是古代文史常用的。《史记》此论评赞刘邦和吕后像太阳月亮一样伟大，而萧何作为西汉第一功臣原本"录录未有奇节"，也只是叨"日月之末光"的星星而已，又因谨慎地紧跟刘邦和吕后顺利更始而功彪后世。《汉书·萧何传》继承了《史记》这个观点。

而韩信说："陛下所谓天授，非人力也。"宋代吴曾说："独不见韩信之言乎？方信之被擒也，互论其长，信曰：'陛下不善将兵，而善将将。'嗟乎，不知高祖胸中能著几韩信耶？"（《能改斋漫录》卷九）汉高祖一人的胸中谋略可抵得上多个韩信。

对于汉高祖刘邦建立功勋的才华和建立功勋的原因，按照《史记》记载的先后，共有三个。

第一个是《高祖本纪》记载了刘邦自己的解释，他在与群臣讨论"吾所以有天下者何？项氏所以失天下者何？"时，高祖曰："夫运筹策帷帐之中，决胜于千里之外，吾不如子房；镇国家，抚百姓，给馈饷，不绝粮道，吾不如萧何；连百万之军，战必胜，攻必取，吾不如韩信。此三者，皆人杰也，吾能用之，此吾所以取天下也。"将功绩全归于张良、萧何、韩信三杰。他的谦虚和大度，当代不少读者和学者都没能看懂，多因此而以为刘邦全靠他们打天下。实际上"决胜于千里之外"和"连百万之军"，皆是刘邦表扬臣下的夸张赞词。汉军的指挥中枢，都在战场不远处，并未远至千里；而汉军和楚军相加也从未到达百万之众。至于韩信更未"战必胜，攻必取"，例如靠出卖郦食其而偷袭齐国，遭到顽强抵抗，很不顺利。《高祖本纪》一开始就介绍刘邦此人"仁而爱人，喜施，意豁如也。常有大度"，所以才会有将功劳都归于汉初三杰的宽广胸怀。但是古代读者文化素养高，都读得懂《史记》，刘邦虽然这么说，但作为打江山的最高领导，他的功劳最大。

第二个解释是《秦楚之间月表·序》中说："此（汉高祖）乃传之所谓大圣乎？岂非天哉，岂非天哉！非大圣孰能当此受命而帝者乎？"

第三个解释是《刘敬叔孙通列传》的篇末赞语称颂：汉高祖"谋计用兵，可谓尽之矣"。

《史记》给汉高祖这么高的评价，但不在《高祖本纪》中做醒目表达，而是用互见法，在不起眼的表序和不重要的人物的传记赞语中赞叹，使众多粗心的学者和读者视而不见，甚至根本没有读到。这是《史记》写作上的一个失误。

即使如此，古代学者绝大多数没有误读《史记》，对汉高祖刘邦的评价都是最高的等级，甚至连《大风歌》也被评价为最高等级。例如齐梁刘勰《文心雕龙·时序》评汉高祖虽然"尚武"，但《大风歌》和《鸿鹄歌》两首为"天纵之英作"。明末清初的哲学家、史学家、美学家王夫之《古诗评选》卷一评汉高帝《大风歌》不仅"神韵所不待论"，而且"岂亦非天授也哉！"认为汉高祖不仅文治武功如《史记》所说是"天授"，而且其文才也是"天授"，即天才。

古代政治家、军事家对刘邦的评价也是如此。例如十六国时期后赵的开国皇帝石勒（274—333），奴隶出身，虽不识字，但常听人读史，熟谙古今得失。他战功卓著，平定中原，臣下捧他："陛下神武筹略迈于高皇，雄艺卓荦超绝魏祖，自三王已来无可比也。"他笑曰："人岂不自知，卿言亦以太过。朕若逢高皇（汉高祖），当北面而事之，与韩（信）彭（越）竞鞭而争先耳。脱遇光武，当并驱于中原，未知鹿死谁手。""朕当在二刘之间耳。"（《晋书·载记第五石勒下》）石勒自感不及刘邦，只能当他的部将，可与韩信、彭越的才智功绩争一高下；而与刘秀可决一雌雄，并认为自己可能会胜过他，所以将自己定位在刘邦之下而在刘秀之上，也即"在二刘之间"。他们君臣称汉高祖为"高皇"，极其尊敬，可见汉高祖在历史上的地位。

楚汉战争过程的真相

《高祖本纪》的重要内容是汉高祖刘邦在反秦战争、楚汉战争、平叛战争中的光辉事迹，中间一段叙写的是刘邦如何战胜项羽、建立汉帝国的过程，同时也充分肯定了这位开国之君在统一天下过程中的重要作用。

当初，刘邦发动反击，与项羽决战伊始，汉军兵分两路，一路由刘邦率领，一路由韩信带兵。刘邦令韩信攻打北方一线较弱的魏、代、韩、赵和齐国，承担侧面战场的任务。刘邦呢？他直接与项羽在中原对垒，承担了最艰难的主战场任务。

《淮阴侯列传》记载：汉三年（前204年），八月，汉王任命韩信为左丞相，授其上将军的印信，攻打魏王豹。此后一路朝东，攻打代、韩、赵和齐国。刘邦除了拨给他几万人马之外，又将手下六位猛将——曹参、灌婴、樊哙、郦商、夏侯婴、周勃中最厉害的两位，即曹参和灌婴，分配给韩信，让他们为韩信冲锋陷阵。曹参在战争中奋不顾身，身披七十余伤，众将都认为他应该是功劳第一。为了确定首功，汉朝统一天下后，群臣争议了一年，后来刘邦决定萧何的功劳第一，才有了定局。可见刘邦将第一猛将曹参拨给韩信，是非常大度的。

汉王刘邦率领一路汉军，负责主战场，中原逐鹿，亲自与项羽正面作战；韩信带着刘邦分配给他的最厉害的两位猛将，率领一路汉军，承担的却是难度较小的侧面战场任务。

刘邦与项羽作战，刘邦亲自指挥汉军与项羽在正面战场连年作战，战绩为五胜四败。

萧何劝降九江王英布，英布叛楚，项羽派龙且、项声攻打英布。项羽亲自进攻下邑，继续向西进攻，至荥阳，刘邦调回灌婴，拜为中大夫，统率骑兵，在荥阳以东大败楚军，又在"京县"（在今河南荥阳市京襄城村附近）、"索亭"（在今河南荥阳索河街道）之间击败楚军，将楚军击退到荥阳以东。

刘邦先败后胜，在彭越等友军的配合下消灭楚军的大部和主力之后，最后将其团团围困在垓下（在今安徽固镇东北、沱河南岸）。当刘邦命令韩信与彭越齐来垓下合力总攻、歼灭项羽时，两人都不应命，按兵不动。刘邦死死围住项羽，但缺乏足够兵力，无法围歼项羽。后因张良建议刘邦给韩、彭两人更多的利益，他们才带兵前来会战。汉军和楚军在此做最后决战。

楚汉战争结局的真相

在最后决战中，最高统帅是汉王刘邦，最高主将是韩信。韩信自己不打，他让灌婴攻打项羽。于是灌婴以御史大夫之职受汉王命令带领车骑部队追击项羽，在东城彻底击垮了项羽。他所率领的将士五千人，斩杀了项羽，又降服了左右司马各一人，士兵一万二千人，俘获了项羽军中的全部将领和官吏（《史记·樊郦滕灌列传》）。

项羽这么一个完败的可怜结局，司马迁的大手笔却写得气贯长虹、熠熠生辉。

项羽在自知灭亡之前，与虞姬生离死别时说自己"力拔山兮气盖世"，极度夸张地自吹力大无穷、气势无敌、悲壮慷慨。可是汉军高层这时并没看得起他，最后决战时，刘邦、韩信、灌婴竟然都不出场。项羽在半夜突破汉军重围，从淮北（今固镇东五十里）不朝东逃回自己的都城彭城（今江苏徐州），而是一路笔直向南而逃，仅剩八百多人的残部跟随。

天快亮的时候，汉军才发觉项羽飞驰而逃，命令骑将灌婴带领五千骑兵去追赶。前军指挥灌婴也不出场，全是无名小将和士兵奋力追击项羽。

项王渡过淮河，部下壮士能跟上的只剩下一百多人了。项王又逃了九十公里，到达阴陵（秦县名，故城在今安徽定远西北，在垓下正南90公里处），迷了路，被田父骗陷左边（东边）大泽中。这个农民的欺骗行为说明天下人都痛恨项羽。

项羽在此陷入大泽，迟缓了一阵，被汉军追上，从此一路改向东南，又逃了三十公里，至东城（秦县名，故城在今安徽定远东南），汉军追上并彻底击垮项羽，项羽只剩下随从二十八骑，而汉骑追者有数千人。

他自感逃不走、就要灭亡了，就对这二十八人说："吾起兵至今八岁矣，身七十余战，所当者破，所击者服，未尝败北，遂霸有天下。然今卒困于此，此天之亡我，非战之罪也。今日固决死，愿为诸君快战，必三胜之，为诸君溃围，斩将，刈旗，令诸君知天亡我，非战之罪也。"

他自知难逃覆灭的命运，前途已经无望，只有回忆光荣战史才能心理平衡，并在部众面前维持威信。他再次夸张地自诩，说自己平生打了七十几仗，大获全胜。就像他不可能力气大到可以拔山，即如鲁智深拔树也是艺术夸张，任何人都是做不到的；就是力能扛鼎，也并非如有人在百家讲坛所说，历史上只有项羽一人，实际上有多人能做到，例如刘邦的儿子刘长就"力能扛鼎"。秦武王和他的教练都能举鼎。至于七十余战，也是夸大之词，钱锺书指出像项羽一样，李广也说"广结发与匈奴大小七十余战"，都是形容数量大的习用的夸张之词，并非真的打过这么多仗。《史记》中写到吴起临死时伏身楚王尸体上，由于射杀吴起而被灭族的有七十余家。也是七十余，实际数字不会有这么多。《史记》记载的表示数量多的夸张数字，一律是"七十余"。

项羽自诩生平七十余战，没有失败过。《史记》并没有对这七十几战的记载。而他自诩没有打过败仗，《高祖本纪》和《项羽本纪》都记载此前他与刘邦对阵，四胜四败，已经败过四仗，这次是韩信大败楚军，他才逃到这里。

再说项羽继续朝东南方向又逃了三十公里，来到长江边的乌江浦（渡口名，在今安徽和县东北长江西岸的乌江镇附近，贴近今南京市浦口区南端，是今安徽、江苏两省交界处；如果向正东过长江，是在今浦口区南端过江，因此项羽当时身处今浦口南端的长江边），试图从这里渡过长江，逃回江东。乌江亭长不知从哪里得到的信息，正停船靠岸等候他，对项王说："江东虽然小，但土地纵横各有一千里，民众有几十万，也足够称王啦。希望大王快快渡江。现在只有我这儿有船，汉军到了，就没法渡过去了。"项王这时又改变主意，不渡江了，笑了笑说："上天要灭亡我，我还渡乌江干什么！再说我和江东子弟八千人渡江西征，如今没有一个人回来，纵使江东父老兄弟怜爱我让我做王，我又有什么脸面去见他们？纵使他们不说什么，我项籍难道心中没有愧吗？"

于是项羽把骑兵分成四队，面朝四个方向。汉军追上来，把他们层层包围。项王对骑兵们说："我来给你们拿下一员汉将！"于是项王高声呼喊着冲了下去，汉军像草木随风倒伏一样溃败了，项王杀掉了一名汉将。这时，赤泉侯杨喜为汉军骑将，在后面追赶项王，项王瞪大眼睛呵斥他，赤泉侯连人带马都吓坏了，倒退了好几里。项王与他的骑兵会为三处。汉军不知项王的去向，就把部队分为三路，再次包围上来。项王驱马冲了上去，又斩了一名汉军都尉，杀敌数十百，聚拢骑兵，仅仅损失了两个人。项王问骑兵们："怎么样？"骑兵们都敬服地说："正像大王说的那样。"

追击项羽的汉军都是无名小将带领的士兵，而项羽的部下八百多人，被汉军杀得竟然只剩二十八人。汉将仅被杀掉一个，后又被杀死了一个都尉，都尉是比将军低的军官。汉军继续冲击，项羽"乃令骑皆下马步行，持短兵接战"。一夜奔波，马都已跑不动了，所以只好下马步行。步战不能用长兵器，只好短兵器接战。而且，项羽的部下丧失了战斗力，只有项王一人又杀了"数十百"汉兵。汉兵也伤了项羽十余处。而汉军越战越勇，依旧紧紧包围和追击项羽，项羽始终是在逃窜，但始终逃不掉。最后，项羽眼看无法逃脱，自己也已受伤乏力，无力继续御敌，就自刎了。

　　项羽无力坚持而自杀，他一贯善于夸饰，这时死到临头还将自杀说成是送人情。项王回头看见汉军骑司马吕马童，说："你不是我的老相识吗？……我听说汉王用黄金千斤、封邑万户悬赏征求我的脑袋，我就把这份好处送你吧！"说完，自刎而死。

　　垓下至乌江此战，项羽仅能独自呈勇，追随他的楚军已无还手之力。汉军损失了百八十人和数十百人，总共也就是二三百人，而项羽八百多人都被消灭，只剩下一个零头，共二十八人，从淮北、淮南一直逃到长江边，项羽始终被汉军围杀，无法逃脱。

　　项羽之所以不肯过江东，一则是他向乌江亭长解释的原因，二则此时项羽已经明白即使逃到江东，也已无济于事，汉军马上会紧追过来，捕杀他，所以就不必多此一举了。更重要的是，即使他安全逃到吴中，他也没有能力招募、组织军队,《项羽本纪》清晰记载,当初吴中起兵是项梁联络和操办一切,他只是跟随而已。而且,胜者王,败者寇。项羽到江东,是否有人会应募跟随他?项羽得意时,衣锦还乡,去的是彭城徐州;失败了,却又逃回江东,江东人可能不仅不会再支持他,还会嘲笑他。

王安石《叠题乌江亭》:"百战疲劳壮士哀,中原一败势难回。江东弟子今虽在,肯与君王卷土来?"

更且这个乌江亭长是否会在江中心,翻船把项羽掀落水中,项羽心中可能也是有怀疑的,不能全然相信。项羽不肯过江东,是因为他感到失败的可能有多个,成功的概率几近于零。

那个被吓退的骑将杨喜,后来又追上来,终于也抢得项羽一块尸首,然后被封为赤泉侯。夺得项羽尸体的五人都是无名小将,他们在功臣表中没有关于过去的任何记载,但都因夺得项羽尸首的一部分而封侯,这才在《史记》的功臣表中留下了姓名。

因此,《史记》描写的这个乌江自刎场面声势吓人,项羽临死前也的确英勇,可是他是被无名小将困住的,汉军大将根本不出场。项羽无法逃脱,最后寡不敌众,已筋疲力尽,所以只能自杀。千古学者和读者钦佩项羽的豪气,靠的是司马迁的巨笔威力无穷,妙笔生花。实际上不见高山不显平地,《史记》将项羽写得气势磅礴、波澜壮阔,这就更应从中读出杀败项羽的汉军的无名小将和无名小卒的英勇和威武。

项羽自诩生平七十余战,没有失败过,《史记》并没有项羽具体作战数量的记载，但是《史记·高祖本纪》完整记载刘邦一生领导多次战争，战绩辉煌，在反秦的战争中，未有败绩。在西汉统一天下后，诸王叛乱，汉高祖亲自指挥军队，在没有张良和韩信的参与下，平定了这些叛乱。

刘邦与项羽正面作战，在四胜四败之后，在第九战时彻底消灭项羽。所以项羽夸大了自己的战绩，而刘邦不仅不夸耀，当属下赞颂他时，他还将功绩全算在三杰头上。

正面战场战况的真相

《史记》的《高祖本纪》和《项羽本纪》记载了楚汉战争的具体战况，可惜一般读者和许多学者都对此熟视无睹，所以认同项羽自诉从未有过败绩，多说刘邦一直打败仗，直到垓下最后一战才打胜和消灭项羽。本书将楚汉战争正面战场的九次战争特做梳理和介绍，以揭示真相。

楚汉战争分正面即主战场和侧面两个战场。

前已言及，汉王指派韩信承担侧面战场任务，他自己率军与项羽正面作战，承担了正面战场即主战场的艰巨任务。

汉元年（前206年），八月，汉王还军关中，平定了三秦。

汉二年（前205年），二月，下令废除秦的社稷，改立汉的社稷。

项羽听说汉王已经兼并了关中，将要东进，齐国、赵国又都背叛了自己，非常生气，于是任用以前的吴县令郑昌为韩王，抵挡汉军。命令萧公角等攻打彭越，彭越打败了萧公角等。汉王派张良去夺取韩地，并送给项王一封信说："齐国想要跟赵国一起灭掉楚国。"楚军因此就放弃了西进的打算，向北去攻打齐国了。汉二年（前205年）冬天，项羽向北到达城阳，战胜田荣后北进，烧光了齐国的城市房屋，活埋了田荣手下投降的全部士兵，掳掠了齐国的老弱妇女。项羽夺取齐地直到北海，杀死了许多人，毁灭了许多地方。齐国人聚集起来，一起造项羽的反。

三月，汉王从临晋渡黄河，率军向南渡过平阴津，到达洛阳。新城县一位掌管教化的三老董公拦住了汉王，向他报告义帝被杀的情况。汉王听后，袒露左臂失声大哭。随即下令为义帝发丧，哭吊三天。他派使者通告各诸侯说："天下诸侯共同拥立义帝，称臣事奉。如今项羽在江南放逐并杀害了义帝，这是大逆不道。我亲自为义帝发丧，诸侯也都应该穿白戴素。我将发动关中全部军队，聚集河南、河东、河内三郡的士兵，向南沿长江、汉水而下，我希望与诸侯王一起去打楚国那个杀害义帝的罪人！"

于是汉军开始东进攻楚。

楚汉战争正面战场的具体战况为：

汉二年双方打了三仗。刘邦二胜一败。

第一战，胜。汉二年（前205年）春，汉王挟持常山王张耳、河南王申阳、韩王郑昌、魏王魏豹、殷王司马卬五诸侯的军队，共五十六万人，向东进兵讨伐楚国，四月，攻入彭城。

此时，项羽正在北方攻打齐国，项羽虽然听说汉王已经进军东方，但因为已经与齐军连续作战多日，就想在打败齐军之后再去迎击汉军。汉王因此得以攻入和占领彭城。

第二战，败。项羽闻讯，立即率兵离开齐国回师，援救彭城，跟汉军在彭城灵璧以东的睢水上激战，大败汉军。

第三战，胜。楚军从彭城出发，一路上经常借着胜利的威势追击败逃的汉兵。此时，九江王黥布跟随何归附汉王。项王追赶汉王到荥阳，汉王又渐渐聚集士兵，跟各路将领及吴中军队频频出动，因而汉军声威大震于荥阳，在荥阳南面的京邑、索邑之间击败了楚军。楚军因此不能越过荥阳向西推进。

汉三年（前204年），打了三次仗，刘邦一胜二败。

汉王在彭城失败的时候，诸侯又都归附楚而背叛了汉。汉王驻扎在荥阳，筑起两边有墙的甬道，和黄河南岸相连接，用以取得敖仓的粮食。汉王跟项羽互相对峙了一年多。汉三年（前204），项羽多次侵夺汉王的甬道，汉军粮食缺乏，楚军包围了汉王。汉王心里恐慌，请求讲和，条件是把荥阳以西的地盘划归汉王。项王打算接受这个条件。历阳侯范增反对，项王和范增立即包围了荥阳。汉王用陈平的计策离间项王和范增，范增离开项羽，还没走到彭城，由于背上毒疮发作而身亡。

第四战，败。汉将纪信假扮成汉王骗走楚兵，汉王同时带着几十名骑兵突围，从荥阳城的西门逃出，逃到成皋。

此年，魏王豹请假回乡去探视父母的疾病，一到魏国，就毁绝了黄河的渡口，反汉助楚。汉王派郦食其去劝说魏豹，魏豹不听。汉王就派将军韩信前去攻打，大败魏军，俘虏了魏豹，于是平定了魏地，设置了三个郡：河东郡、太原郡、上党郡。汉王随即命令张耳与韩信率兵进攻取井陉，攻打赵国，杀了陈馀和赵王歇。第二年，封张耳为赵王。

汉王逃出荥阳进入关中，聚集士兵准备再次东进。项羽听说汉王在宛县，率军南下。汉王加固壁垒，不跟他交战。这时候，彭越渡过睢水，大败楚军。于是项羽就率军东进去攻打彭越。汉王同时也就率军北进，驻扎在成皋。

第五战，败。项羽打跑了彭越，听说汉王又进驻了成皋，就率军向西，攻下了荥阳，杀死了周苛、枞公、并且俘虏了韩王信，接着包围了成皋。汉王逃走，只和滕公共乘一车从成皋北面的玉门逃去，往北渡过黄河，驱马跑到夜晚，留宿在修武。他自称是使者，在第二天清晨，冲入张耳、韩信的军营，夺了他们的军权。又派张耳往北到赵地去大量聚集兵卒，派韩信东进攻打齐国。汉王取得了韩信的军队，重新振作起来，率军南进临近了黄河，在小修武的南面犒劳部队，想要跟项羽再战，郎中郑忠劝阻汉王，让他加深壕沟，增高壁垒坚守，不要跟楚军作战。

第六战，胜。汉王听从了郑忠的计谋，派卢绾、刘贾率兵二万人，骑兵数百名，渡过白马津，进入楚地，跟彭越的军队一起在燕县西面再次打败了楚军，接着又攻下了梁地的十多座城池。

淮阴侯韩信已受命东进。这时，汉王却暗中派郦食其前去游说齐王田广，已说服田广叛楚，与汉和好，共同进攻项羽。可是韩信袭击并打攻了齐军。齐王烹死郦食其，向东逃到高密。项羽听说韩信已率河北军攻占了齐国、赵国，将要进攻楚国，就派龙且、周兰前去打韩信。韩信跟他们交战，骑将灌婴出击，大败楚军，杀了龙且。

汉四年（前203年），打了一仗，胜。

第七战，胜。汉四年，项羽率兵攻下陈留、外黄、睢阳。汉军在成皋大败楚军，缴获了楚国的全部金玉财物。项羽率军赶回来。

韩信攻下齐国后请求封王，汉王派张良带着王印到齐国封韩信为齐王。

项羽听说龙且的军队被打败，就害怕了，派盱眙（xū yí，今属江苏淮安）人武涉去游说韩信反汉。韩信没有同意。

汉王率军渡过黄河，拿下了成皋，在西广武扎营。项王东击彭越，打败了刘贾，已经平定了东方，现在又回过头来西进，在东广武与汉军隔着广武涧扎下营来，两军各自坚守，持续了好几个月。

楚汉两军相持很久，胜负未决，年轻人厌倦了长期的行军作战，老弱者由于运送粮饷疲惫不堪。汉王和项羽隔着广武涧对话。项羽要跟汉王单独决一雌雄，汉王拒绝，并一项一项地列举项羽的十大罪状。项羽十分恼怒，埋伏好的弓箭手射中了汉王。汉王为安军心，出去巡视军营，病情加重，立即赶回了成皋。

汉王病愈后，西行入关，在栎（yuè）阳（古地名，在今陕西省临潼）停留了四天后驻军广武。这时候，关中的军队出关参战的也增多了。

这时，汉军士卒气盛，粮草充足。彭越带兵驻在梁地，往来袭击骚扰楚军，断绝楚军的粮食供给，项王士卒疲惫，粮食告绝。项羽多次攻击彭越等人，齐王韩信又进兵攻打楚军，项羽害怕了，就跟汉王约定，平分天下，鸿沟以西的地方划归汉，鸿沟以东的地方划归楚。

汉五年（前202年），打了两仗，一败一胜。

项羽罢兵回东方了，汉王也想率军回西方。但汉王采用张良、陈平的劝告，乘楚军兵疲粮尽，索性就消灭它，于是进兵追赶项羽到阳夏南面，让部队驻扎下来，和齐王韩信、建成侯彭越约定日期会合，共同攻击楚军。汉军到达固陵，韩信、彭越却没有来会合。

第八战，败。楚军在固陵迎击汉军，大败汉军。汉王又逃回营垒，深挖壕堑固守。他采用张良的计策派使者封给韩信、彭越土地，使他们各自为战，于是韩信、彭越都来会合了。

第九战，胜，汉五年（前202年），高祖和诸侯军共同进攻楚军，与项羽在垓下决战。淮阴侯韩信率领三十万大军与楚军正面对阵，他的部将孔将军（蓼侯孔蒙）在左边，费将军（费侯陈贺）在右边，汉王领兵随后，绛侯周勃、柴将军（棘蒲侯柴武）跟在汉王的后面，项羽的军队大约有十万。

淮阴侯首先跟楚军交锋，不利，向后退却。孔将军、费将军从左右两边纵兵攻上去，楚军不利，淮阴侯乘势再次攻上去，大败楚军于垓下。

项王的部队在垓下修筑了营垒，兵少粮尽，汉军及诸侯兵把他团团包围了好几层。深夜，听到汉军在四面唱着楚地的歌，项王大为吃惊，说："难道汉已经完全取得了楚地？怎么楚国人这么多呢？"项王连夜起来，在帐中饮酒。有美人名虞，一直受宠跟在项王身边；有骏马名骓，一直是项王的坐骑。这时候，项王不禁慷慨悲歌，自己作诗（《垓下歌》）吟唱道："力拔山兮气盖世，时不利兮骓不逝。骓不逝兮可奈何，虞兮虞兮奈若何！"项王唱了几遍，美人虞姬在一旁应和。项王眼泪一道道流下来，左右侍者也都跟着落泪，没有一个人能抬起头来看他。

于是项王骑上马，部下壮士八百多人也骑马跟在后面，趁夜突破重围，向南冲出，飞驰而逃。项羽战败逃走，楚军因此全部崩溃。天快亮的时候，汉军才发觉。汉王派骑将灌婴带领五千骑兵追杀项羽，一直追到东成，杀了八万楚兵，终于攻占平定了楚地。

综上所述，楚汉战争的正面战场一共打了九仗，汉军五胜四败。其中项羽本人率领楚军败了三仗。

项羽不肯过江东的真相

项羽不肯过江东，江东在什么地方？江东，今称江南。长江自九江到南京的一段，是由西南流向东北，因此秦汉时人称今皖北一带为江西，称皖南、苏南一带为江东。这个地区在秦时都属于会稽郡（前222年设郡）。《史记·秦始皇本纪》载秦朝（秦始皇）二十五年（前222年）设会稽郡。秦始皇二十六年（前221年），分天下为三十六郡，分会稽郡西部置故鄣郡，其辖境略同于汉代之丹阳郡，大致相当于今南京市及安徽东南之地（当涂等地）、浙江西北一隅。于是会稽郡辖境为春秋时长江以南的吴国、越国故地，大致相当于今江苏南部、上海西部、浙江大部以及福建部分地区，是当时辖境最广的郡之一。

古代名为会稽的有两个地方。另一个会稽，治今绍兴市，相传禹大会诸侯于此，故名会稽（会集之意），春秋时为越国都城。公元前494年，吴大败越于会稽。相传禹死后葬于此。

《史记·越王勾践世家》"越王勾践，其先禹之苗裔，而夏后帝少康之庶子也。封于会稽，以奉守禹之祀"中的"会稽"与会稽郡不同。这个会稽，是今浙江省绍兴市一带。在会稽郡建立之前和会稽郡在西汉初改称吴郡和撤销之后，会稽都指的是今日绍兴一带。

会稽郡的郡治在吴县（今江苏苏州），也即吴中。吴中是会稽郡的中心地带。项羽曾与其叔父项梁一起避祸吴中。他们在吴中发动反秦起义，项羽最后在今安徽和县的乌江镇附近设法渡江，一般以为，逃亡"江东"的目的地是吴中，即回到最早的起兵之处；他的江东子弟都是吴中（今苏州及其附近）青年。

但是从乌江处渡江的地理位置看，他如过江，对岸就是今日安徽当涂与江苏南京江宁的交界处（今南京市江宁区西南端，贴近安徽省当涂县）。

乌江亭长说江东虽小，土地纵横各有一千里，就是指会稽郡和原属会稽郡的故鄣郡东部（当涂等地）。民众有几十万，也足够称王称霸了。

《史记·项羽本纪》记载项羽是下相人。下相，秦县名，县治在今江苏宿迁西南。这一带并没有关于项羽的任何信息，只有安徽当涂县的项（音 hàng）桥村，尽管现今没有一人姓项，却有此地是项羽出生地的神奇传说。[1]项桥是当涂县大官（公）圩大青山脚下的青山街附近不到二里处的一个依山傍水的小村落。《史记·项羽本纪》"项"的注音正是"胡讲反"，亦即读若项桥之项（音 hàng）。此字，尤其在作为姓氏时，淮河以南不少地区、江南地区保留了这种发声，但是上声（《康熙字典》，另《澄衷蒙学堂字课图说》第七四页："杭"上声）。

《项羽本纪》未提及其父母的情况，只是说"项氏世世为楚将"，项羽的祖父项燕"为秦将王翦所戮者也"。项羽在吴中起兵前，他的生平事迹也没有任何具体记载，只是说其叔父"项梁杀人，与籍避仇于吴中"。其出生和幼少年时期的经历，都诡秘不宣，其中必有隐情。因此项羽祖籍固然是下相，而他的出生地则很可能在产生奇怪传说的当涂项桥。因此他们不是从下相，而是从当涂就近到吴中避难。当涂就是他要回的江东，他的故乡。因此江东弟子的江东包括浙江东部、北部和西北部、江苏南部、安徽长江以南的当涂直至芜湖一带。当时这一地区的民风彪悍，子弟勇敢。

于是可以总结楚汉之争的结局，共有三个真相：

真相一，一代霸王最后被迫凄惨自杀，是因汉军无名小将和无名小卒的追击和围攻。

真相二，项羽最后不就近逃向自己的领地彭城，而是逃回江东，此因他出生的故乡是在江东当涂。

真相三，刘邦自还定三秦至开创西汉，以仁立国，以

---

[1]　九段：《项桥失忆》，《江苏邮电报》2019 年 4 月 24 日。

德治国，达到"德至盛"的盛世局面。

《史记·文帝本纪》："太史公曰：孔子言'必世然后仁。善人之治国百年，亦可胜残去杀'。诚哉是言！汉兴至孝文四十有余载，德至盛也。……呜呼，岂不仁哉！"（孔子曾说"治理国家必须经过三十年才能实现仁政。善人治理国家经过一百年，也就可以克服残暴免除刑杀了。"这话真是千真万确！汉朝建立，到孝文皇帝已经历了四十多年，德政达到了极盛的地步。……啊，这难道不就是仁吗？）盛赞刘邦自创建汉朝起（"汉兴"）即以仁立国，以德治国，而且是"德至盛也（最兴盛）"，给予最高评价。

正是刘邦打下"德至盛也"的基础，且其后世君主和重臣皆能继承这个传统，才造就汉代在武帝和宣帝时代的空前兴旺和强大。

现知秦始皇二十六年（前221年）即秦统一全国这一年，全国人口约二千万，那么经过秦末三年和楚汉五年共八年的战争，人口剩下不到一半。汉初的人口，《史记·高祖功臣侯者年表》说："天下初定，故大城名都散亡，户口可得而数者十二三，是以大侯不过万家，小者五六百。"也即说，大城市里的人口仅剩十分之二三。农村也差不多，所以大侯只能封万家，即万户侯，意味着一个县只有万户人家，不过三四万人吧。因为大侯是按县名封的。小的侯，只能封五六百家。农村人口已极其稀少，直到汉景帝时的前元三年（前154年），即刘邦去世后四十年，南方吴国五十三县，十四至十六岁的壮丁平均每县仅有四千人，加上老弱妇女，每县人口也只有两三万人。全国人口大约仅存五百万人，至多也只能接近一千万人，可能与三国（吴蜀魏）时代全国人口仅 767 万差不多。

据《汉书》卷二八下记载，至汉平帝刘衍元始二年（2年）即西汉灭亡（孺子婴，居摄三年，8年）前 6 年，距西汉统一全国（前202年）204 年，因二百年大治，全国人口已近六千万（具体数字为 59,594,978 人）。而且较于秦朝初年的人口来说，已是它的三倍。与隋唐比，隋文帝杨坚开皇中（589—600）全国人口 4450 万人，唐天宝十四年（755年）安史之乱前夕，经盛唐近 140 年的发展（618年建唐）全国人口才 5291.9 万人。

西汉建立时，中国在三千年中创造和积累的财富破坏殆尽，山河破碎。经过刘邦统治集团订立的国策的治理，仅仅过了 65 年，到汉武帝继任时已经经济极度繁荣，成为当时世界第一强国，并以军事实力战胜不可一世的入侵强敌匈奴（战败，逃离中国后曾横扫欧洲、摧毁罗马帝国）。

所以从人口发展和经济繁荣的角度看，西汉可以说是重造了一个中国。

司马迁《史记·项羽本纪》于篇末总结项羽发动楚汉战争失败的原因并严厉批评说："及羽背关怀楚，放逐义帝而自立，怨王侯叛己，难矣。自矜功伐，奋其私智而不师古，谓霸王之业，欲以力征经营天下，五年卒亡其国，身死东城，尚不寤而自责，过矣。乃引'天亡我，非用兵之罪也'，岂不谬哉！"这里共列了项羽失败的六条原因：一是背关怀楚，丧失地利；二是分裂天下，引发战争；三是放逐义帝，诸侯叛乱；四是自矜功伐，不行仁政；五是专恃武力，失尽民心；六是生平不喜读书，没有文化，"奋其私智，而不师古"，只能凭个人的有限的才华而无法学习前人的历史经验。

这样的批评是全面而深刻的。

项羽乌江自刎，死得轰轰烈烈，诗意浓郁，慷慨激烈，却又糊糊涂涂，非常窝囊，司马迁忍不住狠批："岂不谬哉！"在政治和军事斗争中，也像充实的人生一样，平平凡凡才是真。刘邦淳厚平实，光明正大，英明睿智，追随他的人才拜相封侯，广大士兵百姓也能安享太平。项羽豪气逼人，英姿飒爽，可惜华而不实，口惠而实不至，跟着他的人，九死一生之余，在做了一场美丽的胜利幻梦之后，全部走上死路一条。又幸亏刘邦淳厚善良，不像项羽得胜后霸道十足地屠城残民，往往还要坑杀全部俘虏降卒，那些逃散、投降的楚军兄弟，才能或转至汉军效劳立功或回乡稳当良民，还可抚养八十老母和妻子儿女，此岂非不幸之中之大幸也！

当代中西学者对楚汉战争及其结局的奇葩记叙和评论

《史记》是中国史学第一经典，楚汉战争是其中的热门话题。但是当代中国历史、文学、文化界的著名学者发表了许多错误的奇葩记叙和评论。

第一方面的奇葩评论是关于胜负和战绩的记叙和评论。

楚汉战争的现当代记述，各种通史和秦汉史皆语焉不详，仅有范文澜《中国通史》（原为《中国通史简编》）和白寿彝主编的《中国通史》有具体记载和评论，但都严重失实。

项羽在垓下说"吾起兵至今八岁矣，身七十余战"，分明说他的一生的战绩是七十余战。范文澜竟然改成项羽与刘邦之间的大战七十次，他说："刘项间大战七十次，小战四十次，刘邦屡战屡败，身受重伤十二次，最后垓下一战，取得全胜。"竟然将楚汉战争大战八次夸大为大战七十次，还有"小战四十次"。刘邦在垓下之前是四败四胜、受伤一次，却写成"刘邦屡战屡败，身受重伤十二次"[①]，皆无史书根据。

白寿彝主编的《中国通史》第四卷下册说："楚汉战争中，虽然刘邦总吃败仗，但他总是败而不馁。靠韧劲，与项羽周旋五年，一次次的败而复振，直至汉五年（前202年）十二月，项羽兵败，自刎于乌江"。[②]刘邦"总吃败仗"，与史实不符，也不符情理。总吃败仗，怎能将项羽打到垓下，并包围之？关于乌江之战，白寿彝主编《中国通史》第四卷上册说："项羽果然三次溃围，斩杀汉将数人。"[③]下册则说："连斩汉将两人，杀汉卒数十百人。"[④]《史记》记载仅斩汉将一人，都尉一人，此书说"汉将数人""汉将两人"，皆无根据，且同书中的记载一说"数人"，一说"两人"，自相矛盾。

这两部是《中国通史》中影响最大的，读者一般都据此以为楚汉战争中都是项羽获胜，刘邦连败，只有最后垓下一战刘邦才胜项羽。

---

① 范文澜：《中国通史（第二册）》，人民出版社，1994，第33页。

② 白寿彝主编《中国通史》第四卷（下册），上海人民出版社，1989，第38页。

③ 同上书（上册），第282页。

④ 同上书（下册），第32页。

第二个方面的奇葩评论是关于胜利者刘邦和失败者项羽的评论。

当代众多学者认为刘邦是流氓无赖，并因此认为《史记》暗中讽刺刘邦，同情项羽。

例如黎东方《细说秦汉》甚至认为两汉能够大治天下，保持了中国历代封建皇朝中最为长期的稳定，是因为刘邦乃流氓出身，故而能治流氓。

又如王充闾《龙墩上的悖论——中国皇帝命运大思考》认为"楚汉相争的结局，揭示了道德与功业的悖反。项羽的悲剧，从一定意义上说，是道德的悲剧；而刘邦的胜利，则颇得益于他的政治流氓的欺骗伎俩和善用权术、不守信义的卑劣人格与无赖习气，这使他把握住战场上的先机，多次化险为夷，转败为胜。功业把'流氓皇帝'装扮成了英雄；而真正的英雄——'力拔山兮气盖世'的西楚霸王，却因失败而声名受损。流氓成功，小人得志，辄使英雄气短，混世者为之扬眉吐气。"

他们都受了鲁迅的影响，并做了自己的发挥。

与此相关联，当代不少论者讥讽刘邦在鸿门宴时用欺骗手段逃生，同时同情此时的项羽"老实忠厚"，惋惜他未能及时剪灭政敌，从而最终被刘邦所消灭。这种论点，更属颠倒是非。连项羽也感到枉杀刘邦属于师出无名，怕冒天下之大不韪，也怕杀了以后无法收场，因为他没有能力压平天下。他没想到 20 世纪后期有众多学者会支持范增出于私利的杀刘的阴谋，岂非咄咄怪事。

第三方面的奇葩评论，从胜利一方来说，汉朝的政治很黑暗——刘邦大杀功臣。

郭沫若首先批判刘邦大杀功臣："大凡一位开国的雄略之主，在统治一固定了之后，便要屠戮功臣，这差不多是自汉以来每次改朝换代的公例。自成的大顺朝即使成功了（假使没有外患，他必然是成功了的），他的代表农民利益的运动早迟也会变质，而他必然也会做到汉高祖、明太祖的藏弓烹狗的'德政'，可以说是断无例外。"①

明太祖朱元璋的确大杀功臣，只有汤和等三人因主动交出兵权、归还庄田和佃户得以免诛，其余大小功臣数百家及其家属和属下，全部被杀光或害死，被无辜杀害者达十多万人。②

汉高祖刘邦没有杀过一个功臣。他在消灭项羽，平定天下后，共分封文武功臣一百四十三人为侯，加上未封侯的陆贾、叔孙通和封王的功臣等，共约一百五十余人。这些功臣都一直好好地活着，没有一人被杀。另有异姓王多人，因谋反被杀者都是异姓王，仅五人。另有汉五年（前202年）十月燕王臧荼反，同年秋项羽的降将利几反，他们皆为刘邦亲自将兵击败而擒来（《高祖本纪》）。可见刘邦并未大杀功臣，更没有乱杀（杀错）功臣。

五个被杀的异姓王，其中楚王（原为齐王、后又降为淮阴侯）韩信、梁王彭越、淮南王英布及韩王信（韩国贵族），此四人

① 郭沫若：《甲申三百年祭》，《历史人物》，人民文学出版社，1979，第204页。

② 周锡山：《流民皇帝——从刘邦到朱元璋》（增订本），上海锦绣文章出版社，2012。

和阳夏侯陈豨皆因叛乱罪先后被诛灭，另有燕王卢绾勾结外敌，逃往匈奴，刘邦死后，他死在匈奴。其中韩信和彭越是吕后所杀。《史记·吕太后本纪》分明揭示："吕后为人刚毅，佐高祖定天下，所诛大臣多吕后力。"司马迁明明已公正地说出了历史的真相。除此之外，其他功臣都自始至终受到刘邦的重用，刘邦死后，他们依旧受到重用或发挥重大作用

异姓王中，尤其是韩信的被杀，即使不讲他最后的叛乱，也有他自身表现不佳的原因。

其一，偷袭齐国，害死郦食其。韩信打下赵地后，"乃遣使报汉，因请立张耳为赵王，以镇抚其国"。逼刘邦也搞分封制，也即搞历史倒退。刘邦迫于当时的军事形势不得不同意，但不予执行。韩信破齐后，见刘邦与项羽在荥阳苦苦相持，便要挟刘邦，自己要当齐王。刘邦"大怒，骂曰：'吾困于此，日暮望若来佐我，乃欲自立为王！'"，在张良和陈平的劝说下才封他为齐王。更何况当时郦食其业已说降齐国，于是汉齐联合，形成了对项羽的军事包围形势，韩信背信袭齐，使郦食其无辜遇害，又改变了当时的军事大局。韩信在楚汉战争最艰苦、激烈的时候，还一心只为自己打算，与刘邦抢地盘、争权益、闹独立。

其二，当上齐王后，仍不出兵助汉，竟与彭越一起在旁坐观汉楚苦战。直到刘邦听从张良的建议，增封韩、彭地盘，韩信才率军姗姗来迟地与刘邦合围垓下，全歼项羽。

这种裂土称王的行径，是逆时代潮流而行的倒退行为，对兴汉灭楚的事业造成了重大的伤害，韩信本人，在汉营

诸将中，其形象尤其是信誉也从此一落千丈。难怪刘邦在消灭项羽后立即"袭夺齐王军"，徙韩信为楚王。后他被人告发谋反，刘邦用陈平之计，将他擒到长安。韩信哀叹："果若人言，'狡兔死，良狗烹；高鸟尽，良弓藏；敌国破，谋臣亡'。天下已定，我固当烹！"这种似是而非的论调，竟引起众多历史学家、文学家的共鸣，现代史家以郭沫若为首，众口一词地指责刘邦无理大杀功臣。实际上，当初韩信在刘邦困难时以自己的军事实力要挟刘邦，以当齐王作为攻楚的条件时，已使项羽、蒯通都坚信韩信有叛汉自立之心，所以都来动员他谋反。连汉营外的人都一致认为韩信有叛汉之心，可见韩信的谋反嫌疑更是一直围绕在刘邦君臣的脑际，所以当有人告他谋反，立即引来汉朝众臣的一片喊杀声，"左右争欲击之"，完全是事出有因。

但是刘邦头脑清醒，他并不想杀掉韩信，只是降他为淮阴侯，又不让他去属地，留他在京城看管起来。可是韩信既不知自己既往恶劣行为已造成极为恶劣而深远的影响，更不能体会刘邦保护他的深厚美意：刘邦对他的谋反将信将疑，因为他和众人并无确凿证据敲定他谋反，但也没有任何反证可洗清他的嫌疑。在这样的情况下，刘邦将他留在身边，看管起来，这是避免他以后再被人告发新的谋反嫌疑，从而可以安度余生的最佳方案。韩信却毫无自知之明地无视危机四伏的严重局面，只是顾影自怜地看到自己的优点，他自恃才华、功劳高于众将，公开看不起绛（绛侯周勃）、灌（婴）、樊哙等名将，日夜怨望，居常鞅鞅。此后，《史记·淮阴侯列传》和《汉书·韩信传》都记载他秘密动员陈豨谋反,还说:"吾为公从中起,天下可图也。"汉十七年(前197年)陈豨果反,刘邦亲征,韩信称病不从,暗中派人对陈豨说:"弟举兵,吾从此助公。"次年,"信乃谋与家臣夜诈诏赦诸官徒奴,欲发以袭吕后、太子"。因事泄而被萧何设计擒获,为吕后所杀。司马迁批评说:"假令韩信学道谦让,不伐己功,不矜其能,则庶几哉,于汉家勋可以比周、召、太公之徒,后世血食矣。不务出此,而天下已集,乃谋畔逆,夷灭宗族,不亦宜乎!"后世和当今史家也颇有怀疑韩信并未谋反者,但都未能提供任何反证。《史记》和《汉书》都是信史,其记载和结论都难以推翻,尤其是司马迁最后批判韩信的评论,绝非包庇刘邦的违心之论。

韩信背信弃义,偷袭齐国,害死汉王派去的郦食其,李贽批评:"无人气,宜被戮。"(《藏书》卷四十七)司马光针对韩信借重兵在握,又身处汉楚决战的局外,要挟汉王,分析说:"高祖用诈谋禽信于陈,言负则有之;虽然,信亦有以取之也。始,汉与楚相距荥阳,信灭齐,不还报而自王;其后汉追楚至固陵,与信共攻楚而信不至;当是之时,高祖固有取信之心矣,顾力不能耳。及天下已定,酬功而报德者,士君子心也。信以市井之志利其身,而以士君之心望于人,不亦难哉!"(《资治通鉴》卷十二)这才是公正之论。

像刘邦这样在汉初极为复杂的形势下,能做到不杀功臣,信任功臣,是极为不易的。

刘邦不仅不杀功臣,也不杀罪行严重甚至鼓动谋反但能做有力辩护的臣属。韩信临死时后悔当初未听蒯通的劝告，刘邦据此捕获蒯通治罪，但他听了蒯通的辩解，竟饶了他的鼓动谋反之罪。他还曾饶恕过鼓动谋反并试图谋杀他但重气节、守信义的贯高。刘邦连此类人也不杀，这更从侧面证实了刘邦此人决不会乱杀功臣。

当代的电影《王的盛宴》、电视剧《淮阴侯韩信》、京剧《成败萧何》、话剧《韩信》等，都受鲁迅、郭沫若的影响，将汉高祖贬低为流氓无赖，歌颂项羽是英雄，惋惜他未能在鸿门宴上杀掉刘邦；同情韩信，指责刘邦妒贤嫉能，大杀功臣。

笔者在中国文联的征文中批评："鲁迅、郭沫若等人，虽然是20世纪的文化大家，但也常有失误。他们因古文水平的限制和读书粗心，误读《史记》和《汉书》的原著和古注，错误地将刘邦批作'流氓无赖'，乱说刘邦'大杀功臣'，这个错误观点跟随者众多，包括学术大师季羡林和近年风行的史家黎东方等等。他们无视被誉为'信史'的《史记》极度歌颂刘邦的公正记载和评价，误导了包括《成败萧何》这样的一批作者，反而将虽有军事天才，却因在政治上的无赖、无德而成为汉庭公敌的韩信作为品德高尚的英雄吹捧，误导观众和读者。"①

西方汉学家能够正确评论汉高祖和楚汉战争，如《剑桥中国秦汉史》等著作。

而奇葩的评论，是英国历史学家汤因比的两个重要

---

① 周锡山：《论历史题材的文艺作品的价值趋向》，中国文联理论研究室编《文艺繁荣与价值引领：第五届当代文艺论坛文集》，中央文献出版社，2011，第145页。

观点。

阿诺德·约瑟夫·汤因比（1889—1975），被誉为"近世以来最伟大的历史学家"。他的 12 册巨著《历史研究》讲述了世界各个主要民族的兴起与衰落，被誉为"现代学者最伟大的成就"。其《展望二十一世纪——汤恩比和池田大作对话录》是高瞻远瞩的史学杰作，先后出版过英文、日文、德文、法文、西班牙文等多种文本。

在这两部著作中，汤因比说："就成果的持久性来说，汉朝的创建者可以算是所有统一国家缔造者中最伟大的政治家。"①"统一国家"指世界历史上经济发达、力量强大、影响巨大的大国。

这是第一个观点，是从过去至当今的角度讲，他认为刘邦是古今中外最伟大的政治家。

汤因比又说："人类历史上最有远见、对后世影响最大的两位政治人物，一位是开创罗马帝国的恺撒，另一位便是创建大汉文明的汉太（应为高）祖刘邦。恺撒未能目睹罗马帝国的建立以及文明的兴起，便不幸遇刺身亡，而刘邦却亲手缔造了一个昌盛的时期，并以其极富远见的领导才能，为人类历史开创了新纪元！

"汉朝刘邦把这个人的民族感情平衡从地方分权主义持久地引向了世界主义。和秦始皇带有蛊惑和专制性的言行相反，他巧妙地运用处世才能完成了这项事业。

"将来统一世界的人，就要像中国这位第二个取得更大

---

① 阿诺德·约瑟夫·汤因比:《历史研究》（下册），曹未风等译，上海人民出版社，1997，第 42 页。

成功的统一者（指恺撒之后的刘邦）一样，要具有世界主义思想。同时也要具有达到最终目的所需的干练才能。世界统一是避免人类集体自杀之路。在这点上，现在各民族中具有最充分准备的，是两千年来培育了独特思维方法的中华民族。不是在半个旧大陆，而是在人们能够居住或交往的整个地球，必定要实现统一的未来政治家的原始楷模是汉朝的刘邦。"①

这是第二个观点，是从未来的角度讲。汤因比认为汉高祖刘邦是古今中外和开辟未来的最伟大的皇帝，是人类避免灭亡、实行世界统一的政治家的楷模。

汤因比这两个奇葩观点，国内外无人响应，但发人深省。

笔者认为汤因比的观点是正确的。

---

① 阿诺德·约瑟夫·汤因比，池田大作：《展望二十一世纪——汤因比与池田大作对话录》，荀春生等译，国际文化出版公司，1999，第284页。

主要参考书目

《史记》（修订本），司马迁撰，裴骃集解，司马贞索隐，张守节正义，中华书局，2013 年。

《汉书》，班固撰，颜师古著，中华书局，1962 年。

《资治通鉴》，司马光编著，胡三省音注，中华书局，1956 年。

《战国策》，刘向集录，上海古籍出版社，1978 年。

《国语》，上海古籍出版社，1978 年。

《春秋左传注》，杨伯峻编著，中华书局，1981 年。

《史记评林》（影印本），凌稚隆辑校，李光缙增补，天津古籍出版社，1998 年。

《史记志疑》，梁玉绳撰，中华书局，1981 年。

《史记探源》，崔适著，张烈点校，中华书局，1986 年。

《史记论文 史记评议》，吴见思、李景星著，陆永晶点校整理，上海古籍出版社，2008 年。

《空山堂史记评注校释》，牛运震撰，崔凡芝校释，中华书局，2012 年。

《史记会注考证附校补》，司马迁撰，泷川资言考证，水泽利忠校补，上海古籍出版社，1986 年。

《史记全译》（网络版），解惠全等译注，子夜星网站。

《史通通释》，刘知幾撰，浦起龙释，上海古籍出版社，1978 年。

《文史通义校注》，章学诚著，叶瑛校注，中华书局，1985 年。

《十七史商榷》（上海文瑞楼刊本影印本），王鸣盛撰，中国书店，1987 年。

《廿二史考异》，钱大昕著，方诗铭、周殿杰校点，上海古籍出版社，2004 年。

《廿二史劄记校证》（订补本），赵翼著，王树民校证，中华书局，1984 年。

《读通鉴论》，王夫之著，中华书局，1975 年。

《史记考索》，朱东润著，武汉大学出版社，2009 年。

《司马迁之人格与风格》，李长之著，天津人民出版社，2007 年。

《〈史记〉新论》，白寿彝著，求实出版社，1981 年。

《史记研究集成》，张大可、安平秋、俞樟华主编，华文出版社，2005 年。

《管锥编》（第二版），钱锺书著，中华书局，1986 年。

《金圣叹全集》（全四册），周锡山编校，江苏古籍出版社，1985 年。

《金圣叹全集》（全七册），金圣叹著，周锡山编校，万卷出版公司，2009 年。

《王国维集》（全四册），周锡山编校，中国社会科学出版社，2008年。

《流民皇帝——从刘邦到朱元璋》，周锡山著，上海画报出版社，2004年；上海锦绣文章出版社，2012年。

《临朝太后——从吕太后到慈禧》，周锡山著，上海画报出版社，2004年；上海锦绣文章出版社，2012年。

《汉匈四千年之战》，周锡山著，上海画报出版社，2004年；上海锦绣文章出版社，2012年。

后 记

　　我国的中小学教育，对历史教育一贯是很重视的。自小学时便开始开设历史课，经过初中，一直到高中还有历史课。我自小喜欢这门课程。我在设立于上海著名妈祖庙(天妃宫)中的上海市河南北路小学学习时，学校有历史课外活动小组，我自然就积极参与。教历史的方老师曾带领我们课后到闸北公园宋教仁墓前的大树荫下，谈辛亥革命和宋教仁，当年情景至今历历在目。同学看我喜欢历史课还说，你将来会成为历史家。我至今没有成为历史家，辜负了同学的美意，但是一生的确喜欢历史。

　　"文革"中无书可读，后来因为政治需要，开放了古代历史书和哲学书。我陆续买了中华书局版的《史记》与前四史，和已经完成整理的二十四史出版本；买了《资治通鉴》，还有《读通鉴论》等，通读了这些大部头书籍。也自学了一些大学历史教材。

　　"文革"后，在我国开始公开招收研究生的 1978 年，我曾考虑报考历史专业。后来决定报考华东师大古籍研究所(全国首家，时称"古籍组")的古籍整理研究专业(研究方向为唐宋文史)。虽可以较前的名次被录取，惜因"单位不放"，而未成。

　　次年再考，改考华东师大中文系徐中玉师为导师、陈谦豫师为副导师的首届古代文艺理论专业（后由教育部统一定名为中国文学批评史专业，还是与"史"有关）的研究生。毕业后，除了继续从事古代文艺理论和古籍整理研究专业的研究和著述外，因王智量师本约定我毕业后留校跟随他研究比较文学，此事因故未成；又因复旦大学赵景深教授（1902—1985）和朱东润教授（1896—1988）先后热忱地欢迎我报考其创立的中国首批博士点的元明清文学（戏曲小说研究方向）和传记文学专业的博士生（至1987年之前，上海首批文学博导仅5人），又因故不成；但我切记恩师们对我的深切关爱、极大信任和殷切期望，所以也从事比较文学、戏曲小说的研究。

20世纪末，我拟写《汉匈四千年之战》，至21世纪初乔力先生约我撰写《流民皇帝——从刘邦到朱元璋》和《临朝太后——从吕太后到慈禧》，皆与朱东润师的传记文学专业有关，此亦可向已故的恩师朱东润做一个成果汇报，所以勉力完成。于是我在21世纪初已经出版了三本历史书。三书合编为"历史新观察"书系，列入上海重点出版项目，成为国家新闻出版广电总局和上海市人民政府联合主办的2004年首届上海书展作者签名重点书，《上海文化年鉴》2005卷列出专条给以介绍和评论；教育部大学生在线网和中国社会科学院网还都给《汉匈四千年之战》（现有升级版《汉匈战争全史》）以极高评价，尚可告慰先师朱东润先生。朱东润师重视《史记》研究，有名著《史记考索》和名文《〈史记〉及史家底传叙》，本书也是学习朱东润师《史记》研究重大成果的结果。

"历史新观察"书系三书，皆与《史记》有很大关系。本书研究和谈论《史记》，前三书的有关内容略作引用，而前三书叙及或论及的先秦和西汉前期的全部内容，与本书有很大的互补关系。

　　"历史新观察"书系三书完成于2001—2003年初，我近年的研究和讲学有时也与《史记》有关。应胡中行教授之邀，我还曾为复旦大学中文系所举办的上海市静安区教师在职研究生班和上海市黄浦区语文教师高级进修班讲授《史记》精读指导"，很受欢迎。我赠送他们的讲稿全文，至今挂在黄浦区教育网上。因此我一直不断地在思考《史记》的得失。《史记》的伟大成就，值得我们长年反复研究，这是一部值得我们终身学习和思考的伟大巨著。

　　但是写完本书，我更进一步感到，学习历史不易，读懂《史记》不易。当今学者和读者对《史记》记叙和评论的人物有着极大的误解。尤其是对秦末汉初三巨头秦始皇、楚霸王和汉高祖刘邦，以及韩信、汉武帝与卫青等人的评价，争议很大。人们对《史记》的记载之理解颇有问题，误解很多。

　　《史记》作为一部伟大的历史和文学经典著作，的确令人叹为观止，但是其失误也是很大的。本书提出了颇多新的观点和评价，希望读者严格批评。

　　本书在写作中学习、参考和吸收了当今学者的不少成果，在注解和参考书目中列出了一些，还参考和引用了《史记全译》（解惠全、刘洪涛、赵季、王连升、安砚方、宋尚斋、支菊生、王学孟、王淑艳、张凤岭、张连科、纪淑敏、王延海、邱永山、史有为、范君石、郝永娟等所合撰）的译文和一些短评的观点，在此专致谢忱！

周锡山
壬寅秋于上海静安九思斋

图书在版编目（CIP）数据

《史记》纵横新说 ／ 周锡山著 ． —— 上海：上海三
联书店，2025.3． ——ISBN 978-7-5426-8788-3

　Ⅰ.K204.2

　中国国家版本馆 CIP 数据核字第 2025BX2265 号

《史记》纵横新说

著　　　者／	周锡山
责任编辑／	王　建　樊　钰
特约编辑／	苑浩泰
装帧设计／	字里行间设计工作室
监　　制／	姚　军
出版发行	上海三联书店
	（200041）中国上海市静安区威海路755号30楼
联系电话／	编辑部：021-22895517
	发行部：021-22895559
印　　刷／	天津丰富彩艺印刷有限公司
版　　次／	2025 年 3 月第 1 版
印　　次／	2025 年 3 月第 1 次印刷
开　　本／	889×1194　1/32
字　　数／	210千字
印　　张／	13.25

ISBN 978-7-5426-8788-3／K · 819

定　价：59.80元